世界城市研究精品译丛

主　编　张鸿雁　顾华明
副主编　孙民乐

真实城市

Real Cities

现代性、空间与城市生活的魅像

Modernity, Space and the Phantasmagorias of City Life

[英] 斯蒂夫•派尔 著

孙民乐 译

江苏凤凰教育出版社
Phoenix Education Publishing, Ltd
SAGE

图书在版编目(CIP)数据

真实城市/(英)派尔著;孙民乐译. --南京:
江苏凤凰教育出版社,2014.11
(世界城市研究精品译丛)
ISBN 978-7-5499-4553-5

Ⅰ.①真… Ⅱ.①派… ②孙… Ⅲ.①城市文化—研究 Ⅳ.①C912.81

中国版本图书馆 CIP 数据核字(2014)第 265210 号

书　　名	**真实城市——现代性、空间与城市生活的魅像**
著　　者	[英]斯蒂夫·派尔
译　　者	孙民乐
责任编辑	任　晖
出版发行	凤凰出版传媒股份有限公司 江苏凤凰教育出版社(南京市湖南路1号A楼　邮编210009)
苏教网址	http://www.1088.com.cn
照　　排	南京紫藤制版印务中心
印　　刷	江苏凤凰新华印务有限公司(电话:025-68037410)
厂　　址	江苏省南京市新港经济技术开发区尧新大道399号
开　　本	890毫米×1240毫米　1/32
印　　张	10.375
版　　次	2014年10月第1版　2014年10月第1次印刷
书　　号	ISBN 978-7-5499-4553-5
定　　价	48.00元
网店地址	http://jsfhjycbs.tmall.com
新浪微博	http://e.weibo.com/jsfhjy
邮购电话	025-85406265,84500774　短信 02585420909
盗版举报	025-83658579

出版说明

“他山之石，可以攻玉。”

在建构中国本土化城市理论的过程中，对外来城市化理论进行有比较地、批判性地筛选，不失为一种谨慎的方式。西方城市化的理论与实践研究有很多值得中国学习和借鉴的地方，如城市空间正义理论、适度紧缩的城市发展理论、有机秩序理论、生态城市理论、拼贴城市理论、全球城市价值链理论、花园城市理论、智慧城市理论、城市群理论以及相关城市规划理论等，这些理论在推进城市化的进程中起到了直接的作用。

中国城市化进程以三十多年的时间跃然走过了西方两百年的城市化历程，成就令世界瞩目，但城市社会问题也越来越深化：有些是传统的社会问题，有些是城市化引发和激化了的问题，我们需要梳理出关键点加以解决。

《世界城市研究精品译丛》的出版目的十分明确：我国的城市理论研究起步较晚，国外著名学者的研究成果，或是可以善加利用的工具，有助于形成并完善我们自己城市理论的系统建构。在科学理论的指导下，在新型的城镇化过程中，避免西方城市化进程中曾出现的失误。

该丛书引进国外城市理论研究的经典之作，大致涵盖了相关领域的重要主题，它以新角度和新方法所开启的新视野，所探讨的新问题，具有前沿性、实证性和并置性等特点，带给我们很多有意义的思考与启发。

学习发达国家的城市化理论模式和研究范式，借鉴发达国家成功的城市化实践经验，研究发达国家新的城市化管理体系，是这套丛书的主要功能。但是，由于能力有限，丛书一定会有很多问题，也借此请教大方之家。读者如果能够从中获取一二，也就达到我们的目的了。

江苏凤凰教育出版社

译者弁言

了解本雅明城市研究的读者，对本书谈论城市的路子大概不会感到太陌生，因为在《单向街》《柏林纪事》和《拱廊街计划》等著作中，本雅明已经暗示城市生活有着如梦似幻的性质，并且也借助梦、魅像乃至幽灵这些概念和意象，对城市生活经验进行了描述和分析。尽管如此，像本书这样完全把城市生活的“真实”坐落于梦、魔法、吸血鬼和幽灵这类“迂诞不经”的事像之上，则仍不免让人感到大胆而奇崛。

斯蒂夫·派尔很清楚本书的实验性质，他将这一探索笼统地定位在“心理地理学”的界域，并沿着这一脉络发掘和调遣了数量庞大、且又未经认领的思想遗产，它们来自不同类型的文学作品，来自电影、民间故事，也来自像环境主义国际这样的文化实践运动。这些思想遗产形式多样而复杂，但它们的共同特点在于，都能“自觉地把对城市生活的社会、物质、历史、空间方面的认识与对心理层面的认识融为一体”。它们都关注城市的细节，试图以想象的方式去探察城市生活的隐微踪迹，追寻并重构城市的历史记忆。在这一目标之下，斯蒂夫·派尔分别从齐美尔、本雅明和弗洛伊德那里汲取了理论启示、概念工具和分析方法。齐美尔在历史唯物主义之下所构建的一个观察城市问题的“地下室”，向他昭示了一个向内掘进的方向：以城市心态为切口，探析城市栖居者心性变化的历史过程以及城市经济结构与精神生活结构之间的关系；本雅明对城市生活视觉元素和梦幻品质的理论揭示，构成了本书的主要工作框架，魅像、梦、幽灵等也成为贯穿本书的核心概念；而弗洛伊德释梦的方法则成为了本书现象分析的原始模型。借助这一系列的理论工具，本书得以向城市生活想象的、幻想的、情感的——魅影般的——领域挺进。

大略而言，《真实城市》的主要特点在于它把弗洛伊德的早期心理分析与瓦尔特·本雅明的批判理论加以融合，并由此形成了观照现代城市生活或者说是现代性的特殊视野。以这一视野观察，作为现代性"魅像"的城市生活犹如"梦的运作"，也是经由凝缩、转移等微妙的心理过程化生出来的。本书以梦、魔法、吸血鬼和幽灵为四条追溯的线索，逐一呈现了这些被所谓的现代理性所封闭的视域对于城市生活、城市心理的情感投射作用，并且辨析出了与上述四个考察对象相对应的现代城市生活的情感运作机制：梦的运作、魔法运作、血液运作和悲伤运作。毫无疑问，这也正是现代性的"魅像"生产的运作机制。从这个角度来说，书中那些看似玄远的叙述和事像无一不切近我们身边的经验。

本书与大多数现代城市研究著述的差别是显而易见的，在斯蒂夫·派尔的视野里，"城市的真实，既是物质的问题，也是情感的问题，既是可见的，也是不可见的，既是不断加速的，也是缓慢移动的，既是相互连接的，也是偶然并存的。"他在书中明确表白，本书不是对城市生活隐藏真相的揭露，而是对现代城市的"魅影般"的经验的探索。要完成这样的工作无疑需要一种长期的关注和思考，需要一种相应的理论感知的培养，而在这一方面，本书作者确实具备了相当充分的条件。在伦敦大学获得博士学位后，斯蒂夫·派尔一直在英国开放大学（The Open University）从事人文地理学的研究和教学，现为该校人文地理学教授。他是一位理论视野极为开阔并且又有专精领域的学者，个人著述除本书之外，还有出版于1996年的《身体与城市：精神分析、主体性与空间》（*The Body and the City: Psychoanalysis, Subjectivity and Space*, Routledge)，其精神分析的学术旨趣与本书是相贯的。他的一系列学术论文也显示了他独特的理论敏感和研究的深微境界，比如：《西方城市的奇特案例：神秘的全球化与城市现代性的创制》（'The Strange Case of Western Cities: occult globalisations and the making of urban modernity', *Urban Studies* 43 (2) pp 305 - 318, 2006)、

《主体在哪里？地理想象与主体的空间化》（'Where is the subject? Geographical imaginations and spatialising subjectivity', *Subjectivity*, 23（2）pp 206－218，2008）、《心-身地形学：皮肤自我，身体自我与纪念品》（'Topographies of Mind-and-Body：Skin Ego，Body Ego and Memento', *Subjectivity*, 27 pp 134－154，2009）、《当前人文地理学研究中的情感与情绪》（'Affect and Emotion in Recent Human Geography', *Transactions of the Institute of British Geographers*, 35（1）pp. 5－20，2010）、《亲近的距离：研究者与被研究者之间融洽关系的无意识维度》（'Intimate Distance：The unconscious dimensions of the rapport between researcher and researched', *The Professional Geographer*, 62（4）pp. 483－495，2010）、《皮肤的空间性：T. E. 劳伦斯〈智慧的七柱〉中的皮肤擦伤、自我与第二层皮肤》（'Spatialities of skin：the chafing of skin，ego and second skins in T. E. Lawrence's Seven Pillars of Wisdom', *Body & Society*, 17（4）pp. 57－81，2011）、《皮肤、种族与空间：弗兰兹·法农〈黑皮肤，白面具〉和内勒·拉森（Nella Larsen）〈冒充白人〉中身体图式的冲突》（'Skin，race and space：the clash of bodily schemas in Frantz Fanon's Black Skins，White Masks and Nella Larsen's Passing', *Cultural Geographies*, 18（1）pp. 25－41，2011）、《遥远的感觉：心灵感应与情感的远距离传输问题》（'Distant feelings：telepathy and the problem of affect transfer over distance', *Transactions of the Institute of British Geographers*, 37（1）pp. 44－59，2012）、《野蛮心智：在非人类地理中重新思考人类——运用弗洛伊德的两个案例》（'Beastly Minds：rethinking the human in nonhuman geographies—using two of Freud's case studies，Emmy von N. and the Wolfman', *Transactions of the Institute of British Geographers*, 2014）。

在近二十年的时间里，斯蒂夫·派尔还参与了众多重要的专题论文集的编纂，包括：《图绘主体：文化转型的地理学》（编者之一，*Mapping the Subject：Geographies of Cultural Transformation*，London，Routledge，1995）、《地方与身份的政治》（编者之一，*Place and the Politics of Identity*，Routledge，1993）、《抵抗的地理学》（编者之一，*Geographies of Resistance*，Routledge，1997）、《流贯身体的地方》（编者之一，*Places Through the Body*，Routledge，1998）、《城市世界》（编者之一，*City Worlds*，Routledge，1998）、《任性的城市：秩序与失序》（编者之一，*Unruly Cities：Order/Disorder*，Routledge，1999）、《城市 A－Z》（编者之一，*City A－Z：Urban Fragments*，Routledge，2000）、《文化地理手册》（编者之一，*Handbook of Cultural Geography*，SAGE，2003）、《社会变革》（编者之一，*Social Change*，Open University Press，2003）、《印有图案的地面》（编者之一，*Patterned Ground：Entanglements of Nature and Culture*，Reaktion Books，2004）。这些论文集大都汇集了人文地理学、城市理论前沿领域的最新动向，其中有一些则已成为流通甚广的专业参考书。新近出版的《精神分析地理学》（编者之一，*Psychoanalytic Geographies*，Farnham，Ashgate，2014）一书反映了作者涉入最深的研究领域的新动态。

无论从论题还是从结构上说，本书都算得上是一本“奇书”，故略缀数语于前，或可为阅读之一助。

孙民乐

献给托米

目录

致　谢

在本书写作期间，我提交过多篇关于梦和幽灵的论文，也有一些是关于吸血鬼和魔法的论文。我要感谢所有曾在论文的讨论中提出过建议的人。尤其是在以下的这些会议上：美国地理学家协会 1998 年、2001 年和 2003 年年会和皇家地理学会 2002 年年会；在布里斯托大学、肯塔基大学、路易斯安那州立大学，谢菲尔德大学、兰德大学、达特茅斯学院和新加坡大学的地理学系召开的会议；以及在伦敦（由盖里·布里吉与索菲·瓦特森组织）、佩思（由让·西里尔组织）、明尼苏达（由卡伦·替尔和地方/空间研究团队筹备）、伯明翰（“现代主义议事录”）和新加坡（由约翰·菲利普斯、瑞安·毕肖普和杨薇薇组织）召开的跨学科研讨会，我从一些尖锐的质疑和富有洞察力的评议中获益良多。因为这些论文的缘故，许多人给我寄来了可供查考的文献和幽灵（以及其他类型的）故事书。但愿我已经将许多必要的内容考虑在内了。

我已经发表过一些段落，旨在为即将被输入《真实城市》一书的内容和风格做些试探。虽然已做过实质性的修改，但这些文章中的某些章节还是为本书的各个部分提供了基础。所用素材取自以下出处：《现代城市的梦游：梦幻世界中的瓦尔特·本雅明和西格蒙德·弗洛伊德》，见于盖里·布里吉与索菲·瓦特森主编的《城市指南》（Basil Blackwell，2000，page 75－86）、《“伦敦问题”，或如何探讨城市心态》，见于内尔·里奇主编的《空间象形符号：阅读与体验西方大都市》（Routledge，2002，page 203－216）、《幽灵城市：被压抑者的回归之地以及其他短篇故事》，见于让·西里尔和爱玛·卢克斯比所编的《习性：一种地方感》（Ashgate，2002，page 219－239）、《永久回归：吸血鬼与曾经的殖民地城市》，见于瑞安·毕肖普、约翰·菲利普斯和杨薇薇（Wei Wei Yeo）所编的《后殖民城市话语：东南亚城市与全球化进程》

(Routledge,2003，page 265－286)、《幽灵与希望之城》，见于萝莉塔·利兹所编的《解放的城市?：悖论与可能》(Sage，2004，page 210－228)。

若是没有我访问过的那些城市里人们的热情和支持，我不可能搜集到现有的故事规模。在新奥尔良，我主要依靠的是狄迪亚·戴丽泽的帮助，此外还得到了海伦·莱吉斯和吕贝卡·施含的帮助；在新加坡，我得到了丽萨·罗和亨利·杨以及罗比·吴的帮助；在约翰内斯堡，得到了特瑞萨·德尔苏威特的帮助。我还幸运地成为一组更广泛的思想讨论的一部分——如果说我没有列出我就这一研究课题曾与他们展开过讨论的每一个人的名字的话，我希望人们会给我以谅解。

在整个的课题研究过程中，我得到了开放大学地理系在经费上的支持。这个系还拥有一种活跃的和能给人提供支援的知性文化，在这里，我得以尝试和展开某些思路。尤其是约翰·爱伦——既作为系主任也作为同事——给了我巨大的帮助。迈克尔·马什帮助我制作和核对了书中的各种图表。简·史密斯与苏西·胡莱、尼鲁·萨克拉以及吕贝卡·怀特一起，不辞辛苦地为我扫描图片。而且，简·史密斯还为那些需要许可权的图片达成了使用协议。我要对版权持有人允许我复制某些图片表示感谢：详细信息见于相应图片下方。

在SAGE出版社方面，尽管甚至从动手写作之前就似乎是没完没了的道歉，但罗伯特·罗杰科一直毫不含糊地给与了支持。我还要感谢杰姆斯·唐纳德对书稿所做出的发人深省的评论以及他对进一步工作的鼓励。

没有杰妮·罗宾逊，这一切都是不可能的。没有了她，一切都将全然不同。

斯蒂夫·派尔

于伦敦及米尔顿凯恩斯

导 言

在这里，我们考察的是探究城市生活魅像的方法。

引言：什么是城市的真实？

通常情况下，城市的真实似乎可以说全都是生活的物质性部分：建筑物、基础设施、货币、劳动过程、学校、住宅、医院、消费等。这并不是芝加哥学派主要成员罗伯特·帕克（Robert Park）的误解。在试图为城市本质做出界定的时候，他说到：

> 城市……不仅仅是许多单个人和各种社会设施的集合体——诸如街道、建筑物、电灯、电车、电话等；也不只是各种服务部门和管理机构，如法院、医院、学校、警察机关和各种市政官员的简单聚合。更确切地说，城市是一种心态，是由各种礼俗和传统构成的整体，是内在于这些礼俗并随着这一传统而流传的那些被组织起来的思想和情感所构成的整体。换一句话说，城市并不只是一种物质机制，它也不是一种人为的建构。城市已同它的居民的各种重要活动紧密地联系在一起，它是自然的产物，而更是人类天性的产物。（Park，1925a，page 1，着重标记为引者所加。）

罗伯特·帕克并没有被城市只能由其物质的或制度的形态来界定的观念所折服。他也不认为城市仅仅是包括法院、医院、学校、警察机关、官僚机构、市政府在内的一整套管理设施。对于城市来说，其关键之处就在于它们以这样的一个方式把各色人等聚集在一起，这种方式对人们之间所发生的一切将会产生重要的影响。① 不管是什么使城市成为了城市，它都与城市的社会进程、城市的礼俗和传统有很大的关系。城市并非仅仅以它的建筑物、街道和交通来表达自己，虽然这些东西表面上看起来对它做出了限定，城市还以其他的形式表达自己，以人们生活、工作、交易的形式，以他们的礼俗、习惯、娱乐、犯罪、愤怒的形式。从这个角度来说，城市是一种心态，帕克的这个表述理应得到认真地对待②。

让城市成其为城市的，不仅仅是摩天大厦，也不仅仅是商场或通讯网络，而且也包括居住在这些地方的人们在行为举止上不得不去遵守的城市的规矩。在某些人看来，这里面涉及到众多问题：涉及到一种不断加快的生活节奏，涉及到设法屏蔽城市里所发生的大部分事件干扰的必要性，并且也涉及到一种基于计算、理性和抽象思维的精神态度。从多重意义上说，这也就意味着城市居住者在情感上是被“锁定”的：矜持、超然、冷漠、有心计。与以上看法恰恰相反：我坚持认为，城市的真实正在于它的生活富有表现力和激情，即便是在它最单调乏味、最不带感情的状态之下也是如此。我在本书中所要做的，便是去琢磨这种被理解为城市生活真实的观念。我不是要去具体确定这种“真实”，也不试图使这种“真实”更加真实，而是与之相反，我既放宽和拓展了我们对于城市生活真实的思考，也放宽和拓展了我们准备去认真对待的城市生活的范围。对我而言，这也就意味着必须把更多的注意力放在城市的心态之上。

确实如此，城市的心态——它的情感、它的态度、它的自我感觉、

① 另参见 Pile，1999。

② 另参见 Donald，1999，pages 8 - 19。

它的心境——有时似乎赋予了它一种完全属于其自己的独特性格。因而，城市的真实也就是它们的那些不易捉摸的特质：它们的氛围，它们的个性。正如图像小说家尼尔·盖曼（Neil Gaiman）所说的那样：

> 归根结底，每一座城市都有它自己的性格。洛杉矶不是维也纳。伦敦不是莫斯科。芝加哥不是巴黎。每一座城市都是生命与建筑物的集成，并且有它自己的性格。（Neil Gaiman，1993a，page 18）

城市生活在某种程度上是适于被阅读的，仿佛它也有心态、性格，似乎它也有特定的心境或情感，或者说，它似乎也为某些思想方法和社会交往形式赋予了优先权。十分明显的是，纽约不是新奥尔良，伦敦不是新加坡，巴黎不是柏林。可以肯定，这是与建筑有一定关系的：与城市里的建筑形式有关，也与它们的建筑物和基础设施有关。毫无疑问，还与居住在这个城市里的人的生活方式有关，与他们的文化习俗有关，与他们对待陌生人的方式有关，与他们的差异和冷漠有关。然而，若要假定这些城市有自己的性格或心态，仍然是一件让人感到奇怪的事情。确定无疑的是，城市是极其混乱和缺乏组织的，让人根本无法这么去认识它；即便是那些高度有序的城市也是如此。这些为人们所熟知的对于城市性格的经验，在感觉上可能是真实的，但它们也如幻影幢幢，倏忽即逝。

在我看来，这种不能明确辨别城市间差异的极为常见的经验，在某种程度上与城市生活的想象性的和情感性的方面有关。在《想象现代城市》（*Imagining the Modern City*，1999）一书中，詹姆斯·唐纳德（James Donald）为思考构成了城市生活的“情感结构”提供了一个强有力的案例分析。他通过对从电影到城市规划，直至城市公民身份和伦理观念等一系列文化现象的考察，揭示了这种情感结构。在他看来，城市的核心问题在于，它们必须被居住，必须可居住，甚至必须可被幽灵作祟。在唐纳德的著作中，如同在我自己的书中一样，对城市生活真实的分析被扩展到了包括幽灵、不合常理的事物、情感、乌托邦思想以及城市幻想领域。唐纳德清楚地表明，幻想既是具有情感性的，也是无意识的，例如，当他谈到城市的诡异现象（James Donald，1999，pages 69－73）或者把城市作为一个梦幻工厂的时候（James Donald，1999，pages 86－91）就是如此。① 在我看来，这就意味着城市的形象及其表现与它们被感知的方式、它们的性格特点有很大的关系。

这些城市幻想也许可以被整理、汇集，并为城市间的性格差异提供一种解释。然而，这也有可能会夸大城市"性格"的重要性，仿佛这些性格特点是彼此傲然独立地存在着的，仿佛城市"性格"的发展与它们和其他地方、其他时间的关系了无关涉。要搞清楚城市幻想的传播情况，就有必要追踪充斥于城市之间和城市之内的"万千物事"（我用这个说法来意指一切感知对象，包括幻想、意念、信息等等）。无疑，这里面也将包括形象和再现，只不过是在它们与城市的情感特质发生关联的时候。然而，对于城市生活的情感品质的揭示，也将需要扩展对城市的离奇古怪的方面的理解，包括其内容及文化表现。

大胆地说，我相信在思考城市生活的真实面相的时候，应该把更大的重心放在构成了城市经验的*情感运作*（emotional work）的形式之上。这些经验可以——如果城市果真具有它们自己各具特色的心态和性格的话——被认为是以特定的方式组织而成的。比如，雷蒙德·威廉姆斯（Raymond Williams）的"情感结构"（1973）概念，就为揭示一个城市——如同一个时代一样——如何可能拥有某些确定的感觉和情感禀赋带来了更大的前景。情感结构的观念暗示情感生活是有序的和统一的，它可以用某些特定的方式来加以描述，正如可能存在着一种性格结构一样。这也同时意味着，在类似文学这样的文化形式中，这类性格已经得到了多种方式的表现。我会反对把这种秩序看做是预先设定的，或者是固定不变的，甚或是按部就班的。我也不会认为，

① 另参见 Donald，1997 and 2000。

文化表现的诸形式必然会以直接和明显的形式揭示出它们的情感。相反，这些结构应该被认为是人为编制的、迂回曲折的、矛盾的、移动的、变化着的和可变的。为了激活情感生活中这些更狂热、更隐秘和更摇摆不定的方面，我宁愿使用“魅像”（phantasmagoria）这一术语。

魅像这个字眼意指许多对象。在某种意义上说，它描述了一种对运动的体验，一种对于出现在眼前的一系列事物的体验。从其他的角度说，这种体验不仅唤起了能够被看到、被直接体验到的事物的重要性，也唤起了那些直接可见或是直接可感的对象之外的生命的重要性。它显示了一种幽灵般和梦幻般的生活特质。借助对于城市梦幻特性和幽灵特性的激活，魅像清晰地显示了城市生活中特定类型的情感运作的重要性——尽管这一切尚存悬疑，并且需要进一步的探究。事实上，参与了这些魅影般经验制造活动的情感运作，远没有得到深入的理解。最后，魅像还意指一种特殊的时空混合：城市中幽灵般或梦幻般的事物集群，不只是来自四面八方（甚至也来自那些不存在或永远也不会存在的地方），而且，它还唤醒了各种性质不同的时间（不论它们是过去、现在，还是未来；无论它们是被记住的还是被想象出来的）。（在这篇导言的结尾，我还会回到魅像这个观念。）

因此，城市的真实，既是物质的问题，也是情感的问题，既是可见的，也是不可见的，既是不断加速的，也是缓慢移动的，既是相互连接的，也是偶然并存的。如果从这个角度来说，最好是把本书看做是对于城市魅影般经验的一次探索，它无论如何也够不上是对城市生活隐藏的“真相”的揭露。可是，又该怎么下手呢？我的方法就是要把弗洛伊德的早期心理分析与瓦尔特·本雅明（Walter Benjamin）的批判理论结合在一起。这种研究方法揭示了梦、魔法、吸血鬼和幽灵对于城市生活情感运作的重要性。就其他方面说，梦幻、魔法、吸血鬼和幽灵也同样具有重要意义。它们揭露了城市生存经验、城市社会进程，以及城市生活的空间与时间构造的各个层面。

我并不认为梦幻、魔法、吸血鬼和幽灵的魅像解释得了城市里所有的情感运作，甚至也不认为它们解释得了任何特定城市之内的所有情感运作，即便是我已集中研究过的那些城市：伦敦、新奥尔良、纽约和新加坡。相反，我只是试图打开一个分析领域，它能够严肃对待城市生活想象的、幻想的、情感的——魅影般的——特质。在这个过程中，我从这些城市的内部以及它们彼此之间发现了某些一致性与联系。因此，我已然能够将惯常被封闭在城市生活理解中的空间性问题推向突出的位置。

这种方法以及已被它收入视野的证据，尚未出现在思想与经验的空间。这项研究广博的思想遗产，可以被称为是心理地理学性质的(psychogeographical)。这项研究的一项引人之处存在于它自觉地把对城市生活的社会、物质、历史、空间方面的认识与对心理层面的认识融为一体。进一步而言，心理地理学家通过一种特别关注城市细节的观察风格，试图一点一点地以想象的方式来构建城市生活。这种想象性的建构常常需要去寻找业已失去的记忆；那是一些既扰乱了当前的稳定性也使另类的未来得以进入想象的记忆。我在这方面的看法多少有些不同于前面已经提到的心理地理学。即使如此，做出一些这方面的实验仍旧是有价值的——但愿我能传达出这种实验的必要性。

例如，小说家伊安·辛克莱（Iain Sinclair）和电影制作者帕特里克·凯勒（Patrick Keiller）都曾探讨过伦敦的心境和氛围。他们的作品是非学术性的，并且从多重意义上说，我认为，较之于那些更学术化的著作，比如说对幻想或情感的解释，他们的这些作品才是着手分析城市情感生活的一个更好的切入点。心理地理学是一个与盖伊·德波（Guy Debord）和环境主义国际（the Situationist International）的写作关系密切的术语。他们对城市生活的调查和对城市生活的干预，因其写作中的乌托邦色彩是值得重视的。他们的贡献在于其确立了对处于心理地理学核心位置的隐藏的或公然存在的权力关系的发现。其目的不仅是要能够以不同的方式描述世界，而且要能够释放人们对于世界的真实欲望和灵感。

在大多数的心理地理学研究中，有一个潜在的假定，即人们的欲望不能得到真实的表达，相反，它们都以各种方式物化了（或者说是商品化了），也可以说被阻塞了。这一假设认为，要说城市居民在某种意义上与情感保持了距离，是需要做出一些解释的。对这一问题的绝对重要的论述是齐美尔（Simmel）有关城市与心智生活的著作，因此，这正是下一步要进行的工作。齐美尔想要对城市的唯物主义解释增加一个心理学的维度。他的工作为思考现代城市生活对情感、对人们的感受和社会交往所造成的后果提供了一种丰厚的资源。然而，我们最终到达了一个需要去思考社会与个人之间、可见事物与情感之间关系的地方。至此，城市开始闪着微光：真实的一切已不再如先前那么真实，即便是作为一种心境。在本篇导言的最后部分，我们还将对城市生活的魅像展开更为深入的思考。

然而，在此之前，让我们看一下伊安·辛克莱和帕特里克·凯勒对于伦敦情感生活的探讨吧。

伦敦的心理地理学：辛克莱和凯勒的时空旅行

致力于探讨城市生活中被忽略的或是隐在层面的城市理论家的路径之一就是去游历城市：有时乘火车，有时乘汽车，但大部分则是徒步而行①。对于许多人来说，漫步是体验城市首要的空间实践形式。在伊安·辛克莱的小说中，漫步是重要的，它不仅作为一种体验城市和评价城市心境的方式，也是在城市的不同区域之间审慎地建立想象性的——甚或是神话的或魔法的——联系的一种方式②。辛克莱描述了这样漫步的好处：

---

① 参见 de Certeau，1984；另参见 Sennett，1970 and 1994；Soja，2001；Maspero，1990；Augé，1986；历史论述方面可参见 Rendell，2002。

② 辛克莱也使用其他的空间实践去追溯伦敦的心境：例如在《路德热》（*Lud Heat*，1975）中，辛克莱把霍克斯莫尔的各个教堂用线连起来（马克·阿特金斯制图），以显示潜存于当代伦敦生活的古老、神秘的神话的模式；在《河的下游》（*Downriver*，1991）中，辛克莱讲述了一个与泰晤士河具有神秘联系的故事。

> 漫步是一种探索和开拓城市的最好方式；变化、变迁、盔状云层上的罅隙、水面上光的运动。有目标的移动是受人欢迎的模式，怀揣十足的幻想踏上铺着沥青的路面，让一个基本的虚构模式去自我现身……留意于一切事物。电话亭的排列、由维多利亚时代墓塚斜坡上的苔藓制成的地图、妓女卡片的结集、被撕坏和污损了的约克大厅已被取消了的活动的促销广告，对已故作家故居的访问，战争纪念碑上的青铜铸件，石膏塑的狗，啤酒杯垫、使用过的安全套的汇集、宝马车碎裂边窗周围的玻璃碎片的晶体结构……漫步，穿过慢慢隐去的城市景观，将它全部缝合在一起：法律所禁止的伤害身体的鸡尾酒，以及高浓度的愤怒的一氧化碳。（1997，page 4）

在《奔向领地》（*Lights Out for the Territory*）中，辛克莱记录了连续九次的伦敦郊游。① 然而，辛克莱的书并非只是对于这些探险历程的叙述，相反，他旨在写出（按照辛克莱的说法是）一种城市的心理地理学，去探寻他所注意到的事物与这些事物丢失了的或隐藏着的历史之间的联系。② 通过有目的地寻找事物间的联系，辛克莱希望提供一种对于伦敦心境的准确理解，既从地理学的角度，也从历史学的角度。辛克莱的计划是有趣的：这部分是因为他的叙述中所利用的历史，也部分地因为他试图去推测的那些在城市中纵横交织的隐秘关系的性质。辛克莱这样描述第一次出游的潜在逻辑：

---

① 对于辛克莱懒散状态的批评性解读，参见 Donald，1999. pages 184－185；另参见 Pile，2002。对于这个地区的不同解读，参见 Wright，2001。

② 从某种意义上说，辛克莱的“留心一切事物”的训令，与弗洛伊德“均匀地延缓注意力”（evenly suspended attention）的治疗实践是相似的，这使他既能留心一切事物，却又不去预先推断它们的重要性或是历史（参见 Laplanche and Pontalis，1973，pages 43－45）。

> 就是想要在城市蔓延的区域刻下一个简单地 V 字，通过画记号的行为去破坏处在休眠状态的能量。从哈克尼区出来，走向格林尼治山，并且从距离很远的利河走到清福德山，在墙上、电线杆上、门框上记录并取回信息；越来越疯狂的民众的恶意和情感迸发。(1997，page 1)

一踏上这次旅程，辛克莱就极力地在伦敦的面孔上去划出一个 V 字（见图 I. 1）。然而，还不止于此，通过对出游的每一个细节的记录，辛克莱正在利用这个（不是那么）随意的 V 字符号，去绘制一幅伦敦

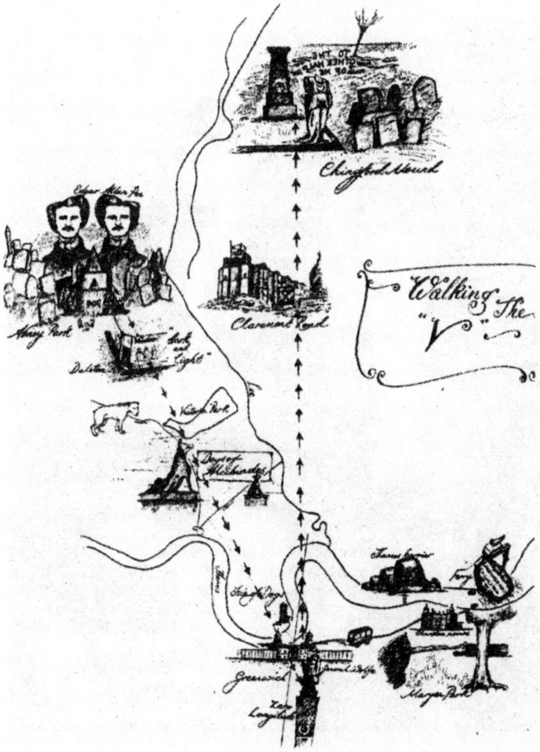

图 I. 1　V 字形漫步：马克・阿特金斯所制他与伊安・辛克莱伦敦出游的地图。

心境的横截面图。辛克莱本人的心境则是易怒的。这在辛克莱沿着他的 V 字形路线穿过伦敦的时候变得更加明显。

远游本身开始于伦敦北部的阿博尼公园公墓（图 I. 2）。在从斯托克纽因顿向着达尔斯顿区朝南方行进时，辛克莱花了一些时间去观察一个矮小的方尖碑，此碑矗立在威灵顿公爵酒吧的前方；一位上了年纪的人在用从鼓胀的塑料购物袋中拿出来的干面包喂鸽子；一个无家可归的女人在交通高峰时段正缓慢地从两条交通线之间穿行过去。他沿着金斯兰主干道走过去，最后到达了维多利亚公园，在辛克莱看来，这里真是太干净和整洁了。因此，他向南走过先前的“人民宫”（如今已成为伦敦大学的一个学院），向道格斯岛走去。

图 I. 2　阿博尼公园公墓被打碎的天使。

辛克莱在那里带着鄙夷的神情察看了金丝雀码头（图 I.3），并把它描写为一座献给玛格丽特·撒切尔致命的货币主义的非同一般的纪念碑，而且，他还充满怀念地赞誉人们对糊涂乱写的阶级斗争标语的坚持，尽管由无政府主义者领导的运动业已衰落。辛克莱从这里穿过泰晤士河，来到了格林尼治。在格林尼治，他向北折去完整地画出 V 字的第二条腿。最后，他到达了清福德山。在山上，辛克莱把他的叙述总结为两条反讽式的注解：第一，郊区的清福德山公墓是臭名昭著的东伦敦黑帮罗尼·克莱最后的安息地；第二，这座公墓是狗的自由领地——罗尼·克莱喜爱狗。

图 I.3　撒切尔的纪念碑？20 世纪 90 年代的金丝雀码头。

在途中（En route），辛克莱记下了几乎是随处可见的糊涂乱写，这些涂鸦说出了“越来越疯狂的民众”的真实感情；他观看并参与了多起危险事件，如穿过贝思纳尔·格林为罗尼·克莱送葬的队伍；他还记得众多的蓄意谋杀行为，比如，发生在维多利亚公园附近一个东区酒吧里的“大吉姆”穆迪谋杀案；而且，他还在如今可能被称作是伦敦废墟的各种残骸中寻找革命政治的幽灵。辛克莱还专注于伦敦历史的丑恶面：它的谋杀案、它的革命事件、它的不公。他的伦敦是疯狂的、有害的和邪恶的。我不太关心这些是否是对伦敦心境或其性格的精确的抑或是有用的描述，我所关心的是把这些分明是无关联的观察或事件写进同一种叙述的后果。就在辛克莱艰难地穿过伦敦生活中那些被封闭的领域的时候，那些明显没有联系的故事集合成了一幕魅影一般的、超现实的（位于真实之上的）城市场景。这些故事把伦敦生活显现为一个魅像——通常隐藏于视线之外的一系列灵异事件（hauntings）。

在辛克莱看来，城市被它的不端行为所缠绕，所以，通过对死者故事的追溯，他发掘出了潜存于伦敦生活之下的隐藏的暴力。在这座幽灵般的城市中，我们可以看到，许多种历史占据着同一个空间——并且，这些黑暗的历史盘踞着辛克莱。然而，对其他人而言，对这座城市的体验将会是不同的。这里的关键就在于，城市的情感组织、城市的多种历史与地理经纬，都有着细密的肌理。辛克莱的目的并非要去解开这些细密的编织，而是要去揭露藏匿于可见城市之下的纹理。帕特里克·凯勒本人的伦敦心理地理学也有着相似的目的和方法。和辛克莱一样，帕特里克·凯勒的伦敦也是幻影幢幢，只不过他的伦敦是被一个从来不曾出现过的伦敦所盘踞。凯勒的作品既是对这座城市的实际观察，也是对城市记忆的发明。

在帕特里克·凯勒的影片《伦敦》（*London*，1993）中，一位匿名的叙述者讲述了鲁滨逊的城市经验及其对于城市的思考与感受。如同辛克莱的心理地理学一样，影片很大程度上依赖于旅行来拼合出城市的形象，它还有赖于一种逗留不去的观看，它详细地记录了所见到的一切。与辛克莱一样，凯勒也对这些旅行所展示的种种几乎已被遗忘的历史颇感兴趣。尽管凯勒对于伦敦生活细节的关注与对记忆场所的寻找有关：那些记忆扰乱了那种过去必然会导致当下灾难的观念。凯勒的影片与辛克莱的城市探索产生了共鸣，它也有一种对于记忆、另类历史、以及对于重新表达城市意义的潜在可能性的意识。

凯勒的影片是一次尝试，为了扰乱当前所确认的历史，它仔细剖析城市生活的细枝末节，以便发现隐藏的秘密。① 比如，从某个角度上说，凯勒的影片颇费心思地注意到了快速消失的新乔治亚式电话亭（图 I. 4）。此一时期，伦敦的电话公司正在替换这些电话亭，因为，据他们说，这些电话亭不好维持卫生，而且毁坏后维修费用昂贵。那位叙述者告诉我们，鲁滨逊对于这件事表现出了典型的怀旧情绪；某些真实的东西正在永久地从公共生活中消逝，如同街道上的公用电话亭越来越开放，而不能再被当做公共厕所来使用。小便的味道已经被消毒剂的味道代替了。

图 I. 4　伦敦的新乔治亚式电话亭。

① 参见 Daniels，1995。

图 I.5　出现在广告上的新乔治亚式电话亭，广告张贴在新乔治亚式电话亭之内。

然而，新乔治亚式电话亭却劫后余生（图 I.5）。某一些电话亭已经被保留下来，可能是因为它们已成为伦敦街道独特外观和独特感受（以及独特味道）的不可缺少的部分。的确，它们出现在许多种伦敦明信片上。因此，碎片——诸如这些电话亭——变成了作为一个整体的城市的普遍标志。据说，在这些碎片中，能够发现城市本身的某些属性和影响。因此，在把城市当做一个整体来理解的过程中，第一个步骤就是要去搜集城市的碎片，如同一个犯罪现场侦查员从各个角度为案发现场拍照一样。在凯勒的影片中，叙述者告诉我们，鲁滨逊正在制作他自己的伦敦“明信片”系列。在鲁滨逊看来，这些明信片揭示了伦敦本地的异国情调，仿佛他是在从遥远的地方搜集明信片。实际上，凯勒的影片看起来就像是一系列的明信片：每一个镜头都停留在城市的风景之上，使它成为不受干扰的沉思对象。

这些明信片构成了城市的画框，展示了它的形象，诱惑我们以不同的眼光来看城市。通过给予我们观察城市空间的时机，使城市物质特性的其他方面得以彰显：它的运动、它的持续、它的忍耐、它的坚持——以及它的死亡。这些明信片变成了一系列视觉的组合，如同魅像。叙述者并未试图去解释或是使这些明信片前后一致。相反，它让两个方面各自独立：提供一种关于叙事的叙事，鲁滨逊对于伦敦的探索，调子与辛克莱有相似性，但凯勒的影片有其独有的氛围——一种对于失败的当下的忧郁感弥漫于整个影片。叙述者提供了有价值的信息：

> 英国革命的失败，鲁滨逊说，还围绕在我们的周围：在国会宪法中、在爱尔兰。并且毒害着英国的感情……我们所到之处，都有一种阴谋和叛逆的氛围。

据说，这部影片展示的是军情六处（英国秘密情报局）在沃克斯豪尔的壮观的大楼①。伦敦是一种无形的权力的炼金术，同时也是一种另类现实可能性的炼金术。城市历史上的失败实验可能在人们不经意的空间中被发现。因此，叙述者描述了鲁滨逊的目标：

> 他在寻找记忆的场所。动情地回忆起一条街道，街道上有一些背对着运河的小工厂［伦敦东区沃平一个荒野画面的画外音］但它们已不存在了……并且他已把邻近的地区当成了美化心灵、展开和放飞联想的演习场。

美化心灵、展开和放飞联想，这样的表述方式既带有心理地理学的痕迹，也带有精神分析思想的印迹。深入记忆的旅途是一个如梦似幻的过程，它试图去捕捉那些已经不复存在的、或是还可能存在的形象和意义。事实上，这些练习变成了理解城市梦幻特质的方法：它的场景和联想、它的空间并置与时间上的同时性、过去与现在之间的妥协。如同梦一样，如果考虑到旅途本身的顺序及其叙述过程，旅行探险也是由时间与空间的碎片拼合在一起的。在这些历险过程中，叙述者解释到：

---

① 参见第4.6节。

他似乎是想穿越时间。

[这是与一个木质调色板燃烧的长镜头相配的一段画外音，可能/或许是作为对影片此后展现的盖伊·福克斯之夜（Guy Fawkes night）的“记忆”。]

当鲁滨逊展开他对记忆的寻找的时候，逐渐明显的是，穿越时间就需要跨越城市的空间。具体地说，旅行就是在时空中移动：为了找到一个记忆，人们还需要去为它确定位置；要找出它的位置也就是要查出它的过去。通过在时空中旅行，有可能把城市重建为它或许曾经所是的样子。这不只是意味着去展露城市的形象或是曾经的形象。它还意味着把城市的碎片放入曾经的历史之中，重建它们与其他时代、其他可能的当下、其它未来的联系。例如，鲁滨逊非常愤怒地想起，沃平的城市荒原是由20世纪70年代后期和80年代的经济衰退所造成的。但是，这些废弃的空间不只是关乎空寂，也无关乎历史的缺席，无关乎正在进行的一切的缺席。在鲁滨逊看来，这样的地方充满了幽灵，它们搅动了一个工作被保全、人们得以安居的世界。

对于辛克莱和凯勒而言，旅行是以不同方式体验城市地理的一种审慎尝试。凯勒的影片是鲁滨逊的另类伦敦时间与空间的编年史，每一部分都是由一次历险所推动：

第一个是一次拜谒英国浪漫主义发源地的朝圣之旅。3月10日，我们向草莓山丘进发，这原是赫拉斯·华尔波尔（Horace Walpole）居所，但此地已被旺兹沃思公共用地事件搅得沸反盈天；炸弹已于那天早晨的七点十分爆炸。

鲁滨逊和叙述者发起的许多次历险都受到了不期而遇的事件的冲击；我们可能会说，这些都是由城市制造的事件。机遇与巧合是至关重要的，因为它们让未经计划的发现得以成功。首先，鲁滨逊的第一次旅行是与浪漫主义本身相符的：从外部来观察自我，把自己看做是一部传奇的一部分。电影本身也涉及起源与传统的传奇。但这些意图却因事件的发生而没能实现。兹沃思公共用地的炸弹既引爆了历险传奇，也引爆了城市传奇。而且，叙事转向了对伦敦的思考：它是如何被一场不那么后殖民的战争及其政治所盘踞的。炸弹引发了鲁滨逊对伦敦人遗忘历史的能力的反思——比如爱尔兰事件以及伦敦本身由来已久的爆炸活动（图 I.6）。因此，代替对伦敦浪漫主义的发现，城市探索者发现自己进入了一个既遗忘了传奇也遗忘了恐怖的城市——甚至也遗忘了历史本身。

图 I.6　爱尔兰共和军的炸弹曾经将这些建筑炸得粉碎吗?

如果说辛克莱和凯勒的心理地理学是一系列的朝圣的话，它们就不是要抵达一个源头，或是一个目的地（到达一个已知的地方），而是要抵达城市的健忘、挫折和娱乐。当旅行开始进行的时候，他们寻觅着城市特定的地理和历史。辛克莱与凯勒强调特定的事件，并且集中于城市特定的外观。即使如此，在他们的作品中，分辨出一种思考的方法也是可能的，它从碎片走向对于伦敦以及城市生活的全面理解。

也许，更有意义的事情在于，每一块碎片都显示了一种非同寻常的当下——一种城市历史和地理的替代模式。城市的时间和空间不再是自我肯定的，每一元素都是“由多种因素决定的”（也即是，反复多次地决定的）：由记忆、由意义、由社会关系。

辛克莱和凯勒的城市探索有三个重要的特征：第一，它们使得城市的点点滴滴以多种方式凝聚在一起；第二，它们展现了记忆何以能够重新被点亮，扰动时空的稳定性，而其中有一些先前已几乎被遗忘；第三，它们证明了城市生活的视觉、身体体验过程的重要性。如果说辛克莱和凯勒在他们的书籍和电影中遵循着特定的路径并且提供了观察他们之所见的特定角度的话，这并非意味着它们就是唯一的路径。相反，沿着其他的道路进入城市，追踪其他的事物可能也是有价值的。重要的是，他们的作品既显示了利用碎片作为城市考察起点的价值，也显示了在时间和空间中追踪事物的价值。当辛克莱和凯勒的心理地理学传达了城市生活的一种梦幻般的感觉和被幽灵盘踞的特质的时候，心理地理学——如盖伊·德波及环境主义国际所构想的那样——也具有一种激进的目的。

心理地理学与真实城市

盖伊·德波相信，切实有效的实验必须被导入城市生活。在德波看来，这些试验将会构成新的城市实践，这类实践可以被称为心理地理学。① 德波基本上把心理地理学描述为一种观察的模式。这种模式并不是要提供对于城市生活的中性描述，它的意图在于让人震惊：更具体地说就是，去激起一种快感中的危机感。在很大程度上，这将通过描述人类对于城市景观的体验这一途径来获得，展示他们似乎在哪里与欲望相遇，却又失之交臂。这个观念的核心是这样一种认识：

① 参见 Debord，1955 and 1956；另参见 Blazwick et al.，1989；Bonnett，1989；Plant，1992；Pinder，1996；Sadler，1998。

城市生活、现代性已经把欲望引向了死胡同（cul-de-sac），它许诺在这里可以得到满足，但实际上却使之走进了绝路。通过对城市空间的多种直接的干预——对于环境的创造——多种出路已被从这些死胡同中找了出来。

对于心理地理学来说，核心（革命性的）任务就在于绘制出人们对于城市的体验。为了绘制这幅地图，穿越城市，并且绘制它的周围环境的新方法将是必要的。其中的一项技术就是衍生（dérive），或者说是漂移（drifting）。漂移并非一项随意的活动，而是一种以不同的方式对空间与空间性进行思考的审慎尝试：去创造环境，让作为当下产品的空间在其中逐渐被看做是荒诞的。因此，衍生就是

> 一种瞬间穿过各种各样的周边环境的技术，衍生势必造成积极的建设性行为和对心理地理学的认识……从衍生的观点看，城市有一种心理地理学的信仰，它携带着恒定的电流、固定不变的点和强力阻止进入或退出特定地带的蜗旋。(Debord，1956，page 22)

在德波看来，这些空间实践证明，城市被分化成为若干具有氛围（以及微观气候）差别的不同的环境区域。自相矛盾的是，以这种积极的颠覆性的方式穿越城市，正表明了城市权力关系稳定的地理格局①：那些谢绝进入的地方——从政府机构的大门，到军事用地，到间谍机关的大楼，到私人住宅。城市是封闭的，而不是开放的：可以渗透，这是因于它所滤除的和它所开通的特定渠道，而不是因为它允许事物自由流动，或是允许一切事物通过。而且，城市的自由在现代城市中似乎持续受到攻击，持续受到限制，持续受到监控——常常又完全是以自由、服务和保护的名义。

环境主义国际（SI）所操演的心理地理学，以及辛克莱和凯勒的心理地形学，都是对城市环境的直接经验以及城市对于人类情感影响

① 关于权力的空间性，参见 Allen，1999b，and also 2003。

的研究。衍生就是用来记录和体验这些情感的一种技艺。因此，心理地理学研究者考察城市，所到之处，必记下氛围、周边环境、情感模态等方面的情况。而且，他们也要理解存在于这些经验之下的权力关系。在环境主义国际的成员看来，这些权力关系——常常是暗含在空间生产、城市生产、商品生产、现代生活生产之中的——需要被转向其他的结局。这种转化，或者说是转向（détournment），并不意味着有一个目标或是目标状态（goal state）。相反，转向促成了对出发点的寻找。

心理地理学被转向了欲望，转向了兴奋，转向了生活。① 它的死敌就是厌倦："厌倦就是反革命的"，环境主义国际在口号中喊到。

> 我们在城市中感到无聊，不再有任何太阳神庙［……］我们在城市里感到无聊，我们真的必须竭力应对，去在人行道广告牌上、在最新的幽默和诗歌状态中发现神秘的事物……（Gilles Ivain［Ivan Chtcheglov］，1953，page 14）

图 I.7　广告牌告诉我们新型的雷克萨斯汽车将会怎样改变一切。涂鸦的文字说："特别是气候！"

---

① 参见 Debord，1955，page 19。

因此，伊万（Ivain）列出了一些广告标题的单子（如图 I.7 那样）。此外还有一些地点：街边的建筑物、他留意到的某些事物、某些怪异的东西，也许是一个记忆，某种“没有音乐，没有地理的东西”（page 14），以及某些你看不见的东西：“它不存在（ page 14）。”他继续说到：

> 所有的城市都是地理学意义上的存在；你不可能迈出三步而不遭遇负载着它们的传说的全部威望的幽灵。我们在一个封闭的景观之内移动，它的地标持续吸引你面向过去。某些不断移动的天使，某些逐渐退去的视角，使你得以一瞥原有的空间概念，但这个景象依然是支离破碎的。（Ivain，1953，pages 14 - 15）

一个城市生活的新规划将不得不关注城市的这些碎片、这些过去、这些幽灵和魔法。凯勒的《伦敦》负载着伊万城市分析中情感模式的某些内容，尤其是考虑到它幽闭的风景、它对某些丧失了东西的哀悼、它感觉上不断变化的天使、它对碎片的搜集。最重要的是，他们共享一种认识，城市可以通过其甚至是最微小的细节或是它的表层现象来加以探讨。凯勒的叙述者强调说

> 鲁滨逊相信，如果他很难看到它，他可能会让城市的表面向他显示历史事件的分子基础，他也希望通过这种方式看见未来。

在这些（由凯勒、辛克莱和伊万所完成的）心理地理学的著作中，找到一种有关城市的真实本质的论据是可能的。作为城市的一个系列的明信片，凯勒的《伦敦》邀请观众去（真正地）观察城市：越过它的外观，它的表象①。通过这一系列的明信片，凯勒希望去揭露微小的、原子式的事件与历史洪流之间的联系。有一种对于多重历史与地

① 当然，还有也被用于明信片的禁令。

理相交叠的强烈意识，这些相互交叠的历史与地理组成（既构成也发明）了可观察得到的、肉眼可见的城市景观。当我们从一个特定的角度坐下来观看这个城市景象的时候，车流、人流、频繁的事件从我们面前经过——时间本身也在流逝——全都沿着它们自己的路径。

图 I.8　伦敦东区，维多利亚公园的大门。

在凯勒的影片中，鲁滨逊所造访的一个公园的门柱，正是记忆的承载者，是儿童声音的承载者（参见图 I.8）。它们由于被拆卸——变成了伊万所谈到的幽灵。鲁滨逊仔细听了听，能够听得到门柱带着将要丧失的声音。门柱已经盘踞了城市，来自未来的幽灵还没有到来。通过对城市表层的认真审视（对鲁滨逊而言），通过留心观察一切事物（对辛克莱而言），通过与幽灵相遇（对伊万而言），辨明历史事件、以及许多种城市未来的模式是可能的，*超越事物的表面*。

这些心理地理学都唤起了某些事物，但它们是什么呢？有关幽灵与梦？有关过去与未来？有关承诺与失败？但这些肯定不是城市中所进行着的仅有的事情。别样的故事也是可能的。在明信片的背后，我们可以看到讲述其他类型故事的写作——家庭罗曼斯，也许是“过得很愉快”；“希望你也在这里”。在表象的背后，或许我们也能理解城市的其他（历史）故事。正是这些城市空间的多孔性（porosity）既引发了故事的多样性，也带来了许多种城市的时空，只有其中的某些部分才被允许变成现实。其他部分则变成幽灵。某些部分仍然是梦。

心理地理学实验和干预的目的在于探索城市不同的周边环境。它不只是寻求为它们绘制地图的方法，也要把它们变成某种不太稳定、不太疏远的东西。然而，这些写作也揭示了城市的魅影般的特质：一个景观，城市的表象在此处并没有背叛它们借之以生的手段。同样重要的是，城市充满了运动，充满了时间与空间的纵横交错，充满了一系列的梦幻和幽灵。城市尚未解决的难题在于它变化的视角，在于它改变感知的方式。在这个业已城市化了的空间，我们已不会再期望去找到一个答案，一个梦想，仿佛它能指向唯一的一种意义。相反，这些心理地理学实验传递了一种对城市多样性的认识——它们彼此交叉重叠——它们是交错的，交互混杂于一体。

尽管存在一种探索城市氛围与情感的清晰意图，但目前却尚未见到一种有关城市与心理生活之间关系的观点。然而，在这种情感结构中，存在着一种系连在厌倦与亢奋、对抗与冷漠之间的特定的纽结。在评价心理地理学情感地图的价值的时候，我们有必要回到齐美尔，因为它提供了一种认识城市生活氛围与城市居住者心态之间相互关系的方法。

城市与心态

齐美尔的经典论文《大都市与精神生活》（Metropolis and Mental Life，1903）在与过去以及乡村生活的对比中，探讨了人们对于都市生活的经验已经发生了怎样的改变。在它的叙述中，街道被当作是人们不得不去处理的城市经验中绝对具有活力和多样性的地点。有鉴于此，城市居住者培养出了对抵抗那种数量可观的街道经验的能力：他们变得更加冷漠，在他们处理与自身周围的世界的关系方面也更加理性化（另参见 Allen，1999a）。在我们更详细地考察齐美尔对城市精神生活的解释之前，倘若我对齐美尔社会分析方法的背景做一点交代，将会是不无助益的。在他的主要著作《货币哲学》（*The Philosophy of Money*，1900）的前言中，齐美尔指出，在此书中，

> 所展开的尝试就是要去构建历史唯物主义之下的一个新的层面，因此，当这些经济形式本身被认为是更深层价值系统和心理趋势、甚或是形而上前提的结果时，把经济生活纳入精神文化动机的解释性价值被保留下来了。（page 56，着重部分为引者所加）

这个有关目的的表述也描述了齐美尔在《大都市与精神生活》中看待城市生活问题的方法。齐美尔试图去理解现代性的心理前提，而与此同时又要参照都市的变化情况去解释这些前提的发展。换句话说，齐美尔既认为心理支撑了经济生活和城市生活的基础，也认为经济生活与城市生活方面的变化会改变人们的心理。最好是把齐美尔的观点理解为对城市生活的不同方面——经济的（主要以货币的形式）和心理的（以态度和联想的形式）——如何相互关联的检验，在这里，城市生活的每一方面都有可能被任何其他的方面所修饰。

齐美尔认为某些重要的现象正在城市居住者的精神生活中发生的观点，明确肇始于《大都市与精神生活》：

> 现代生活最深层的问题产生于这样的尝试：个体为了保持其生存的独立性与个性特点，而反抗社会最高权力，反抗历史遗产和外部文化以及生活技巧的重压。（1903，page 30）

齐美尔是在暗示，城市居住者的最深层次的问题来自他们应对现代社会、文化和生存技术的压力。同样明显的是，齐美尔不相信这种压力在18世纪以前就存在，而且也不相信它们存在于乡村地区。换言之，齐美尔对大都市与精神生活间关系变化的分析是被置放在一个城市性质变化历史轨迹之内的。从根本上说，他在表明城市已经变成了从各种传统关系束缚中获得解放的基地，无论是经济的、道德的还是宗教的束缚。齐美尔认为，现代城市居民极力维持他们的自我意识，而同时又被切断（或是解脱）了与传统的联系，并且同时又被卷入大众社会和货币经济之中。因此，现代社会为都市人设置了与那些生存在更早年代或是生活在农村的人截然不同的问题。这些问题都与货币经济的兴起有关，但它们毫无疑问也与城市中正在发生的巨量事件有关。

大城市的感觉是与众不同的，并且这种不同明显表现在它的街道生活中（图 I.9），这些街道上似乎有无穷无尽的擦肩而过的事物之流，

图 I.9　伦敦中心的皮卡迪里广场。

如同时在魔术幻灯中一样。而且，城市的不同凡响还因为它们不断地把人们抛入与新的体验、新的环境和与新的人的接触之中。大都市人通过培养出一种特定的态度——城市心态，来应对被他们所遭遇到的新事物淹没的可能性。这种心理结构的特征就在于它企图抑制城市刺激的情感浓度。大都市人的性格是建立在一种*知性主义*之上的，就是说个体要极力降低他们对于城市所提供的刺激的容量和种类的反应。因此，齐美尔的主张就是，城市的发展既对社会交往，也对人们的个人态度与行为产生了直接影响：

> 代替情感性的反应，都市人的典型反应基本是理性的，也因此创造了一种经由意识的强化而产生的心理主导倾向……也就是借助这样的方式，大都市的居民来应付他的（原文如此）店主、它的顾客，以及它的佣工，并且也常常应付那些和他一起被抛入强制性联合的那些人。(Simmel，1903，page 32)

在齐美尔看来，城市居民典型的理性主义和知性主义有着深远的意义。从某种意义上说，这些禀性使得城市居民能够摆脱社会交往旧的习惯和传统。齐美尔认为，现代城市给人们创造了去发展对自己个性和独特性的认识的机会。如今，这已不仅是一个心理过程，它也与经济方面的变化相联系：因为如今的经济看重个人的创造性和才能。但齐美尔并不满足于仅仅去观察个体在城市中被解放的过程，因为他还指明这些新的自由如何给人们制造了新型的问题。在城市里，人们被束缚在各种各样的社会交往之中，但这些交往越来越发生在与那些只具有最表层关系的人们之间。

现代城市的实质就在于它集中——在时间和空间上——许多活动、人和物（包括政治体制和金钱）的方式。因此，人们可能在情感上从城市生活中撤出，并且发展出一种有所保留的认识。然而，刺激的集中也可能是人们变得对世事厌倦、或是冷漠。齐美尔借此表达了人们不再那么关心事物间差异的意思。在齐美尔看来，这种态度是与商业主义的兴起以及货币经济相关的。事实上，货币使得一切都可买卖和交易。物的价值可以被精确计算：齐美尔认为，城市居民越来越发展出一种“实际生活的计算精确性”（1903，page 33）。

把齐美尔作为一个目击证人（而不是一个理论家）来解读，我们可以发现，在20世纪的上半叶，欧洲城市正在以产生了值得注意的影响的方式，既使社会组织也使人们彼此间的相互反应方式发生着变化。也就是说，此时期的柏林人正在发展出一些新的相互交往的方式。重要的是，这些新的联系方式涉及到时间与空间的重新安排。严守时间——在适当的时间出现在适当的地方——此时已变得重要。怀表是这种时间重要性变化的明显的证据。实际上，怀表在那一时期的柏林是极其时髦的。① 城市生活此时已被切分为分和秒，而不是小时。空间也被以不同的方式处理了。城市的物的流动以更加精确的和一体化的方式被控制。根据齐美尔的说法，这种空间控制的标志就是交通信号

---

① 参见Kern，1983，page 15。

灯。与此同时，土地被切分为不同的性能，在公共的和私人的空间之间存在着明显的界限。① 货币也改变了在城市之内看待房地产（即对于空间的占有）方式，因此，更高的利润在城市的商业区域内部产生。

> 大都市一直是货币经济核心，因为商业活动的多面性和集中性已经赋予交易中介以重要地位，这种重要性不可能在乡村生活的商业活动中获得。（1903，page 32）

尽管城市总是掌握了经济大权，但齐美尔认为，现代城市中不断加速的聚集化（agglomeration）效应正在对人们的生活方式产生一种质的影响。现代城市在时空上的集中现象已经强化了人们之间的联系，以至于他们如今不得不与世界保持一种心理上的——和身体上的——距离。在此，人们可能会想到电话使人们能够在很远的距离之外相互交谈这样的方式，但它也免除了人们对于直接相聚或是去参与到那些与自己进行私人通话的人中间的需要。齐美尔的城市是一把双刃剑：它的优势常常也正是它的劣势。

齐美尔对于城市的自由必定是一件好事情的可能性依然保持慎重的态度，他也并不乐观地认为，通过把不同背景的人集中到很近的距离之内，集中到社会交往之中，城市就会增进和谐和共识。事实上，城市居民的看似冷漠和不友好，还有更加黯淡的一面。齐美尔担心，城市居民也会相互显示出“轻微的厌恶、共同的陌生感以及排斥情绪，在一种无论如何已经出现了的密切联系中，它可能导致仇恨与冲突的爆发”（1903，page 37）。

在齐美尔看来，城市的情感生活有别于其他地方见到的生活。他

---

① 特别是依据性别来进行的公共的和私人的空间之间的切分。参见 Imray and Middleton，1983；Little，Peake and Richardson，1988；and Spain，2001。

的分析的核心在于对城市经验的多样性和异质性的认识。这些经验的无休止的展开把城市创造成了一个魅像。齐美尔为我们理解城市所增添的东西就是一个心理的维度，在这一方面，城市居民发展出了一系列使他们能够应对现代城市生活压力的态度。其中包括厌倦的态度，也包括保留、冷漠、计算性、理性、个性、个人技巧、创造性、专门化，等等。城市礼仪和规矩是与众不同的，但其生产方式和对技术的社会利用也同样是不同的。然而，没有理由去假定，所有的城市都实行了相同的礼仪和技术利用，也没有理由认为，城市中的所有人都必然会以相同的方式作出回应。①

从多重意义上说，现代城市生活是以其魅影般的体验为特征的。我们从齐美尔那里得知，这些经验既诱发了现代城市居民的心理和情感反应，并且，也被这些反应所创造。从某种程度上说，现代城市生活的魅像是被城市之中所发生的绝对多样的事件所创造的：这在一定程度上与社会进程有关，包括比如货币经济，或者商业活动，或者技术发展的状况；但它也部分地涉及在真正把握城市里正在发生着的所有各类不同事件方面的无力状态，甚或涉及到城市生活的生产和再生产方式；在某种程度上，它也势必造成人们表达和抑制感情的方式②。这些都是城市生活梦幻一般令人无法摆脱的特质——如魅影一般地组合在一起——不可或缺的部分。在这种理解中，魅像的观念对于真实城市的分析是至为关键的，因此，我们接下来还要回到这个观念。

城市生活的魅像与真实

到目前为止，始终具有重要意义的是对城市生活的专注的形式，它能够认真对待那些被忽略、被抛弃、被轻慢、被遗忘的各类事物：

---

① 参见 Robinson，即将出版，Chapter 2。

② 关于礼貌与情感的历史，参见 Elias，1939。

无论它们是高大的建筑物还是电话亭，是墓碑还是塑像，是糊涂乱抹还是广告标牌。投入城市生活的这种专注，是一种辨析城市之间和城市之内的差异性的方法，甚至在看待表面上相似的“事物”（如纪念碑、公共汽车、购物中心、电气照明灯等）的时候也是如此。城市生活的表层状态——无论是在辛克莱还是在凯勒的眼里，在环境主义国际的观察中，抑或是在齐美尔的眼里——都已在众多方面出现了问题。这并不是说上述的每一个人都认为城市生活的表层状态没有意义，或者都认为它对于理解城市生活至关重要。准确地说，这些作者既怀疑展现在他们眼前的一切，也不相信沉溺于眼前这个世界的后果。当辛克莱试图分辨他所注意到的事物间的隐秘或神秘联系的时候，凯勒则在试图去辨别构成城市生活的分子事件（molecular events）。与此同时，德波也怀疑社会通过形象、通过城市中的生活景观变为经验的方式。而齐美尔则渴望了解这些肤浅的表层互动是如何组织起城市居住者的情感以及如何影响了城市生活的。

即使如此，城市生活的表层状态仍然令人快乐并让人牵挂。而且，它们也还拥有其他的特质。若要列举其中的某些方面，魅像（phantasmagoria）这个术语则十分有用。这是一个经常与本雅明的著作相关的术语，本雅明时常暗示，城市生活的许多表层状态赋予了它以幻梦般的或幽灵般的品质。要理解本雅明为什么会对魅像感兴趣，最佳的起点就是对技术发展的追踪。科莱里（Crary）告诉我们，phantasmagoria 原本是一种特殊形式的魔术幻灯表演，流行于 18 世纪 90 年代和 19 世纪早期（Crary，1990，page 132）。它使用反向投影的方式，所以，观众是看不见灯的：这就是说，引致投影生产的过程是感觉不到的。泰利·卡斯特尔（Terry Castle，1988）认为，这种魔术幻灯技术开创了一种新的视觉体验的可能性。这一技术一定程度上与影像的运动有关。因为感觉不到形象是怎么被制造出来的，从一个影像向另一个影像的转换就制造出了一种梦幻般或幽灵般的视觉效果。

而且，到了 19 世纪，一系列新的影像投射形式也被展示出来了。

本雅明只是列出了其中的一部分：

> 有全景、透视景、西洋景、半透景、外光景、幻景并现、幻景和幻影叠现的经验，房间里的风景如画的旅行，世界全景图、光学风景、电影景观、可视景、立体景、环形全景画、全景剧。(Benjamin，1927－1940，[Q1.1]，page 526)①

这一切都使得DVD和电脑绘图看起来缺乏想象力。关键在于，魅像既是由一系列相互融合的形象组成，如同是在梦中一样，它还隐藏了其生产的手段。在使用这个术语的时候，本雅明同时唤起了魅像体验的两个侧面：既有运动的景观，也有超越表象去洞察生产手段的需要。因此，通过采用魅像这个术语来描述现代城市生活，本雅明既凸显了比如巴黎这样的现代城市中显而易见的新的经验形式，而且也凸显了为城市创造了许多景观的社会进程的不可见的特点②。例如，拥挤的人群就具有一种魅影般的效果。没有面目的人们不断地从眼前穿过，一个融入另一个。这种效果是疏离的（如波德莱尔所描写的那样）：部分原因在于造成拥挤的技术尚在视域之外，部分也是因为不可能与拥挤的人群中那些幽灵般的人们取得联系。

---

① 本雅明的这段文字中包含了多个表达视觉经验形式的西文词，这些词都是随着技术的演进，尤其是随着19世纪的技术发展而衍生出来的，很难在中文中找到准确的对应，故将此段文字的英译文附录于下：

There were panoramas，dioramas，cosmoramas，diaphanoramas，navaloramas，pleoramas（pleo-，'I sail' 'I go by water'），fantoscope〈s〉，fantasma-parastases，phantasmagorical and fantasmaparastatic *expériences*，picturesque journeys in a room，georamas，optical picturesques，cinéoramas，phanoramas，stereoramas，cycloramas，*panorama dramatique*.——译者注

② 当然，社会进程对城市生活的生产是隐蔽的这种观念，曾经是城市分析中长期存在的特征：某些新近的具有创造性的观点，可参见Sandercock，1998；以及Borden，Kerr，Rendell and Pivaro，2001。

沿着对视觉体验的幻术般的生产以及人物的梦幻般、幽灵般运动的认识，在本雅明看来，魅像还从事着另一种类型的工作。因为，它还是一个分析性的概念，这个概念描述了他所谓的梦想的集体性质①。就此而言，它包含一种对于现代性总体状况的理解，在现代性状况之下，人们终其一生都在梦游，无力认清他们的欲望。但魅像还意指这些做梦的集体被生产和再生产的地点：比如，在娱乐场所或是（如齐美尔所暗示的那样）在人们保护自己免受城市生活震惊的情况下。

的确，魅像迎合——并创造——了体验的新形式，包括消遣的形式和厌倦的形式。比如在巴黎，拥挤的人群、街道、时装、漫步、新闻、侦探小说之类就创造了众多的魅影般的体验。不仅类似巴黎这样的城市的现实生活是魅影一般的，本雅明猜测，现代性本身也具有魅像性质：

> 世界被它的魅像所控制——用波德莱尔的话说，这就是“现代性”。（Benjamin，1939b，page 26）

现代性就是其魅像。也就是说，现代和进步的形象已经把城市、甚至是历史本身变成了一个魅像。苛刻地说，这些魅像——现代性本身的这个魅像——为新的社会生活形态创造了可能性。如同齐美尔一样，本雅明并没有受到诱惑而认为这些体验纯粹是新生的。他对变幻不定的现状的怀疑在于，它掩盖了某些旧时曾有的东西。因此，魅像的欺骗性甚至扩展到了历史洪流本身：

> 做梦的集体不了解历史。在它面前流逝的事件似乎总是完全相同的，并且总是新的。（1927－1940 [S2，1]，page 526）

---

① 参见 Buck-Morss，1989，Chapter 8；Gilloch，1996，Chapter 3. 有关本雅明对于“魅像”这一术语的运用，另可参见 Britzolakis，1999。

从这个角度来看，现代城市可能是以对行进和运动、对外表和景观、对进步和新颖、对梦幻和幽灵的体验为特征的。但在这个世界之中，比如商品之类的新事物的创造，和旧事物的丢弃或毁灭（比如废弃的商品），并不必然指向进步，甚至也不意味着人们（更加）接近了他们所（真正）想要得到的东西。就此而言，现代性是天然地具有矛盾性的：新的，又是旧的；提供满足，却又不断令人失望。现代性是一个魔幻的过程，正如马克思和恩格斯的著名论断所言：在这里，“一切坚固的东西都烟消云散了”①（1872，page 83）。②

在本雅明看来，这些现代性经验创造了一种魅影般的梦幻世界。然而，梦幻世界的观念不只是对现代性与城市的一个描述，因为它还有一种激进的内涵。本雅明从弗洛伊德那里拿来了这样一种观念，即真正的欲望和希冀是被包裹在梦之中的。对他们两个人而言，梦是理解这些（隐藏着的）欲望的一种途径。本雅明从弗洛伊德那里得知，欲望借助他所谓的“梦的运作”（dream-work）的转变程序在梦中得以伪装，所以，要理解梦幻世界就需要理解这种从事梦的生产的运作过程。对于梦幻世界是如此，对于魅像也是如此。因此，这个训谕就是要去探索这种从事现代城市生活魅像制作的运作机制。这一分析的逻辑起点与对梦本身的分析相一致：与从事梦的制造的运作过程相一致，并且与它如何显现了现代城市魅像的过程相一致。

在探索现代城市生活魅像的过程中，我将采取的第一个步骤就是（如逻辑显示）梦。但是，梦又会引出另一个城市魅像。因此，比如梦包含着愿望的观念，将会被运用到对于城市魔法的探索之中。魔法本身假定了辛克莱试图在城市中发现的各种超自然的联系。超自然现象不只显示了其他的权力形式，它还表明，对于生命与死亡来说，存在着比生死本身更多的东西。这就提出了有关城市中的死者和不死者的

① 见《马克思恩格斯选集》第1卷，第275页，人民出版社，1995年版。——译者注

② 另参见 Berman，1982，page 15。

问题。就这一点而言，吸血鬼变成了思考城市生活的关键人物。吸血鬼揭露了构成了城市的时间与空间方面的某些异质性的、非线性的东西。正是在本章中，对于前进的魅像或是循环的魅像的思考结果得到了最明确的解决。对于不死的吸血鬼的讨论把我们（绕了一大圈）引向了死者的幽灵：这就是城市中幽灵般的人物序列。每一章都探讨了魅像以不同的运作去制造真实的城市生活的方式。贯穿全书，梦、魔法、吸血鬼和幽灵都被看做是同时既揭露又掩盖了欲望和焦虑的形象，它们通常是矛盾的，却又总是不可预料的。

因此，对于城市情感生活的探索是从梦开始的。梦在本书中承担了三重使命。第一，梦能够在城市中作为碎片被发现：在广告中，在关于城市的故事中，在人们对于城市的体验中，等等。而且，城市也可以在梦中找到。而这并非是一种无足轻重的观察。在我看来，梦是既能在睡眠中也能在现实生活中发现的经验现象：见于许多城市，见于特定的地点，等等；第二，梦为解释城市生活①、为探索魅像的梦幻般的领域提供了模型。弗洛伊德对于梦的解释被修订，以便提供一种对于从事梦的制造的运作机制的理解。这种解释方法开始于特定的梦的元素，并通过下述的情感和意义网络来进行。梦的分析因此既可以被用来理解城市生活梦幻般的特质，也可以被用来理解从事城市生活魅像生产的运作机制——不只是梦的运作，而且还有诸如魔法运作、血液运作和悲伤运作等其他形式的情感运作；第三，梦可以在修辞的意义上被使用：它们让人想到一种对更美好生活、更美好城市的向往。最后，梦也是政治性的——我们将会在本书的结论部分看到这一点。

作为城市生活的模本，梦回应了辛克莱“留心一切事物”的训令。实际上，在梦的分析中假定，城市生活中看似边缘化的领域很可能是最有说服力、最能揭示内情的。在本书中，我集中关注的是梦、魔法、吸血鬼和幽灵这些城市的边缘区域——然而，这些领域最终却处在

① 这一分析模型的发展始于另外一个背景：参见 Pile，1998。

城市生活真实部分的核心。让这些边缘形象显示其重要性，其意义在于，它们揭示了城市的欲望和恐惧，并且，它们在不同的地方发挥了如此不同的作用。所以，值得注意的是，其他的边缘形象可能也是重要的（而且本书也明确地表明，这些临界地带应该受到严肃对待）。例如，城市中特定的漫步者被描述为“狼人”，因于他们一旦走出前（或是后）门就会发生变化的方式①。他们是具有双重人格（Jekyll and Hyde）② 的人物③，他们一旦散落到城市的社会荒野之中，就会变得更加野蛮、更加可怖。狼人也显示了特别是在城市圆月之后的暗夜里所发生的一切。④

实际上，传说是与某些城市的根基相联系的。在瑞典的隆德（Lund），故事讲到了一个巨人在那里建立了大教堂（图 I. 10）。同样是在隆德，当耗子的幽灵被人发现从一个看起来像是古老坟丘里出来的时候，一个狼人据说已游遍了大教堂旁边的小森林（图 I. 11）。

与此同时，天使据说已经在许多城市里被发现。有人告诉我，这在巴西十分常见，并不让人关注。在布达佩斯，英雄广场有一座大天使加布里埃尔（Archangel Gabriel）的雕像，因为（在一个传说的版本中）天使据说出现在斯蒂芬的一个梦里，并给他献上匈牙利的皇冠（图 I. 12）。与此同时，城市的地下墓室和雕塑公园也显示了从前时代

---

① 参见 Benjamin，1927 - 1940 [M1，6] page 418；也可参见 Poe，1839。

② 此处的 Jekyll and Hyde，系斯蒂文森（Robert Louis Stevenson，1850 -1894）小说《化身博士》（*The Strange Case of Dr Jekyll and Mr Hyde*）中的人物。——译者注

③ 有关城市与哲基尔和海德的关系，参见 Donald，1999，pages 117 - 119. 在唐纳德看来，“内在的恶魔”既暗示着男性的内在分裂，也暗示着潜伏于现代性之内的诡异。

④ 参见 Schlör，1998，以及 Schivelbusch，1983，论及夜晚的社会史与城市的灯光。

图 I.10　隆德大教堂是由一个巨人所建。

图 I.11　耗子的幽灵被人发现从隆德的这个凸起的坟丘里跑出来。

图 I.12　大天使加布里埃尔俯视着英雄广场，布达佩斯。

的幽灵轨迹（图 I.13）①。事实上，无论你从哪里看布达佩斯，似乎总有（已经失去了的）纪念碑和金色天使（图 I.14）。在其他的城市，塑像则包括睡魔、僵尸、（各种类型的）妖怪、魔鬼（悖谬的是，尤其是在天使之城洛杉矶）、外星人等等。

图 I.13　布达佩斯雕塑公园，前政权的幽灵。

图 I.14　布达佩斯是一座天使之城。

毫无疑问，这些事物暗示了城市是如何从情感上、想象性地、异想天开地、真实地运作的。在这个意义上，大概地说，人们可能会直觉地推测到，一个被天使覆盖的城市，与一座有着涉及伏都教（Voodoo）传说的城市相比，可能会有一种不同的情感结构。② 然而，对梦的追踪已经将我引向了特定的魅像和魅影般的人物。我把自己的研究限制在梦、魔法、吸血鬼和幽灵之内。我遵循着一种把我从一个

① 关于布达佩斯的地下墓室，参见 Kósa and Szablyár，2002。关于雕塑公园，参见 Boros，2002，以及 Nadkarni，2003。

② 相关的论点，参见 Donald，1999，pages 17－18，在这里，他考虑的是天使能帮助我们理解城市的幽灵空间是怎样让人居住的。

问题带向另一个问题的逻辑。这个逻辑在每一章的引言和结论中都有解释。对这些魅像和魅影般的人物的追踪，已经把我带向伦敦、新奥尔良和新加坡——在这些地方，梦、魔法、吸血鬼和幽灵都曾以某种形式出现。即使如此，如我们将会看到的那样，大多数也可能在其他城市中发现，比如纽约、约翰内斯堡、柏林和巴黎。

在下一章中，我将更详细地探讨城市生活梦幻般的特质。作为解释城市生活的一个模型，它强调了“事物”不断变化的意义，并且依赖于能够揭示出新的意义对“事物”的追踪。从事梦的制造的运作过程的观念具有高度的启示性，而且，如本雅明可能意识到的那样，对于思考从事制造城市生活特定魅像和现代性的魅像，也是有启示性的。让我们转向城市生活的梦幻世界吧。

第一章　梦幻之城

在这里，城市变成了梦想，梦想变成了城市。

意识的改革只在于使世界认清本身的意识，使它从对于自身的迷梦中惊醒过来，向它说明它自己的行动。(Karl Marx，1843，in a letter to Arnold Ruge)①

事实上，每个时代不只梦想着将来的时代，而且，在梦想中，还加速了它的觉醒。(Benjamin，1935，alternative translation，page 13)

1.1　引言

在伊塔洛·卡尔维诺（Italo Calvino）的小说《看不见的城市》（*Invisible Cities*，1972）中，他设想了马可·波罗与忽必烈间的一次会面。在他们的会话过程中，马可·波罗像是变魔术似的讲出了许多绝妙的、令人难以置信的城市形象。然而，可汗突然打断了马可·波罗，并且开

① 中译文见《马克思恩格斯全集》第47卷，66页，中共中央马克思恩格斯列宁斯大林著作编译局编译，人民出版社，2004年7月第2版。——译者注

始讲起了他所想象过的奇妙城市。然后，可汗问马可·波罗这种城市是否存在。

> “它既没有名称又没有地点。我再向您说明一下我描述它的缘由：在可以想象得到的城市数目中，我们必须排除那些缺乏联系线索、内在原则、透视焦点、完整叙述的元素组合。就城市而言，它如同梦一样：可以想象到的一切都可以进入梦想，可是，即便是最不可信的梦也是一个隐藏着欲求的画谜，或者说是它的反面，是一种恐惧。城市如同梦一样，是由欲望和恐惧构成的，尽管它们的叙述线索是隐秘的，它们的规则是荒诞的，它们的视角是具有欺骗性的，而且，每一事物的背后都隐藏着另外的事物。”
>
> “我既没有欲求，也没有恐惧，”可汗声称，“而且我的梦或由心生，或是不期然而遇。”
>
> “城市也相信自己是心理与机缘的产物，但这两者都不足以撑得起它们的城墙。您的乐趣不在于城市的七个或七十个奇观，而在于它对您的问题所给与的答案。”（Calvino，1972，pages 37－38）

在卡尔维诺的手上，城市很像是一个梦，一个隐藏着秘密的奇妙无比的谜局。对梦的这种理解为解释城市生活及其氛围提供了很大的帮助。通过马可·波罗之口，卡尔维诺表明，城市生活的意义与情感是一个字谜，这部分是因为组合成城市的那些形象左右移动，制造出新的模式，这些新模式同时既给人启示，又令人迷惑。无论如何，支配着城市生活之谜的规则依然不透明。根据马可·波罗/卡尔维诺的说法，尽管这些规则不透明，但对于任何城市来说，还有一个隐藏的秘密：这就是，在城市生产的表层之下，存在着欲望与恐惧的潜在运作。换句话来说，城市就是被具体化了的欲望与恐惧，只不过是以欺骗性的和伪装的形式来呈现。梦也是如此。因此，城市与梦相像，既是因为它们掩盖了隐秘的欲望与恐惧，也是因为它们只能是按照潜在规则而被制造出来，这些规则在表层外观上是依稀难辨的。

忽必烈无法接受这个解释，对城市、对梦都是如此。无疑，梦与城市彼此互不相关。梦是虚幻的，不真实的。城市却非常真实，是有意识的心灵的产物，它持久地存在于街面和塔尖——而不只是令人惊讶的形象的随意而荒唐的并置。

梦初看起来可能是一种个体性的现象，是睡眠中大脑的产物，它与醒着的世界没有联系。梦是个人的，是一种非理性、荒唐、费解、无目的、短暂印象的任意集合。另一方面，城市是建立在有意识的、理性的、有意图的、有目的的、长期的、反思性的实践活动基础之上的集体性事业。城市不只是不像梦，而且它们是两个相互独立的世界的产物：一是睡眠世界，一是清醒世界。如忽必烈所做的那样，重要的事情不是急于得出结论，认为梦与城市属于两个独立世界。因为，令人愉快的是，梦与城市又是相似的谜局。

图 1.1　冷漠、疲惫的伦敦人梦想假日。

在本章中，我将要像对待相关的智力测试一样去探讨梦的世界与城市世界，醒着的世界与睡眠的世界。我认为，弗洛伊德对梦的解析为理解进行梦与城市制造的思路和工作提供了一个模型。在这个模型中，梦将会充当两个（通常是断裂的）世界之间的连接点：个人的和社会的。梦是个人睡眠大脑的产物，但也有一种普遍存在的梦的社会话语，无论其是在政治修辞中出现还是在广告说明中现身。梦很大程度上是醒着的城市世界的一部分。实际上，梦的社会话语是非常具有弥漫性的，它本身就具有魅影一般的性质。梦变成了持续地穿行于城市“万千物事”的一部分——梦不断地在眼前经过（见图 1.1，1.2，1.3）。

梦的魅像所采用的种种形式有待于深入考察，所以，我在第 1.2

图 1.2　美国运通写到，“梦想万岁”，英国，牛津。

图 1.3　里兹・克莱本①知道“梦想的构成”，纽约。

节将要描述梦在城市中现身的多种多样的实例。它显示了梦的话语帮助制造一种梦幻般的城市经验的某些关键方法。这里的意图在于显现梦在日常现实生活中的重要作用，以及它们作为社会与个人世界连接

① 美国服装品牌。——译者注

点的重要意义。① 而且，城市也出现在梦中，确切地说是出现在关于梦的故事中。在第 1.3 节，我考察了来自尼尔·盖曼经典的《睡魔》（*Sandman*）系列中的两个故事：每一个都是有关梦中城市的故事。两则故事都揭示了在思考梦与城市的关系时可能被触发的怪异情感，尤其是当它们处于消失或者实际上是觉醒的危险之中。

梦与城市之间的转换表明，更多的注意力应该放在参与制造梦幻的工作之上。确实如此，本雅明的训谕（如我们在导言中所见到的那样）就是要超越城市生活魅像中诸如梦幻等形象的表层外观。因此，在第 1.4 节中，我重点关注弗洛伊德对梦的运作的论述，而且对凝缩、转移、再现与二次修正的过程尤感兴趣。总之，这些思路显示，思想与情感是以不同的方式随着思绪而变化的，不断地抵达又离开，持续地被产出又被重塑。梦如此，城市亦复如此。

弗洛伊德对梦的解析揭示了从事城市空间制造的工作机制，这一方面将在第 1.5 节得以阐明。此处有一个讽刺。梦是城市生活魅像的一个部分——也即是说，是那个试图掩饰其自身生产过程的形象的一部分——然而，从感情上说，理解了梦如何产生，既为城市魅像如何产生，也为这些魅像如何被体验提供了理解的线索。首先，城市的碎片或元素指向的不是单一的情感内容，而是多种情感内容。其次，城市是由“受到多种因素决定的”成分混杂的元素构成的；也就是说，它们拥有被不同的机构反复制造的意义和情感强度。第三，城市场景的碎片所经行的路线是意义重大的，这些碎片通过它们而得以逐步显现：这在一定程度上是因为碎片在抵达城市的路途中发生过变化，并且，它们还会在那些地方再次出现；另一方面也是因为（常常是被伪装或转移了的）情感强度与这些碎片及其变化息息相关。

城市持续地造出事端，吸引人群，产生想法。然而，这未必导致

---

① “梦”经常浮现在广告中并非偶然：“时尚如建筑一样，是生活瞬间的黑暗中所固有的，它属于集体的梦幻意识。例如，后者在广告中觉醒。”(Benjamin，1927 - 1940［K2a，4］page 393)

梦寐以求的结果，这些结果也未必与人们的愿望相符，甚至也未必满足人们想要满足的愿望。这个观念是运用瓦尔特·本雅明在他对现代性与城市的分析中所说的梦的作用来进行探讨的，它既作为一种激发生活质量的途径，也作为一种革命性的技术。为了对这一问题予以充分思考，在第 1.6 节中，我审视了瓦尔特·本雅明对自发的梦幻以及城市的空间错乱的分析。当弗洛伊德对梦的理解启发了本雅明思路的时候，一种对本雅明著作的弗洛伊德式解读，就提供了一种将个人世界与社会世界，以及梦的世界与城市交织起来的更大的意义。重要的是，正如本雅明将会希望的那样，梦再现了个人与社会之间的一个断裂点，它为重新想象城市世界打开了可能性。因此，在第 1.7 节中，我检视了瓦尔特·本雅明所提出的提示，人们在现代性与现代城市间的梦游，犹如在梦中。根据本雅明的说法，现代人受到了城市生活魅像的束缚。然而，在本雅明看来，希望仍然存在，因为梦预见了从现代城市生活的噩梦中醒来的景象。

现在，就让我们一睹梦的方阵吧，一睹作为城市日常生活寻常形象的梦的阵容。

1.2　梦的魅像?

本节的问题在于，梦是否渗透了日常生活，在时空中形成了一个形象的混乱序列。为了回答这个问题，我呈现了一个大范围的众多例证，在这些例证中，梦在现实生活中出现。这些事例的数量之大和类别之多在很大程度上证实了的确存在梦的魅像这一情况，这种魅像中的每一个梦的例证都提供了一个深入思考潜藏于梦的假面背后的社会进程的机会。

就城市而言，现实生活中这些大量的梦的例证恰恰具有重要的意义。在我看来，梦在城市景观中的出现表明，梦具有两面性：它们运行在个人与社会的愿望和焦虑之间，轻而易举地破坏了一切可能存在与个体与社会之间的障碍。因此，梦是重要的，因为它们唤起了对于城市生活来说某些自发地深藏于个人与社会之中的重要意义，虽然是以伪装的形式。然而，城市中有如许多的梦，它们已理所当然地成为世界的一部分。

对梦的简单罗列，就表明城市提供了多种多样的做梦的基础设施：我们可以说出制造和容纳梦——无论是在橱窗，或是在火车站，在游乐中心，还是在电影院——的机构与场所①。如果说城市即使只是部分地由梦的魅像构造而成；如果说城市只是部分地指向梦的生产，那么，就存在着这样一种可能，城市人被他们的城市所梦见就与他们在自身内部所梦到的一样多。在梦的世界中，要紧的是我们对事物本质的控制——而且，必须警惕的是，它们对我们的控制。

梦通常被用来激发一种更美好的生活，一个更美好的未来。它们在一个方向推动我们，向着我们最隐秘的渴望；而在另一方面，则是向着一种超越真实世界约束的生活。在卡通系列剧《南方公园》的片段（题为《体重增加 4 000》）中，四个男孩中最胖的埃里克·卡特曼，为了让自己的身体更加健康，决定去食用保健食品“体重增加 4 000”。尽管埃里克所做的一切只是增加体重，但他却以为，他的身体将变得越来越像那些为强健肌肉产品做广告宣传的健美大力士。一旦达到了他的理想体重（即巨大），埃里克的内心就回荡着美国梦的那种情感（见图 1.4）：“追随你的梦想：你能够达到你的目标”，他祈盼着。

埃里克的困境与他对这一困境的理解是反讽性的，但它的反讽效果仅仅是因为它与西方文化中无所不在的梦的修辞产生了共鸣。在谈到梦想的时候，埃里克脑海中浮现了一个向往已久的完美的未来世界。一个能让他的愿望得到满足的世界：那是一个真正的实现愿望的地方。换一种说法就是，它是这样的一个地方：在这里，你的梦想无需经过“现实核查”（reality checking），因为这种核查在这里是（或已经成为）不可能的或被禁止的。从这个意义上说，我们受到了我们愿望的愚弄或役使。但这也充分表明，梦的控制使我们抓不住问题的实质

① 有关城市如同梦工厂的论述，参见 Donald，1999，pages 86－91.

图 1.4　与凯洛格公司一起搜集美国梦。

（以及其中反讽的意味），因为梦也同样是对欲望与恐惧的表达，这些愿望和恐惧也是必须被严肃对待的。

埃里克给予我们的教训在于，“梦想”这个词（以及与它紧密相连的梦想的观念）抓住了人们的心灵与智慧，明确地指导着他们的行动。同样值得记住的是，根据埃里克的劝诫，梦代表了一种愿望及其实现可能性的表达——如果你确实想要得到它的话。所以，那个还不知道他的梦想尚未实现的卡特曼就深深陷入了体重增加 4 000 这种商品的梦想之中。实际上，卡特曼相信他能够达到他的目的。因此，卡特曼也教我们懂得了一个悖论：实现你的梦想是一把双刃剑：要当心你想要的东西（我们在下一章还将回顾的一个警示）——尤其是如果它涉及（美国）商品资本主义所制造的欺骗性的梦的形象。

对于多数人来说，梦主要是由视觉形象（如同在魅像中一样）构成的。这并不是说，嗅觉、触觉、声音等等在梦中没有地位，而是说序列的形象在梦的体验中占有更为醒目的地位。梦一般的形象序列也是现实世界中常见的现象。事实上，许多人认为社会生活越来越明显地受到了形象的影响。在少数人看来，这意味着在梦幻世界与现实世界的众多形象之间存在着直接的联系（并且，还有许多观点都认为社会生活在越来越多地受到形象的影响）。于是，在《梦的战争》（*The War of Dreams*，1997）中，人类学家马克·奥热（Marc Augé）考查了被他视为一个由形象构成的世界弥漫性的形象生产。他声称，这些形象有着控制生活本身的威胁。在奥热看来，危险在于这个世界将变成一块被形象占领的国土，它被形象所统治：奥热说，这也就意味着被梦想所统治。奥热在像电视的无处不在的现象中找到了证据，当代生活变成一个由形象构成的梦幻世界。①

许多人把梦当成了个人的密码簿。如同一个异国的秘密间谍，梦也会对醒时的大脑发出密码信息。在许多书店，都摆着许多书架，上面码满了有关梦的书籍，能为你梦的隐秘意义提供译解的手段。对于许多人来说，

---

① 奥热所发现的梦想之战并非只存在于现代。根据奥热（遵循勒高夫[Le Goff，1985]）的说法，中世纪的天主教会就进行过一场有关梦的具体理解的战争。教会不得不在梦的合法与非法解释方面做出严格的区分。在他们看来，基本的问题在于了解一个梦是来自上帝的兆示还是来自魔鬼的兆示，因为梦的来临没有先兆，不可验证。上帝在梦中赐兆仍是一个广泛的信仰。例如，奥萨马·本·拉登就被认为是一个信奉梦具有先知特性的伟大信徒（Saghiyeh，2001，page 5）。梦未必有无意识自我传达给意识自我的信息，也未必有来自上帝或天使的信息。并非是每一种文化都产生梦的著作（断梦占卜的书 dream-books），但是梦在许多文化中都具有非凡的意义（参见例如 Brody，1981；以及 Tedlock，1992；此外，或可参见 Goh and Wong，2001）。对于某些人来说，梦可能是某种非常不同的东西，是一个高居于其本身之上的世界。奥热谈到非洲人的再现系统，在其中，现实生活与睡眠生活被理解为连续性的（此外谈论这个主题的书，参见 Watts，1999）比如，在约鲁巴人（the Yoruba）和伊博人（the Ibo）看来，梦是跨入另一世界的旅程。做梦者离开身体踏上这个旅程，返回时梦醒。这解释了梦醒时何以疲劳的原因：这是一个旅行者的疲劳。在我看来，这些各不相同的梦的解释都是有意义的，因为它们都对城市生活产生了影响。

释梦可能是在现实生活中获得行动指导的一种途径。① 迈克尔·索伯尔（Mechal Sobel，2000）显示了革命时代的美国人曾如何用梦去指导行动的历史事实。一般地说，这部采纳了梦的元素及其意义的著作也因此就是要在一一对应的关系中去解码。因而，梦到一双袜子就会始终表示贫困的焦虑。或者，按照另一本密码簿，是指舒适②。这种析梦方式——无论看起来有多么随意——依然很流行（见图 1.5）。

图 1.5　解梦书的小样本。

梦是生活的导引。实际上，没有去实现某人的梦想，可能表明了某种东西已经从生活中永久丧失了。这种丧失的意义可能被利用。银行热衷于说服人们，让他们相信他们如今已可以负担得起自己所梦想的未来生活。他们低声软语地说，你们能够购买你们的梦想。就在今天。当我 2004 年在纽约的时候，华盛顿互惠银行的自愿住宅贷款部提出："无论你梦想的家园是什么，我们都会为你贷款。"相似的广告在新加坡也能见得到（见图 1.6）。

图 1.6　在新加坡获得一份梦想家园的抵押证明。

---

① 在索伯尔看来，梦也表现了美国人的欲望和恐惧，尤其是在种族和性别关系方面。

② 因此，最好只买一种解梦书，否则，你可能永远也弄不清楚你的梦的意义。

英国的银行也未能免疫。最近，劳埃德 TSB 集团向你提出建议，通过申请他们的一种个人贷款，“让你的梦想变为现实”。在英国，人均个人债务目前已达到历史最高水平。真是美梦连连。

图 1.7　你可能（不只）倾心于一辆“梦中的汽车”，伦敦。

在商业世界，梦不仅仅与为了未来的梦想采购而贷款有关。在 2002 年 3 月份，本田公司为它们带有“梦想的力量”标志线的新车型进行了一系列的广告宣传，在广告中，它们在自己的汽车、自己的想象力和拥有一辆理想的汽车（一种它们生产的汽车）之间做出了明确的联系。（图 1.7）

资本主义不只是乐于把你的梦想提炼到商品中去，并把它再出售给你，或者是担保你未成形的愿望能合并在业已存在对应的商品目标的梦想周围。① 如弗兰克·莫来迪（Franco Moretti）指出的那样，“资本主义就是一个梦想——一个糟糕的梦想，尽管如此，它也只不过是一个梦想”（1978a，page 90）。从未间断的资本主义噩梦的一部分就在于它也想操控你赚钱的梦想。2001 年 4 月，《观察者报》（*Observer*）报道了一个新西兰心理治疗师海伦·麦克利恩的事迹，她曾经受雇于微软公司，并通过捉梦（catching dreams）来帮助它们释放员工的创造力②。

与此同时，IBM 打算利用商界人士的噩梦来出售它的产品。走过

---

① 当然，这也就是说，资本主义创造了一个商品拜物教的梦幻世界。然而，诸如新自由主义等具体的意识形态则各自都梦想着其特定的资本主义社会关系：参见 Mitchell，1999。

② 海伦·麦克利恩已经出版了多部释梦的书（包括 Mclean and Cole，2001）并且运营着她自己的网站，www.catchadream.com.

2003 年进入 2004 年，他们进行了电视广告宣传，在广告中，一位商人描述了不断出现的噩梦让他不得不去做心理治疗的情况①。在其中的一个噩梦中，这位商人正在逃避一群人的追逐。根据故事叙述中的一些口误和语词联想错误之后，分析师向这个商人解释说，他所惧怕的那些人是他的顾客。IBM 公司已提供了应对噩梦“完美的商业解决方案”。然而，IBM 公司似乎令人奇怪地不害怕把商业世界作为一个噩梦呈现出来，而且，这个身为妄想狂患者的（高级）商务人员也无力反思其自身的处境。他们这些人明显地被 IBM 公司所提供的梦幻般的解决方案说服了。所有的商业企业，无论其大小，都明白梦是有销路的。（图 1.8）

图 1.8　梦想无极限。

如果说存在着一种做梦的经济学的话，那么，也存在一种做梦的政治学。② 梦常常被政客和激进主义分子利用，以彰显一个被毁掉了的过去和/或者是一个美好的未来。2003 年 2 月 9 日，作为对托尼・布莱尔的工党政府挑战的一个部分，保守党反对派领袖迈克尔・霍华德

---

① 这个剧情有若干版本，每个版本都带着它的商业梦魇。

② 也可参见 Robinson，1998。

宣布了他的体贴、保守的英国愿景。他信心十足地把这个愿景称为“英国梦”。梦的这种使用从政治的角度来说同时面对个人性的经验（渴望一个更好的未来）和不公正、不平等的社会经验（因此，也渴望着一个更美好的未来）。迈克尔·霍华德绝不是唯一一个这样使用梦修辞的人。最著名的，也许是马丁·路德·金对更美好未来的梦想。

> 回到密西西比去吧，回到亚拉巴马去，回到南卡罗来纳去，回到佐治亚去，回到路易斯安那去，回到我们北方城市中的贫民窟和种族隔离区去，要知道，这种状况是能够改变，而且也必将改变的。我们不要陷入绝望的深渊。今天我对你们说，我的朋友们，在此时此刻，虽然我们在今天和明天还会遭遇重重困难，我仍然怀有一个梦想，这个梦想深深扎根于美国的梦想之中。我梦想有一天，这个国家会站立起来，真正实现其立国信条的真谛：人人生而平等，我们认为这些真理是不言而喻的。（马丁·路德·金在 1963 年 8 月 28 日华盛顿特区林肯纪念堂发表的演讲）

很明显，尽管他在把个人对美好未来的梦想，把解放的梦想连接到美国梦想之上，把他的言辞与我们梦想中对自由的向往连接在一起。在我们的梦想中，我们摆脱了一切现实世界的约束。然而，同样明确的是，梦想正在与政治激进主义联系在一起：梦想是政治情感生活的一部分——包括城市内部的政治情感生活。①（见图 1.9）

---

① 不只是政客与激进主义分子梦想自由。在流行于 20 世纪 70 年代的英国监狱喜剧《麦片粥》的一个片段中，弗莱彻和葛德波两位狱友试图通过他们对自己在狱外世界的想象来熬过夜晚的时间。既然他们无法出狱，他们必须创造一个他们想象的世界，如同在梦里一样。弗莱彻解释说：

弗莱彻：梦是自由的。

葛德波：自由？

弗莱彻：没有紧锁的门，不是吗？

（《麦片粥》的《狱中之夜》片段）

图 1.9　澳大利亚，悉尼："我有一个梦想"。

如果说假定梦是一个超越日常生活束缚的地方，那么，同样的情形是，科幻小说的故事已经调动起日常的梦中经验，放松了对假定是真实的领域与假定是梦想的领域的控制。这种想法确实被用在了《黑客帝国》（*The Matrix*，1999）之中，它显示了一个由电脑生成的梦幻世界的现实。这个电脑生成世界的貌似有理的现实是建立在与日常做梦的经验相类比的基础之上的，你已经醒了，但是你还在睡眠之中，并且只是梦着你醒来了：你又如何能够说出梦中世界与现实世界的区别呢？因此，墨菲斯向托马斯·"尼奥"·安德森解释矩阵（matrix）是怎么回事：

墨菲斯：你做过梦吗，尼奥，你这么确定它是真实的？如果你不能从梦中醒来怎么办。你怎么会知道梦幻世界与真实世界的区别？

尼奥：这不可能是。

墨菲斯：是什么？真实的？

我要分析的梦修辞的最后部分是幻想和欲望的缠绕。如我们所知，卡尔维诺认为梦是由欲望和恐惧构成的。这是一个在梦的魅像中常见的主题，一个据说在城市中帮助和煽动了性解放的主题。比如，在亚瑟·施尼兹勒（Arthur Schnitzler）的小说《梦故事》（*Dream Story*，1926）① 中，主人公弗利多林，一个医生，冒险进入夜间的维也纳。他沿着一条梦一般的、令人毛骨悚然的道路穿过城市隐秘的欲望。最后，在一个既色情又屈辱的时刻，他只好被一位美丽的夫人从危险中救出。后来，他担心这段梦幻般的经验暴露了真实的欲望：没有梦幻可以仅仅被当做一个梦来解除。对他的妻子艾尔伯汀而言，确定无疑的是他和她已幸运地度过劫难，并且如今已完全清醒（Arthur Schnitzler，1926，page 99）。弗利多林问艾尔伯汀为什么她对此深信不疑：

> “只要我的感觉不错，那一夜的事情，甚至是一个人的一生，都不能与他内心隐秘存在的真实相提并论。”
>
> “并且，没有梦想，”他轻轻地叹息道，“完完全全只是一个梦。”
>
> 她双手抱起他的头，轻轻地枕在她的胸部。“现在我们真的醒了，”她说，“至少已有好大一会儿了。”

施尼兹勒探讨了在梦中幻想的现实与在幻想中演绎的现实之间混乱的并且令人困扰的边界问题。维也纳不只是一个梦故事的背景。维也纳本身就如梦如幻，至少在某种程度上说，它也掩盖着欲望与恐惧。维也纳的伦理准则被弗利多林的（意外的）色情历险揭露出来了，它展示了私人梦想与它们合法的公共表达之间的边界之所在。这个边界

---

① 施尼兹勒的书为斯坦利·库布里克最后一部影片《大开眼戒》（*Eyes Wide Shut*，1999）提供了原始资料。

是一个道德的边界（图1.10）：实际上，梦对于道德和伦理决断而言，始终是一块绊脚石。在这个故事中，问题在于弗利多林是否应该对他的愿望和欲求负责？确实，一个人可能开始怀疑把现实与梦做对比是否完全合理。而且，把现实置于梦的对立面会是美好的或是正确的吗？

图 1.10　追梦女孩广告。

梦是城市日常生活中寻常经验的一部分：在橱窗中，在电影院里，在电视上，在书架上，在对过一种更美好的生活意味着什么的一般理解中，在关于得体行为的道德规范中，在我们学习观看城市风景表面形貌的方式中，甚至在作为睡眠中被体验的某个对象中。梦的魅像在许多地方和许多环境之下是起作用并且有效力的。实际上，它们几乎是压抑不住的：也许这是因为梦利用了隐秘的欲望和恐惧，如卡尔维诺所指出的那样，或者也可能是因为它们无法表达渴望与焦虑（它们常常与隐藏的欲望和恐惧相伴）的情感，既在个人方面也在集体方面。从这个角度说，梦是有用的，而不是令人困扰的，“梦”这个字眼儿同时指涉个人的（睡眠）和集体的（现实）经验。

在这些梦的例证中，我们可以觉察到，与梦的魅像相关联的，是一种具有特定强度的感情。通过对梦的利用，政客与银行，作家与激进主义分子，能够激发起包括城市生活在内的生活的特定的情感品质。梦似乎能够把个人与社会、睡眠与清醒的经验锻接在一起——或者说，它至少可以创造一座桥梁，经由它，这些经验能够活动起来。我也曾表明，通过梦，有一种情感的交流，通常裹挟着欲望与恐惧。这些交流并非总是舒适的。实际上，这种通过梦来进行的思想与情感运动的结果可能是相当令人不安的。通常，解决的方法似乎就是醒来或是走向现实。然而，醒来或走向现实并不是直接的，就像梦交织于真实世界的结构中一样。为了揭示这些内容，我将考察一下城市在两个关于梦幻世界的故事中出现的方式。醒来的后果可能是要令人脊背发凉的。

1.3 想象的城市

在现实生活中，可能有某些从梦的魅像中获得的安慰。似乎在我们内心中有非常奇特的东西——我们的梦——被赋予了显现的自由。如列斐伏尔观察到的那样，梦有某种同时既是异质的又是亲切的：“梦的空间是奇异的，异质的，然而，它同时又尽可能地亲近我们。”（Lefebvre，1974，page 209）。不止于此，梦还解放了欲望：对商品（诸如汽车、抵押贷款之类）的欲望，对自由的欲望，实际上，是对欲望的欲望。还有其他种种。梦还可以创造出众多既陌生又熟悉的世界：这是些有些诡异的熟悉的世界，尽管它既陌生又令人感到烦扰。为了表明我想要表达的意思，我想谈一谈出现在尼尔·盖曼漫画小说系列《睡魔》（75 部，Neil Gaiman，1988－1996）中的两个故事。在这两则故事中，城市扮演了醒目的角色。这些城市既奇异又亲切，但真正可怕的是事情发生在做梦者醒来的时候。描述这种诡异的情绪，描述梦与城市的这一令人毛骨悚然的侧面，就是本节的重心。①

尼尔·盖曼在图画小说界是个举足轻重的人物。② 盖曼的第一个

---

① 还可以参见 Donald，1999，pages 69－73，在此书中，他也讨论了梦的作用；此外，还可参见 Vidler，1992 和 2000；以及 Jacobs，1996。

② 尼尔·盖曼还著有多部小说，其中之一是《乌有乡》（*Neverwhere*，1996），被 BBC 改编为系列电视剧。

故事是《沼泽怪》（*The Swamp Thing*）中的一个片段，这是一个被阿兰·摩尔（Alan Moore）赋予了新生命的系列，他也是一位重要的漫画书的作家。值得指出的是，这两位作者的作品还以其他的方式重叠。例如，在《沼泽怪》的一条情节线中，阿兰·摩尔创造了一个狡猾的英国魔术师约翰·康斯坦丁这个人物（‘Growth Patterns’，Alan Moore，1985）。后来，尼尔·盖曼本人也写到了一位约翰·康斯坦丁（‘Hold Me’，Gaiman，1995），并且在盖曼的另一本漫画作品《魔法之书》（*The Books of Magic*，1990－1991）① 中，他还是一位核心人物。约翰·康斯坦丁的走红——部分基于故事的恐怖色彩，部分基于人物的高度多义性——这一切使他拥有了自己的漫画小说系列《驱魔神探》（*Hellblazer*，1987 年以后）②。实际上，这些故事的互文性本身就有一种梦幻般的特质与效果，创造了重叠的幻想与想象的世界。

盖曼的主要作品无疑是《睡魔》系列。这个系列的核心人物是摩尔菲斯主人（Lord Morpheus，即“梦之主宰”），他是梦幻王国的国王。有关摩尔菲斯和他的悲惨命运③，有许多内容可说，但是，我的兴趣在这两个有关梦幻世界与城市交织的故事。一个涉及在梦的世界中保存一个真实城市的反讽，另一则与城市可能正梦见它的居民的恐怖可能性有关。这些故事让我们进一步了解了梦对于我们的控制，它也让我们了解了以下观念的危险之所在：即从感情上认为梦打乱了睡

---

① 在这个系列中，一个名叫提摩西·亨特的年轻的英国男孩在魔幻生活与科学生活之间，被赋予了选择权——这是一个在本书第二章中将要讨论的主题。

② 我将在第 4.4 节再回到约翰·康斯坦丁这个人物。

③ 在许多重要的方面，摩尔菲斯的故事与俄狄浦斯的父亲拉伊俄斯（Laius）的故事类似。在弗洛伊德俄狄浦斯情结的背景下对之加以思考是有益的。可是，我在本书中不打算触及弗洛伊德对心理情结的神话学理解。（此外，参见 Pile，1996，Chapter 3）。

眠世界与现实世界的边界①。

《斋月》（*Ramadan*，1993a）讲述了万王之王哈伦·阿尔·拉西德王朝（Haroun Al Raschid's）的故事，他是统治着天城巴格达的忠贞不渝的王子。漫画把巴格达展现为一个寓言般的城市——充满了东方情调。在这则故事中，巴格达被描写成所有城市中最完美的城市：

> 没有宫廷像哈伦·阿尔·拉西德王朝的宫廷这样。他从世界的各个角落召集了形形色色的杰出人才。有圣者，有贤人和炼金术师、地理学家，以及风水师、数学家和星占师、翻译人员和档案管理员、法理学家，下级法官、抄写员。在他的宫廷中，有希伯来的伟大导师，他是研究圣经的三个人中的第一位，是越轨基督徒（一个肮脏家伙，不洗澡、不尊重并且捉弄被人称为蒲伯的上级）中的最伟大的僧侣……而且，正如你一定意识到的那样，他还是研究古兰经（Kuran）最伟大的学者，真主这个词，如一百八十年前昭示给他的先知穆罕默德那样（page 228）。

---

① 因此，比如在小说《柔软的地方》（*Soft Places*，1992）中，马可·波罗迷失在沙漠之中。在酷热中，他正在做梦（可能是借鉴了卡尔维诺的《看不见的城市》）。在他的梦中，马可·波罗会见了他提到的G. K. 柴斯特顿（page 141）：

> 处在梦幻边缘的时间较之他处更为柔软，在这里，在这柔软的地方，它自己蜷缩、旋转着：在这柔软的地方，梦与现实之间的疆界被侵蚀掉了，或者说尚未形成……时间。如同投石于池中。激起层层涟漪。家（Hoom）。这就是我们所在的地方。在这儿，在这柔软的地方，梦的地理学侵入了真实的大地。

这正是我们这一章所在的地方：在这个柔软的地方，梦与现实蜷缩、起伏并旋转着。值得补充的是，G. K. 柴斯特顿在故事中出现了，因为他是个写梦的作家。与此处主题最有关联的当是他的短篇小说《愤怒的街道：一个噩梦》（*The Angry Street*：*a bad dream*，1908），它与盖曼的《双城记》（1993b）有极大的相似性。

这是一座快乐、富足、神秘的城市，一座在技术上和组织结构上都奇妙无比的城市。一座容纳了一切事物和一切人的世界性的城市，“但是，哈伦·阿尔·拉西德心灵上却饱受困扰”（page 232）。最终，巴格达的哈里发屈服于他的混乱的思想，并且，它迫使梦之主宰摩尔菲斯主人对他现身。摩尔菲斯是狂暴并且令人生畏的。哈里发没有被慑服，他希望赌一把。他使用魔毯向梦的主宰显现了他的城市和他的伟大奇迹以及商业贸易。摩尔菲斯很受震动。之后，哈里发问及“它能持续多久？人们能记住多久？”（page 253）。哈伦·阿尔·拉西德预言巴格达最终将沦为废墟，并且被沙漠覆盖。它将消失并被人遗忘。“这与它的未来一样美好，是吗？”哈里发忧郁地说到（page 254）。

哈里发的解决方式是简单的：摩尔菲斯把天城带进了梦域，在那里，它将永存。摩尔菲斯回答道：“你所需要做的一切就是告诉你的人民。他们毕竟追随你。而且，你的一切就是梦。”（page 254）这桩生意就这样做成了。这是故事中的花样。哈里发在一个肮脏的垫子上醒来，在他的周围，巴格达城已是一片废墟。他还记着梦的梗概。可是，它已全无踪影。哈伦·阿尔·拉西德在市场上认出了一个陌生人。这人正拿着一只玻璃缸，缸中是一座金色的城。哈里发着迷于玻璃之下的城市，但无法辨认它，天城被永远作为一个梦保存起来，但只是在醒时能够被记起。

在这个故事的《世界末日》片段里（第八卷），一群旅行者被一场暴风雨逼进一个客栈躲避。为了在暴雨狂怒中消磨时间，躲避者轮流讲故事。伽海里斯先生开始了他的故事。这是《双城记》（*A Tale of Two Cities*，1993b）：“曾经有一个住在城里的人，他一生都住在那座城里（ page 27）。”这个人，罗伯特，过着一种普通的生活。他工作，往返上下班，读报，度假。他偶然对他周围的世界产生了好奇。但他仍然有一种观察城市的激情。他像一位心理地理学家一样，对每一件事情都做笔记：

罗伯特把城市看做一枚巨大的宝石，把他在午饭时间发现的现实的微小片刻视为切面，它是整体的切割并且闪闪发光。世界上有没有人不做梦？谁的内部不包含着无法想象的世界？（page 28）

罗伯特一度看见了一条银色的道路。他向它跑去，但它竟然消失了。一整天，罗伯特被这条他白日梦中的银色道路搞得心烦意乱。后来，当罗伯特乘火车回家的时候，他发现自己完全是孤独的。这要除去一位神秘的陌生人——读者能够认出他是摩尔菲斯。此时，罗伯特更加焦虑，他怀疑自己是否上错了火车。他在下一站跌跌撞撞地走了出来，但他认不出火车站了。即使这样，罗伯特还是确信他足够了解这座城市，能够辨别方向搭计程车回家。当他环顾四周，有一些熟悉的街道，但他却不能说出地点也叫不出地名。罗伯特急忙穿过街道，确定他最终可以来到他知道的地点。城市的面貌和气味是这样熟悉，然而又这样陌生。在惊慌之中，他跑过众多街道。最后，罗伯特颓然倒下。他确信自己的周围有人，但他们却像是鬼影一样，闪着幽光并且消失了。没有人走过来或者靠近他。现在，就在罗伯特行走着的时候，

道路把他搞糊涂了，调转了他的方向。在这里，他会经过一座天主教堂或是博物馆，在那儿，一座摩天大厦或是一个喷泉——总是难忘的亲切。但他绝不会两次经过同一个地标，总也不能再次找到带他回家的路标。（page 33）

他并未完全迷路，因为这座城市是这么熟悉，然而，他也完全迷失了方向。他走了几个小时，也许是几个月。最终，罗伯特在一座桥上遇到了一位年老的、衣衫褴褛的陌生人。“这里很漂亮，不是吗”，那个人说，指着那座城市。罗伯特想知道他们在这座城市的什么地方。陌生人神秘地给出了回答。

或许这座城市是一个活物。每一座城市终究都有他自己的性格。洛杉矶不是维也纳。伦敦不是莫斯科。芝加哥不是巴黎。每一座城市都是生命与建筑的集合，并且，它有自己的性格。（page 35，见图 1.11）

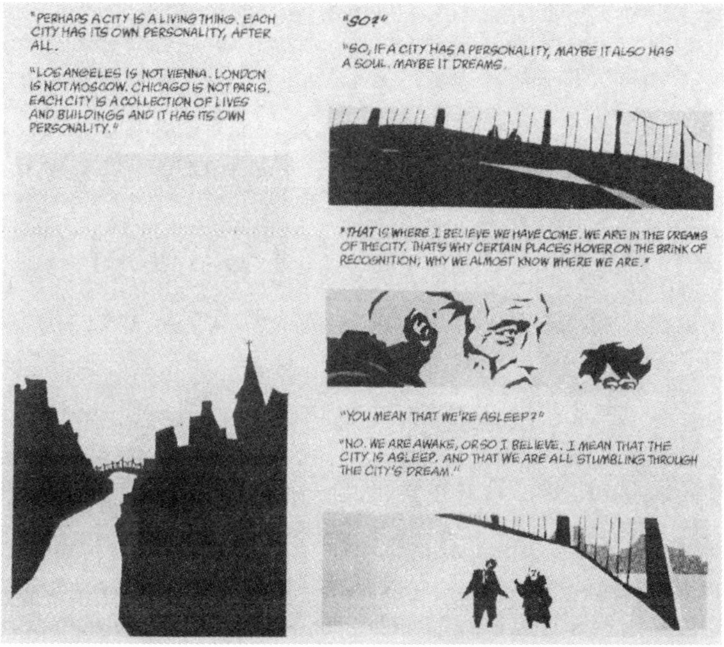

图 1.11　出自尼尔·盖曼的《双城记》。承蒙 DC 漫画图书公司惠允复制。

“是这样?”罗伯特问道。老人答到：

是这样，如果一座城市有一种性格，可能它也有一个灵魂。可能它也有梦。这就是我相信我们所到的地方。我们在城市的梦里。这就是何以特定的地方徘徊在被辨认的边缘。这就是我们何以不能认出我们在哪儿的原因。……我的意思是城市正在酣睡。我们闯入了城市的梦乡。（page 35，见图 1.11）

陌生人认为，幽灵似的人物只是那些在离开城市之前短暂地进入城市梦乡的人。他猜想，或许有可能他们只是城市梦乡中暂时的人物。罗伯特开始想知道在他身上将会发生什么。比如，他将会返回现实世界吗？他能找到一条回到真实城市的道路吗？不要在意那个，老人笑道，城市醒来又能如何？

> 但是，罗伯特现在有个目标，他在寻找他能认识的东西：一条道路，或是街道，或是小巷；他行走在梦的城市，寻找着他能辨认之物：寻找着真实。（page 37，见图 1.12）

图 1.12　出自尼尔·盖曼的《双城记》。承蒙 DC 漫画图书公司惠允复制。

濒临死亡①，罗伯特向着刚刚浮现在他面前的大门发起最后一次冲锋。穿过大门之后，罗伯特却惊愕地发现自己处在真实城市的背后。伽海里斯先生就这样结束了罗伯特的故事，但他并未完全讲完他的故事。然后，伽海里斯先生告诉那些专注的、遭到了暴风雨袭击的游客们，他在苏格兰的一个小村庄曾经碰见过罗伯特。伽海里斯曾问过罗伯特是否害怕梦的城市，这是罗伯特如今落户荒野的原因吗？罗伯特答到：

---

① 事实上，罗伯特确实与死神‘摩尔菲斯机灵的姐姐’接近了。

> 假如城市在做梦……那么，城市就在酣睡中。并且，我不惧怕城市睡眠，就像月光下的猫，绕着它的河流和港湾，铺开它的无意识。酣睡中的城市是温驯无害之物。我所惧怕的……是城市终有一天会醒来。终有一天城市会爬起来。(page 40)

那将会是什么样子？在这两则故事中，盖曼都在寻求制造一种诡异的效果：战栗意味着脊柱的上下移动；颈后的毛发站立。在第一个故事中，哈里发希望保住他理想的、梦幻般的城市，但他只能在梦中实现这个愿望。在现实状态下，梦幻城市输给了现实世界——即使它被永久保存在梦中。这种观念让人联想到弗洛伊德的启示，无意识具有保存经验的能力，然而，这也有冒险的可能，置于无意识之中的材料有可能出乎意料地不期然地返回①。在这个意义上，梦的世界发挥了一种防御作用，既反抗失去的事物，也反抗对一个可怕的现实的认识。然而，诡异的是，哈里发已经认识到了一个异样的熟悉的真实，在这个真实世界里，他失去了一切。恐怖不只在于哈里发失去了他试图保存的东西，还在于他如今生活在一个赤贫的巴格达：他落得衣衫褴褛，城市沦为废墟。

在第二个故事中，罗伯特意识到他正在一个熟悉的地方，但这个地方又是陌生的；一个陌生的地方，却又是异样地亲切。他日渐被他的经历搞得惊慌失措，因为，这些诡异的经验纠缠着他。在这里，盖曼在激起迷失于城市之中这种陌生却又常见的经验。事实上，在弗洛伊德论述怪异的论文中，他自己又回想起了一段诡异的经验，涉及到他在城市中迷失，并且又找到了自己——违背他自己的意愿——回到了同一个地方②。罗伯特所经历的一切表明，这些（城市的）怪异经验是多么如梦如幻，而且，这些（城市的）日常经验可能是如何既陌生又熟悉。在许多方面，城市为诡异的经验提供了典型的场景；这些

---

① 参见 Freud，1915。

② 参见 Freud，1919，以及 Pile，2000。

经验如齐美尔的著作将会暗示的那样，城市居民试图进行自我保护，或许是通过一种倦怠的态度或是冷漠①。这进一步表明，对梦幻般的和/或诡异的城市经验的情感反应以多种多样的方式抵消或是转移了他们的情感强度。

在盖曼的两则故事（也在弗洛伊德自己的迷失经验）中，这个纽结直接与做梦者的愿望表达相关，也与他们如何受挫相关。这是一些不期而至的而且是带有反讽意味的愿望实现的故事。这是一个古老的警示：当心你想得到的东西——因为你可能会受到惩罚。例如，罗伯特无望地期待着从梦中醒来，但是之后却担心醒来的结果就是他不复存在。但这并非罗伯特麻烦的终了。在现实状态下，他开始害怕他醒来的愿望会招致报应——如果并且当城市自己醒来的时候。

罗伯特的最大恐惧是城市自己醒来，像一只致命的食肉动物，从一种酣睡状态醒来，虐杀它们的人类居民。在这个睡眠城市的形象中，盖曼提出了不可思议的可能性，城市梦见它们的居住者（而不是相反）；只有被睡眠中的城市梦到，城市栖居者、城市生活才能存在。这是一个有趣的想法，因为它表明，城市居住者生活在城市为他们创造的梦之中（另参见图 1.13）。鉴于已经出示的证据，这不是一个多么不可思议的观点。然而，我们现在可以把这个观点推进一步。

这意味着从事着梦想制造的梦的运作，与把城市生活制造成城市空间产品的梦的运作非常相像。在这个基础上，我们可以追问，是否从事城市魅像、它的梦幻世界制造的隐秘工作也像梦的运作一样。要展开这一问题，下一个逻辑步骤就是考察梦是怎么制造出来的。因此，我（在第 1.4 节中）将审慎考察弗洛伊德对梦的解析，在此之后，去推断这些梦的运作的范本如何可能帮助我们理解我所说的城市-运作（在第 1.5 节中）。

---

① 在本书第 4.3 节中，我将更明确地回到这个主题。

图 1.13　描绘梦中城市的壁画（澳大利亚，悉尼）。

1.4　梦的分析与梦的运作

梦修辞也已被大量运用在城市以及城市的方方面面，有许多范例。世界上许多大城市都被某些人描述为“梦幻城市”：勒·柯布西耶（Le Corbusier）谈论的是纽约，许多人谈论的是巴黎，等等。类似的是，城市规划者和建筑设计师的设计也经常被描述为“梦”，还有电影制作者的城市幻象①。而且，关于梦的故事也包含了城市的参照——无论是在尼尔·盖曼的作品中，还是在 G. K. 柴斯特顿的作品中（参见上文及相关注释）。似乎存在这一种常见的欲望去织造梦之网和城市组织结构。

常常也有这样的情况，城市以多种多样的方式出现在梦中。正像弗洛伊德分析过的那样，一个诸如此类的梦将会为本小节提供范例。同时，弗洛伊德对梦的解析也为我们对于梦的制造工作的思考提供了

① 分别参见 Boyer，1983 和 Sanders，2002。此外，海伦娜·比奈特的摄影也被描述为揭示了“建筑的梦幻生命”（Glancey，2002，page 12）。

四种关键的方法。这就是凝缩（condensation），转移（displacement），再现（representation）和二次检正（secondary revision ）（Sigmund Freud，1900）。[①] 在本节以及下一个章节，我将提出这样的观点，梦的生产与空间的生产非常相像。我将展示梦是被以空间的手段生产出来的，通过诸如凝缩和转移的方式。因此，梦的模型既充当了理解城市生活中梦的意义的方式，也使得城市生活中更具幻想性和想象性的侧面变成了一切城市生活真实领域分析的核心部分。而且，在这一点上，它还有助于去记住，弗洛伊德对梦的解析阻止对内部世界与外部世界做严格的两分，无论它们是个人的还是社会的。

弗洛伊德基本的（并且也是尚存争议的）洞见在于，梦是有意义的丰富的。贯穿《梦的解析》一书的始终，他都强烈主张，仅仅去对梦进行这样的解码是不可能的，仿佛梦中的符号始终并且必然地指向一种事物：例如，好像梦到在汹涌的海上总是意味着不安全，或是，生动的色彩展现了某人人生的转折点。相反，弗洛伊德认为，揭露梦的思想动机需要回溯大脑为了梦的建构必须进行的曲折、错综的运演过程。正是梦的这个曲折、错综的生成过程才是有意义的，因为它显示了一个含义丰富的世界，它并不完全是可以解码的或是可以控制的。在梦的世界中，有一种始终公开的、弹性的、相互关联的、巧妙的呈现机制：梦的王国既是睡着的也是醒着的。在下文中，我们将会探讨梦的分析如何可能帮助解释现实世界，但在目前，让我们先聚焦于弗洛依德对梦的生产的论述。

---

① 在精神分析领域内，亦可参见 Resnik，1987；Segal，1990；Flanders，1993；States，1997；Budd，1999；Blass，2002；Quinodoz，2002. 弗洛伊德释梦的广泛影响见于以下研究：Bloom，1987；Ferguson，1996；Pile，1998；L. Marcus，1999. 历史与梦的关系在《历史工作坊杂志》（*History Workshop Journal*）的双月特刊中有所讨论，其中包括一篇汉娜·西格尔（Hanna Segal）的访谈（Pick and Roper，2000）。可以列举的著作很多，但即使是这份简短的书单也应该已传达出对于有关梦以及弗洛伊德论述梦的著作持久的重大意义的感受。

很难充分估价弗洛伊德对梦的思考是如何重要，这既表现在心理治疗又表现在心理分析方面。① 它的重要意义常常被归功于弗洛伊德这样一种信念，即梦为理解他的病人无意识心理所发生一切提供了一条康庄大道。在其他方面，弗洛伊德还认为，梦本身构成了多种多样的思想心理系统的原型，不管是在个人方面（诸如妄想狂、神经衰弱症和精神错乱等），还是在社会方面（诸如魔法、泛灵论、和宗教等）。② 然而，我对弗洛伊德如何把梦从空间的角度进行概念化更感兴趣。这个角度的希望就在于，弗洛伊德对梦的心理③从空间的角度进行考虑的方法，能够为更综合地思考空间性提供一个范本，并且也为具体地思考城市的空间生产提供了模型。

弗洛伊德认为，梦并非是以完全成型的状态进入大脑的，认识到这一点很重要。梦必须被制造（图 1.14）。在弗洛伊德看来，在梦的构造中所利用的材料可能取自经验的各个方面：从童年经验和对刚刚发生的事件的印象；从纯粹的幻想到出现在身体内部的感觉。这些记忆、经验、印象、感觉、幻想、情感、情境、地点——不管是有意识的还是无意识的——都提供了原材料，但是，它们在梦的构造中会被有选择地加以利用。梦的创造受到一个梦的思想，或是一组梦的思想驱动。这些思想是梦的潜在内容。

潜在内容就是隐含在梦的内部的内容：对于这些思想，没有直接

---

① 参见 Freud，1905，作为他在治疗中运用梦的片段的一个证明；参见 Freud，1907，论及梦在文学中的作用；参见 Freud，1908，有关他对梦与白日梦的区别以及为什么梦不是一件艺术品；参见 Freud，1917a，1920，1933，他论述梦的著作的后来增补。弗洛伊德论梦的其他重要写作包括 Freud，1901，1911，1916 - 1917，1923，1925a。

② 参见 Freud，1913，pages 152 - 156。

③ 事实上，弗洛伊德的空间想象意味着他能够自如地同时运用意识的层面（潜意识、前意识和意识）及人格结构层面（本我、自我和超我）的心理模型，这一点在《梦的解析》中更为明显（1900）。可能正因为如此，可汗才会辩称大脑机构间的关系创建了“梦幻空间”。(1974)

图 1.14 布利昂·吉森（Brion Gysin）和伊恩·萨默维尔（Ian Sommerville）的**造梦机器**（1960）是被设计来刺激视觉经验和影像构成的，并且还要传播意识的新形式（参见 Hiller, 2000）。当灯泡向外放光的时候，一个纸板圆筒以每分钟 78 转的速度运转。观看者闭上眼睛观看这个装置，体验灯光的闪烁和黑暗，以及他们眼睑上瞬息万变的色彩。渐渐地，体验的模式变得更加复杂和更加美丽，如同在梦中。

的或者是可以直接解码的途径。这是因为梦-思想包含着非常令人困扰的材料，以至于不能被直接地加以表达。这些令人困扰的思想可能有许多动机，但是它们形成了一个某种类型的愿望：一种不能被直接表达的愿望，仿佛它会让做梦者受惊并把他们唤醒。弗洛伊德有关梦的著名公式就是，它们“（被伪装）满足一种（被压抑或禁止的）愿望”（1900，page 244）①。因此，梦也是“睡眠的卫士”（page 330）②。在梦的生产中，原材料、隐含意义以及新生的愿望隐秘协作，（反复）创造了梦的显性内容（manifest content）：这也就是被做梦者召回并建立起联系的（表面上看来难以破译）梦-意象。这些具有欺骗性的梦-意象的制造以梦的运作（dream-work）而闻名。

① 这种观念贯穿《梦的解析》，特别参见 pages 201 - 213，701 - 727。

② 参见 Freud，1900，pages 330 - 331，722 and 736。

弗洛伊德识别出梦的运作的四种基本形式。在弗洛伊德看来，最重要的机制是凝缩和转移。这两种机制即通过（在梦中）再现的手段，也通过二次检正（因为梦是被召回和建立其联系）的方式来加以辅助和支持。事实上，我的主要兴趣在于，凝缩与转移都是空间性的运作：有关梦中特定元素的集聚和分离。对于思考城市空间的碎片如何可以牵引着事物（形象、情感、意义等）走向它们，或是把它们推开，这是有启示意义的。梦如何对另外一个事物再现一件事情，并且利用熟悉的和不熟悉的手段去这么做，这会让人联想起城市风景中（就像在一个幻影中）的显性和隐性内容之间的关系。与此同时，二次检正在思考城市空间时也变得至关重要，因为，它既创造了空间叙述（像在梦中一样），也赋予了空间一种外观——一个同时既掩饰又表达了它自己的生产的面具（就像在一个魅像中）。为了说明梦的工作，我将使用弗洛伊德对“一个可爱的梦”的分析。

我选择“一个可爱的梦”，既是因为它发生于城市（在分析过程中，被明示为维也纳），也是因为弗洛伊德借助它讨论了凝缩和转移。患者的梦（如弗洛伊德记录）是这样的：

> 他正在和一大群人驱车去X街，那里有一个朴实无华的客栈（情况并非如此）。里面正在上演一场节目。他有时是观众，有时是演员。演出结束时，他们必须换上衣服，以便回城。一些客人被引进了房间坐在一层，另一些被引进房间，坐在二层。之后，一场论争爆发了。上层的人因为下层的人没有准备好而愤怒了，而且他们无法走下楼梯。他的哥哥在上面，他在下面，他对他的哥哥生气了，因为他们非常有压力（这一部分是隐晦的）。而且，他们一到达这里就被决定和安排谁在上面谁在下面了。之后他自己如此艰难、如此费力地挪动，以至于他几乎像是被胶固在那个地点了。一个年长的绅士走到他的近旁，并开始辱骂意大利国王。在最好的时候，他就能够更加自由走动了。（1900，page 390）

纯粹从进入这一即便是短小的梦的思想数量上来衡量，弗洛伊德对这个梦的分析，在长度上超出了梦本身的七倍（参见 pages 390－395，414，439－440）。在弗洛伊德看来，梦的解析从提取梦的个人意象或片段开始，并且要求做梦者开始考虑这些意向和片段让他们回想起了什么（有时候使用“自由联想”① 的技术）。通过这些联想，弗洛伊德极力追索梦由此而形成的意义和情感。因此，在对“一个可爱的梦”的分析中，患者揭示了一个在梦中行走困难和与女朋友分手之间的联想。患者通过一个中间联想，一首萨福的诗，能够在行走与分手之间建立联系。分手曾是痛苦的：无论做梦者是否已经意识到，这就是隐含在梦中行走困难的意义，他肯定会醒来。在这种情况下，这个梦也是充满希望的：做梦者的负担逐渐变轻，并且到最后，他已能够自由移动。每一种因素，就像行走的困难一样，在梦中都可能被以这种方式“分拆出来的”。

在弗洛伊德看来，每一种元素——或是梦的征象——不只是意指多重意义，而且许可多重意义并存于同一空间，尽管它们似乎是矛盾的：

> 梦的元素不只被梦的思路反复确定，而且，个体的梦思在梦中被若干种元素再现。联想之路引导着从梦的一种思路走向梦的多种成分。因此，一个梦不是由每一个个体的梦的思路，或是一组梦的思路构造而成的，而是由被提交给一种操控程序的梦思的全体构成的，在这种操控程序中，那些有着众多的和强大的支持的元素，获得了进入梦的内容的权利。（1900，page 389）

弗洛伊德认为，一个梦的成分可以再现许多不同的梦的思路（反之亦然）。许多梦的思路（观念、幻想、经验、记忆、感觉，等等）都可能被合并——凝缩进同时意指所有这一切的一个征象。凝缩是弗洛

① 参见 Freud，1910，Third Lecture，pages 55－68。

伊德所使用的术语，旨在制造“节点”——在这个节点上，一连串的思路交汇在一起，进入梦的征象。至关重要的是，一个征象越是能为众多的思路充当集结点，它就越是可能被梦所认可（1900，page 388，还可参见 pages 456 - 457）。因而，梦才有可能被灌注了意义的梦的元素所占据：

> ……形成了梦的元素是从大量的梦的思路中提取出来的，并且，这些元素中的每一个，在与梦的思路的关系中，都表明是被反复决定的。（1900，page 389）

让我们回到上述梦中的一个元素：行走的困难。通过分析，清楚的是，这个元素同时指向曾被患者经历过的呼吸困难，指向为回应焦虑而感受到的运动的压抑，以及指向阿尔封斯·都德的一首警示性的诗作。一个元素被三次决定。或者说，一个元素带着三串它所消耗的思路。沿着这些思路一步一步地回溯联想的链条是可能的。实际上，都德的诗作使弗洛伊德能够把它与患者与住在 X 街上女演员的恋爱关系建立联系。通过这种方法，弗洛伊德能够表明，梦的思路可以不止一次地被再现，并且，梦的思路可以交汇和彼此相互作用。

而且，在分析过程中，特定的元素可以深入发动梦的思路。所以，那个客栈使患者想起的不只是他在那里遇见的恋人，而且也想起了与出租车司机的一次交谈。在交谈中，与这个不是正常旅馆的客栈有了更深的联系。因此，这就引导着做梦者去做出另一重连接，在客栈与歹徒之间：这是患者一个特定的恐惧。从这里起，患者还记起了另一首诗，一个进一步的思路打开了，这一思路导致了女演员与她的乳母之间的联想，由此，这个联想也打开了梦的征象“客栈”与（如精神分析对象所指出的）“可爱的乳房”之间意义丰富的联想，以及其他诸如此类的联想。因此，可以把梦与眼前的恐惧和禁忌联系起来（1900，

page 605)①，并且与再次出现的焦虑以及过去的经验，尤其是童年时期的欲望联系起来（例如，pages 696 - 697）②。

凝缩是为了使梦的思路进入梦乡——并且避免梦的思路的审查机制——运用看似没有联系的征象。它使用一连串的技巧来达到这一目的：通过联想、旁系、合并、组接、替换、替身、叠合、临近性，“正像是”逻辑关系以及反向颠倒。要牢牢记住，对梦的空间安排和空间背景的选择也是重要的。因此，做梦者把他的哥哥放在了他上边的房间，这就如同把哥哥置于比他更高的社会地位；并且，这个梦被放到了街道背景之上，放到了客栈和剧场，因为这些地方带有对特殊事件的联想，也有对社会地位的联想。

> 梦从这些意象中建立了一个情境；它们再现了一个实际正在发生的事件……它们把观念戏剧化了。（1900，page 114）

因此，梦构建了一个情境——例如，一个大型聚会，其中有一场表演——它最终将结束于做梦者独自回家的时候。在这同时，一个空间环境也被构造出来，支撑着梦中被掩藏着的愿望，尽管是以欺骗性的方式。

转移与凝缩（并借助它的作用）的运作密切相连，但是，它的作用是确保梦从其梦的思路的（浓密的、强烈的）情感核心中“被以不同的方式置于中心地位”（1900，page 414）。也就是说，转移确保了梦的核心似乎是在远离其所在地点的别的什么地方。比如，在《一个可爱的梦中》中，弗洛伊德认为：

> 核心位置被**爬上**和**爬下**与**高高在上**和**屈居人下**所占领；然而，梦的思路处理的是与下等阶级的人的性关系的风险。所以，梦的

---

① 亦可参见 Freud，1926。

② 亦可参见 Freud，1917b 和 1919。

思路的单一元素似乎已经进入了梦的内容，尽管那个元素被扩展成了不成比例的规模。(1900，page 414)

因此，转移的目的就是要误导做梦者，它是通过把梦的情感中心转移到似乎像是它所在的位置来达到这一目的，并且也要对卷入的情感进行伪装。这也就意味着在心理价值与梦的强度中，有一个重新估价的过程，所以，隐藏在梦背后的愿望（的情感）被放在了远离梦本身的中心位置的某个地方。这一价值重估的过程涉及到与思想潜在的心理强度拉开一段距离。这个目的通常是通过利用一些情境来达到的，这些情境能够让人回想起梦思中的情感，但是，它不是直接地引向梦的思路本身。尽管，这实际上伪装了梦中愿望的情感内容，而与此同时，却又悖论性地制造了愿望已被满足的情感。

在多重意义上，转移是通过背离（divergence）来进行运作的：即通过让梦偏离其核心情感的方法，以便让情感处在其适当的位置，而梦的焦点似乎在别的地方；或者是通过偏离梦中的情感的方法，把梦的情感中心推向看起来是边缘的，或者是不相干的梦的征象①。最常见的是，转移利用“反向颠倒”（情感在这里“被再现”于其对立的因而也是没有联系的对象中）、归并（把一种放入另一种之中）以及缩减/夸大（让情感较之于正常情况有一个更小/更大的强度）②。

在《一个可爱的梦》中，弗洛伊德认为，梦的情感核心围绕着患者对曾经与下等社会阶级的妇女发生性关系的焦虑。转移确保了这种焦虑被一系列（同时使社会的也是空间的）背景所伪装（并且被悖论性地表现出来），在这些背景中，替换的人物被放在彼此或高或低的位置，再现了他们或高或下的社会身份。当做梦者对性、欲望和女人身体的焦虑变得遥远和被压抑的时候，更高的或更低的社会地位在梦中持续存在（尽管它们只能是被颠倒的）。从这一角度来看，并不让人感

① 参见 Freud，1900，pages 595 - 596。

② 参见 Freud，1900，pages 607 - 608。

到吃惊的是，梦终结于做梦者在一次上升（而且，一次上升应该被选择来作为对于自由的表述）的顶端的自由漫步。

在弗洛伊德看来，凝缩与转移是梦的生产的两个监督者（1900，page 417)。它们共同表明，对梦的元素的理解需要沿着多种多样的路径，并且深入到每一个元素。弗洛伊德认为意义重大的梦的运作的第三种形式关乎责任问题。责任的问题（如同凝缩一样）围绕着逃避对包含在梦中的愿望内容的检查的必要性旋转（1900，pages 459 - 460)。因为检查，严格的限制被应用于做梦者对梦的征象的选择。而且，并不是每一种梦的征象都适合于可能被再现的梦的思路的数量。因此，梦的运作也关涉到合适的梦的征象的创造。通常情况下，没有“现成”的梦的征象是适用的，并且一个“组合”的梦的征象不得不由若干个选项构成。

图 1.15　戴维·罗比拉德的《梦的是非性质》(1988)，激活了没有选择能力的梦所需要的游戏。这幅画作被伦敦 2000 年的梦幻机器展览所选中的。(参见 Hiller，2000)

梦的征象的选择与创造可能有意料之外的效果。于是，一个被选择来再现一种梦的思路的梦的征象可能会带动其他的思路。在某种程度上，责任的问题来自梦的生产中固有的妥协。正是在梦的逻辑中，它们希望以某种方式去再现所有的梦的思路，即使因在逻辑上不一致和不相容的选择而受挫的时候也是这样（图 1.15）。因此，矛盾和对立的两面可以轻易地再现于梦中；通常借助反向颠倒，也通过利用多义含混（包含两种可能性）。

弗洛伊德所辨识的梦的运作的第四种也是最后一个方面被称为二次检正。弗洛伊德注意到，

> 并非包含在梦中的一切都来自梦的思路，而是相反，一种有别于我们醒时状态的心理功能可能有助于梦的内容。(1900，page 319)

为了能够理解，梦已经被彻底改造，在做梦的时候，也在醒着的时候。二次检正填补了梦结构中的漏洞，使其更连贯而不至荒谬。通过增加更多的元素，一种可理解的模式被用梦的元素编织出来了。弗洛伊德暗示，一种假象被建立在梦的结构上，不过只是在那些可以获得梦的构成所适用的材料的地方。

弗洛伊德对梦的运作的分析，详细说明了梦的思路被转变成梦的意象的方法。它表明，在做梦者的内心，梦思与愿望表达的冲突使得做梦者趋向于更大的自我欺骗，所以，梦既是真实的（在睡眠中），也是荒诞的（在现实中），做梦者的这种创造出一个具有欺骗性的世界的能力是值得深思的。在某些时刻，做梦者完全能够制造一个梦想，它的现实足以让人相信这个梦可以持续，无论那个世界在现实中看起来是怎样的离奇。谁会说现实世界中不是充满着这样的骗局？呈现在第1.2节中的材料可以提醒我们留心这样的观念：现实世界也有可能是同样的荒唐和离奇，尽管我们现代人还没有从这个现实中醒来。

梦的心理分析至少提供了一种在现实生活中解释梦的魅像的可能性。梦的征象充当了一个多种思绪的交汇点，并且反复确定了意义；情感被从梦的征象转移或者移开，而责任问题与叙事整体性的需求则通过将梦带入现实的梦幻世界来加以解决。城市里出现的其他元素、其他魅像可以说也是非常相似。从这一角度来看，现代城市从事魅像制造的工作与梦的运作是相类似的。因此，城市的每一片段都必须被作为设置在情感和意义网络中的骗局来对待。沿着从每一元素中延伸出来的联想的链条追踪下去，可能提供一条通向理解那些隐藏的、令

人烦恼的愿望的道路，正是这些愿望从事着城市与城市生活的构造。换句话说，梦的运作对于理解从事现代城市生活魅影化空间生产的运作，具有根本性的意义。

1.5 梦的运作与城市空间的运作

成功的梦的运作仰赖于让没有烦扰的世界看起来真实合理。它在这个世界中利用了大量能够找到的形象去为梦创造一个背景，创造一个可以使梦展开的环境。为了要创造出这些世界，梦是由日常的地理形貌构造而成的，诸如景点、旅程、处所之类（Freud，1900，pages 435－436）。这些梦的空间也可以通过将不同的地理空间进行组合的方法来复合构造（Freud，1900，pages 431－437）。梦空间的意义，如同其他的梦的意象一样，在于它们意指多种可能的梦的思绪：就像《一个可爱的梦》中的客栈一样（参见上文）。相似的是，方向，诸如向上、向下等，或者是把东西并排放置，都可被用来指示事物间的联络、关系——诸如背景、时序、并置、逆转、融合、分化、分布、排列、运动、迁移、相似和距离、缺席、出场、方向、建筑、举止、合并和组合——它们都不仅是对梦的衬托，而且也是其构造的一部分。

我会很容易地在梦的世界这种空间生产与城市空间的梦想生产之间做出一一对应的联系。因此，城市也是由方位、旅程和地方构成的，它们以各种不同方式浓缩了意义。例如，广场、公园、摩天大楼，也都被多次确定：被情感、被意义、被社会关系。通常情况下，建筑的设计似乎也是由众多先前设计的“组合”而成，其中多半是从其他时代记取的。这样的一些空间是建筑设计师、开发商、业主和/或规划者的白日梦，它们被转化成了玻璃与碎石、玻璃与钢铁。城市的碎片吸引或者拒绝通常是不恰当的感情强度。并且，每一个街道符号和交通指示标识都表示着一个地方与另一个地方、一段历史与另一段历史的关系。如此等等。因此，城市生活是由众多它可以利用的原材料以空间的方式构造而成的——审慎、思虑周详，并且也充满了机心。无论如何，这就意味着要把城市当作一个梦来对待；城市生活仿佛仅仅是一个魅像。我更关心的是梦的运作方式对于（我称之为）城市运作（city-work）的启示：这是从事制造任何城市魅像的工作，它如城市生活的真实经验一样。在本节中，我将要描述梦的解释可能为现代城市生活及其魅像的分析提供的宝贵教训。有四种可以利用的重要观念。

首先，弗洛伊德对梦中如何选择和创造征象的理解，在对城市所进行的情感运作（emotional work）方面的思考中是有帮助的。弗洛伊德的梦是由多种因素决定的观点，揭示了城市中的各种元素也是众多社会过程的交汇点，并且也是被多次决定的。相似的是，弗洛伊德还表明，每一个梦都是以这样方式被生产出来的，以至于它的情感核心不在它看上去所在的地方。根据这一观点，可以被认可的是，城市中的情感——它们的强度、它们的浓度、它们的位置——通常也都被转移了；被转移到边缘的社会形象和空间中去，或者是把城市的某些情感强烈方面转到另外的某处，而不是它们应该在的地方。这包含着许多内容。比如，它可能意味着“权力”（权力的社会关系）以及“情感”（情感的社会关系）没有直接表明它们自身。或者，它也可能意味着城市生活中重要的方面不完全是你们认为的那些。这样一种对城市情感、意义和权力的动态网络的评价，包含着这样的意思：为了弄清楚城市生活的某些真实的（实际发生作用的）过程，必须关注那些出现于边缘的、或是被丢弃的、或是业已消失了的、或者正处在消失过程中的事物，如那些滑过了现实指尖的梦的意象。它同时还表明：尤其是城市之中那些让人意识涣散的地方，或是那些紧张激烈的地方，正是笼罩在城市生活之上的魅像生产的一部分。

梦的运作持续不断地对材料进行反复处理。在这个过程中，它把梦的隐在内容转为含蓄，刚好逃出了控制。尤其值得一提的是，因果关系被隐藏起来了。这一效果的达成，有时候是通过使相关的经验分离，或是通过改变事物间的空间联系，以便使它们之间的因果链出现颠倒（例如，把某个社会地位低的人推上受人尊敬的位置）。在这种情况下，因果关系是受空间制约的，但是，围绕时间也存在意义重大的问题：因果关系通常是内含在年代顺序中，时间从原因流向结果。梦可以轻易地像控制空间一样地控制时间：梦的暂时的建筑也可向我们透露许多有关城市不同时间共存的信息。我想强调的梦的运作的第二个方面，关涉到它的时间运作（time-work）方式，特别是对“非线性”时间和时间“持存”的运用。梦以特殊的方式混合时间：为了伪装因果关系，年代顺序是被颠倒的，当前修饰过去，来自不同时期的时间被链接在一起，或者是同时发生的事件被分割开来，如此等等。这些暂时性时间形态使得时间具有了可塑性、可控性。这在解释有些城市侧面的时候特别有用处，诸如那些看上去似乎是固定的、或者是存在已久的、或是打断了时间进程的、或是消失了的、或是属于不同时间的方面：如我们在下文中将会遭遇到的，包括纪念碑和幽灵。

第三，梦的空间建构——或称空间运作（space-work）是梦的运作（梦的生产）的基础。这就意味着，在梦的解释中，或者说在类似的对城市的解析中，重要的是要考察那些空间是如何被构造的。空间长期以来被认为是流态的、可塑的、非线性的。也就是说，人们通常把空间理解为被社会进程所生产并改变。因此，认识到这一点很重要，即这些空间的社会生产过程既没有梦一般的性质，也没有对梦的运作来说至关重要的空间运作，比如背景、顺序、并置、颠倒、融合和分割等等。梦并不仅仅是被封存和孤立在做梦的大脑内部的个人事件。梦也是城市生活梦幻世界的一部分。因此，这还不足以表明梦的空间运作与城市生活的空间运作是相似的：它是通过审慎干预去进行特定类型的空间生产。这也与梦的空间运作一样，是以多种方式来进行的：这就是说，它也是通过诸如排列、方向、分布、运动、位移、相似和距离、缺席和在场、组合等等方式来进行空间运作。了解这一点对于解释城市中那些以多种方式旅行的元素来说特别有用，尤其是在与这种元素相关联的情感、意义和权力在移动过程中发生了变化的地方：我将要展开的一个例子是吸血鬼，它居住在城市并通过城市来循环，它在这样做的同时，也发生着变化。

第四，弗洛伊德大胆地声明，梦是被压抑愿望的伪装的满足。这个简单的公式在它的衍生过程中却远不是那么简单——并且，对于梦的运作与空间运作的讨论正是来自于这种复杂性。然而，尽管是伪装的，梦背后的愿望似乎相对简单：一方面，有一些被压抑的愿望位于无意识领域（也许是上文中卡尔维诺所暗示的那种被隐藏的欲望和恐惧）；而在另一方面，也存在着继续酣睡的愿望。更有甚者，许多愿望与焦虑、压抑之类密切相连。虽然我们一旦开始思考城市，就必须把可能驱动空间运作的欲望与焦虑的种类之繁、变化之多考虑在内，但即使如此，梦让我们懂得，欲望、焦虑都不会被直接地表达出来。实际上，它们可能通过曲折的、欺骗性的意象，通过含混多义的意象，或者，甚至以反向颠倒的形式得以表达。如果不是这样的话，城市居民也可能会因受到刺激而终于意识到他们所要的到底是什么：也就是说，他们可能从梦中醒来。

城市居住者是否真的希望自己从梦中醒来，或者被从梦中唤醒，对于这一点仍有持续思考的必要。这就是说，他们要么是乐意继续在现代城市梦游，仍旧是心烦意乱，仍旧被城市的魅像所陶醉（无论是在购物中心还是在电影院），要么是另一种情况，他们希望城市本身永久酣睡——犹如罗伯特在《一个可爱的梦》中所描述的那样（参见上文）。在这一点上，我们接近了瓦尔特·本雅明对于做梦、城市与现代性关系的某种观点。

本雅明的著作是在对梦与城市这个问题的探讨中要踏上的最后一级台阶，这部分是因为他重视城市生活中梦的作用。在接下来的两节中，我将要检讨本雅明将梦幻一般的品质归属于城市和城市生活的观点。本雅明对城市生活的梦的分析得到了许多赞赏。它使我们得以识别现代城市生活的魅像，使我们得以看到为城市生活制造了梦幻般性质的运作方式。在下一节中，这种梦的分析将会连同本雅明对现代性梦幻空间的确认一起进行，因为，这是现代城市生产的梦的运作最明显的地方。

1.6 城市空间与梦之网：巴黎与伦敦

有关瓦尔特·本雅明论及现代性与城市著作的大多数评论都注意到了他对梦的使用。① 弗洛伊德梦的模型为本雅明提供了描述和分析城市空间生产的方法。本雅明本人为了后来的分析工作，孜孜不倦地搜集着城市梦的元素。因此，比如他的《拱廊街》的K回旋部分，就专门致力于"梦的城市和梦的住所：未来之梦、人类学的虚无主义、荣格"（1927－1940，pages 388－404），而L回旋部分则包含了"梦的居所、博物馆、温泉疗养地"（pages 405－415）。通常情况下，本雅明使用梦去激发一种技术、废弃物与欲望（或者是愿望满足）的奇异混合。他可以在城市的组织结构中观察到这一点：在它们的博物馆、火车站、西洋镜、工厂、公园以及广场、售货亭，当然还有拱廊街。他对这些景点的关注就是为了去理解曾经建造了它们的梦。

在本雅明看来，梦在现实的视点中是最生动的。从经验上说，这意味着他对城市的那些被拆毁和改造了的部分不感兴趣，因为好像人们已从这些空间曾经体现的梦中醒来了。颇为著名的是，这类地方包括一度时尚的巴黎拱廊街，而且还包括为伦敦和巴黎的大型展览所搭建的临时建筑。事实上，本雅明相信，是1867年的世界展览会，把巴黎放到了"奢华与时尚之都"的位置上，在那里，资本主义文化的魅像获得了它最闪亮的展露（1935 page 166）②。然而，本雅明还在博物馆（它包含着来自往昔的人工制品、梦想）和火车站（这里有旅游的梦想）发现了现代的梦想。在城市的废墟中，他揭开了先前世代的梦想：它们被保留在城市的城堡和教堂里。就像一个考古学家一样，他

① 特别参见 Buck-Morss，1989 和 2000；Gilloch，1996；以及 Weigel，1996。

② 在某种意义上，作为这一分析的结果，巴黎业已成为19世纪的文学之都：例如，可参见 Prendergast，1996；以及 Sheringham，1996。

深入再深入地发掘历史和神话的地层，寻找着其中梦的延续。于是：

> 为了彻底理解拱廊街，我们必须把它沉入梦的最深的岩层；我们谈论它们，似乎是它们袭击了我们。（1927 - 1940 [F°，34]，page 841）

本雅明对城市的探索梦幻般地从城市的特定时刻或者元素入手：如他指出，他在“追踪着事物”（1927 - 1940 [I1，3]，page 212）。在他对拱廊街的梦的分析中，本雅明发现了关于它们的许多事物。他发现它们曾是妓女和浪荡子寄身的一个场所。① 而且，拱廊街是这样的一个地方，在这里，梦被体现于商品之上并且储存于其中，就如同梦的元素储存在梦里一样。因此，每一种社会形象或者商品都能够以它自己的方式被追查出来。②

如同梦一样，有意义的是，拱廊街也混淆了内部和外部。在梦中，似乎没有外部世界，而与此同时，它们与身体的生成过程紧密地联系在一起。相似的是，拱廊街也可以被看做是资产阶级的内部向街道公共空间的延伸。其混合内部与外部世界的影响和效果具有魅像性质。

在本雅明看来，巴黎的人、房屋和街道本身就具有如梦似幻的性质。这种性质进一步刺激了巴黎的那些存留着迷宫似的街道布局的区域。就像在梦中一样，这些街道可以从许多地点进出，它们安静而又繁忙，始终都存在着让人们感到既陌生又熟悉、既熟悉又陌生的可能。这个形象与诸如 G. K. 柴斯特顿的《一条愤怒的街道》（*An Angry Street*，1908）和尼尔·盖曼的《双城记》（1993b）那样的幻想故事产生了强烈的共鸣。

通过城市街道的迷宫，通过所进行的旅行，本雅明打算将社会无意识与城市想象的努力拼合起来。这个分析营构了一幅作为城市生活

---

① 参见 Tester，1994；以及 Pile，1996，第七章。

② 如本雅明在他完成的（1935、1938、1939b）论及巴黎的论文中那样。

基石的思想的迷宫画：这种迷宫似的品质既存在于空间，也存在于时间。瓦尔特·本雅明引用了弗洛伊德式的狮子，如是说道：

> 于是，最异质的时间元素共存于一个城市……无论谁踏入一座城市，都会像进入了一张梦网中一样，感觉到被抓住了，在这里，最遥远的部分也被连在了今天的事件之上。一座房子联结着另一座房子，无论它们来自哪一个时期，于是，一条街道诞生了。(1927－1940 [M9.4]，page 435)

阅读本雅明的著作几乎就像是漫步穿过城市的梦之网：在任何一个地点，你都找得到出于不同的动机和矛盾的指令而建造的处所，有的时候，又是在同一个地方比邻而居（比如说，就好像是一个用途融入了另一个用途）。事实上，城市被作为梦之网生产出来，这一方式可以恰当地被称为城市运作：这是一种类似于梦的运作的工作机制，它被以特殊的形式用来生产城市空间。在这个意义上，城市与城市空间是由多重因素决定的意义链条上的焦点，与此同时，它们也能够把情感从城市的一个部分转向另一个部分，或者，将情感聚焦于一个特定的地点。城市运作把城市构造为一个情境——或者说是一系列的情境——在这里，欲望可以被戏剧化。然而，这些欲望是以伪装的形式被戏剧化的。因此，商品也再现了一种欲望，但并非是如此直接地再现的。所以，它也同住房、摩天大厦、桥洞、地铁、广场，以及诸如此类的物质设施一样。

可以把伦敦的特拉法尔加广场（Trafalgar Square）作为一个例证。这个被重新设计的广场开放于 2003 年 7 月（图 1.16）①。如今开放的空间连接了国家美术馆纳尔逊纪念碑（Nelson's Column），既为伦敦也为全国提供了一个焦点。在广场的三个角落，并且从纪念碑的顶端，帝国的战争英雄俯瞰着游客。从这个广场能够看到英国国会大厦和海

① 特拉法尔加广场的历史，参见 Mace，1976。

图 1.16　特拉法尔加广场，2003 年 7 月。

军军部的牌楼。换句话说，一个链条导向了英帝国及海军的历史，另一条指向国会与政府。至少对某些人来说，把国会与政府联系起来的是民主的观念。如果我们允许这一观念打开另一个意义链条，我们就能够轻而易举地思考融合在特拉法尔加广场中的不同类型的政治。实际上，特拉法尔加广场地区也由来已久地与大众的抗议连在一起（图 1.17）。

比如，在 1517 年 5 月 1 日的伦敦，就发生过对与富有的外国商人和工艺师有关的建筑物的攻击。在此前和此后，伦敦还目睹了其他众多的暴乱事件——这里仅举出一小部分，比如 1660 年（由查尔斯二世的效忠者发动的）、1736 年（反对现今位于布里克巷的爱尔兰工人）、1780 年（由戈登大人领导的“保守元素”发动的）、1866 年（由政治改革而引发的）、1886 年（由政治激进派发动的）和 1990 年（反对人头税的）那些暴乱——尽管是出于明显不同的（保守的/激进的）原

图 1.17　特拉法尔加广场上的抗议游行，2003 年 5 月 1 日。

因。（应该被牢记的是，所谓的左派无论在暴乱还是抵制方面并无专利。）近来，每年的 5 月 1 日，特拉法尔加广场都被用来举行反资本主义和资本主义全球化的示威。① 并且，这里还是成千上万人聚集一堂欢庆新年的地方，这场面很像是他们在时代广场所做的一样。

特拉法尔加广场无疑也是由多重因素决定的。要是在这个地方发现反战示威，它与帝国的战争英雄塑像同在一处，这应该是件令人困扰的事情。两种矛盾的情感和内容——和平与战争——怎么可能占据同一个地方？也许是因为我们已看惯了这些空间运作的悖论，这些城市现实的是/非——如同一个矛盾的集合——它们已经不会再对我们产生影响，并且，人们也不再能够在它们的砖头与混凝土中，在他们的纪念碑和开放空间中，见到它们所体现的梦想。如同在梦中，城市的碎片被束缚在情感、意义和权力的浓密网络之中，就像苍蝇撞上了蜘蛛网。

在城市中，意义与权力的最错综复杂的结构被创造出来，其中的

---

① 在第 4.7 节中，我还会回到这个故事。

所有部分都是意义的众多联想路径的接合点，它的全部功能就是把希望它们存在的情感强度转移到别的地方去。确定无疑的是，对于城市的理解，必须追溯到制造了“众多物事”（从建筑到情感）的社会关系中去——如自从（先于）马克思以来的政治经济学家已经指出的那样。但在目前，我们必须确定，我们懂得了构成城市生活的那些“众多物事”（包括商品），也是被作为魅像、作为梦幻般形象系列的奇观而被生产出来的，它们带着隐藏在明处背后的欲望话语，带着因此而被南辕北辙地转移到别处的欲望。

在本雅明的眼中，梦是重要的，仅仅因为它们包含着欲望，包含着在他看来需要被唤醒的世界的欲望。① 实际上，这种观念位于本雅明革命的政治哲学的核心。在下一节中，我们将会看到，本雅明关注梦，是因为他认为它们能够被用来解放（隐藏的）欲望。同样重要的是，梦既是一个分析范本，既是现代生活的分析范本，也是仿佛生活在梦里的城市生活存在方式的分析范本。

1.7 城市如梦：本雅明论现代性与觉醒

在本节中，我将表明，本雅明对梦的理解如何预示了他的革命理论以及他对现代城市生活的分析。这些内容都颇具煽动性地组合在他的最著名的著作之一《单向街》（*One-Way Street*，写于1925年8月和1926年9月）中。②《单向街》表现为一系列的片段，它们都是取自本雅明在城市中所见到的符号。每一个符号都被用来作为一串思路的起始点——诸如一段轶事或是一个隐喻——好像本雅明是弗洛伊德的一个患者，正在对刚刚做过的梦进行自由联想。这正是关键之处。《单向

① 亦可参见Pile，2000。

② 尽管《单向街》经常被视为具有一种独一无二的形式，但本雅明的《伊比萨岛漫记》（*Ibizan Sequence* 1932b）也同样包含了一系列“分析性的片段”，类似的是，他在其中的某些片段也叙述了他的梦。

街》中的顺序和方向逐渐地构成了一种对现代城市生活魅像的如梦似幻的描述，构成了对现代性本身魅像梦幻般的描述。它的总体效果在于，既生成一种对现代城市生活的分析，也生成一种激进的批评。

《单向街》中的片段是奇特的，荒诞的，它以古怪的、令人困惑的方式并置在一起，它们的意义不是直接明了的——而且，在它看似明了的时候，它会因这种明了变得令人好奇。此书效果是审慎考量的。通过以这种方式把这些片段并置在一起，本雅明试图把看起来似乎是没有联系的事物带入一种辩证的关系之中。通过这个辩证的形象化过程，本雅明在寻求利用片段之间的张力，去打破它们的（空间）孤立状态、它们的（时间）静止状态。借助对认识的震动，对象将在眼前焕然一新，好似灰尘被震落。他希望，从现代性的梦中觉醒，将会使被压抑的历史期待得以表达并且得以实现。即使如此，在本雅明看来，“梦已参与了历史”，并且，在现时代中，梦已不再具有刺激作用（亦参见上文 1.2 节）①：

> 梦已变成灰色。事物上的灰色的尘封是其最好的部分。梦如今已成为走向乏味的捷径。技术委托事物的外部形象去做一个长久的告别，如注定要失去价值的纸币。因此，就这样，那只手在梦中恢复了外部的造型，即便是在它们悄悄溜走，与熟悉的外形签订契约的时候。它在它们最陈旧乏味的和过时的地点抓住了对象。（1927，page 3）

尽管历史与现代性遭遇了这样的持续灾难，梦仍有可能屈从于现代城市生活中某些革命性的并且是多姿多彩的事物。然而，救赎之梦需要有新的街道，让新的意义和价值穿行而过。《单向街》指向了这个

① 在其他地方，本雅明认为，每一代人都会经历若干过程，从酣睡走向觉醒。在这个意义上，“每一个时代都有……转向梦的一面”（1927－1940，[K1，1]，page 388）。

目标。

《单向街》中的第一个符号就是汽车加油站。在这个符号之下，本雅明实际上介绍的是运作。他以谈论当前是如何由众多的事实构造出来开始，但这只是些净化了文学活动的事实。因此，批评家的任务就是要去使文学的状态复苏。在某种程度上，这是需要通过舆论的运用才能争取到的，这些舆论既给写作带来了影响，也使之拥有了行动的能力。这样的写作行动，不是以一般的方式，而是要通过它特殊的、审慎的、精确的和有效的运用——很像是一个人把汽油用于一台复杂的机器（片段的标题也由此而来）。因此，很容易推测，《单向街》就是对“社会存在的巨大装置”进行批评的点点滴滴的应用（page 45）。通过这个过程，批评工作可以变为一件意义重大的文学工作。可以听取的另一个教训在于：这些片段并非是没有关联线索、没有观察视点的堆聚。这些片段是一种画谜——被锁在这个迷宫里的正是现代城市的欲望和恐惧。就让我们沿着街道继续走下去吧。

下一个符号是“早餐室”。本雅明开始论到：

> 民间传说告诫人们，不要在空腹时讲述梦的内容。在这种状态中，人虽然是醒了，但还处在梦的控制之下。因为，洗涮只是把身体表层的和外部的运动机能带动了起来，而在深层，即使是在早上沐浴的时间里，梦的灰色阴影依旧存在，而且，实际上还处在初醒之际的孤独之中。（pages 45－46）

对于那些没有真正醒来就讲述梦的内容的做梦者来说，梦的灰色阴影依然存在。这是现代性的一个类比，本雅明把它的梦描述为灰色的和无刺激的。本雅明是在表明，现代性正在空着肚子讲梦，因此，它还在梦的控制之下。这对理解本雅明对现代性、梦与革命实践的态度是有意义的。他继续论到：

> 对梦的叙述带来了灾难，因为，一个大半还处在与梦的世界

> 结盟的人以他的言辞背叛了联盟，而且会因此而遭到它的报复。用现代术语来表达就是：他背叛了他自己。（page 46）

概括而言，可以说本雅明正在描述处在现代性处境中的人所体验到的异化。他们因传播他们的梦想而背弃了自己，并且，给他们带来的报复在于，他们不得不存活在现代性的梦世界之中。而且，他们不会从这个梦中醒来：

> 他已因长大而放弃了梦的天真状态的保护，他把自己笨拙的手放在自己梦的幻象里，他自己屈服了……禁食的人讲述他的梦，好似他在酣睡中说话。（page 46）

现代人——在背叛了他们（内心深处）的梦想之后——必然要走入一个现代性的无色的异化的梦世界之中，好似在酣睡之中。问题在于他们没有办法知道，他们尚有半身处于与梦幻世界的结盟之中。因此，也就是说，批评家的（革命）任务就是要去把梦震醒：去充当一座闹钟，用锤子去敲击大钟。在本雅明看来，在现代城市中，梦游者的欲望必须被物质化，但这不可能那么容易。现代个体完全能够连接起一系列的需要、欲求，恐惧和焦虑。事实上，商品的无尽的魅像直接利用了现代个体有意识的期许。不幸的是，尽管商品看上去是实现和满足了人们的愿望，它们仍然使人们现实的、历史的欲望异化了。在这个意义上，商品变成了拜物教，因为它们是被崇拜的，而且没有人知道它们为什么代表甚至是代表什么。好像现代人在酣睡中说话：谈话、问询、期待，但只是隐隐约约地明白他们所使用的这些语词的大意。

> 19世纪是一个时空〈Zeitraum〉（一段梦想时间〈Zeit-traum〉），在这个时空中，个体的无意识越来越在反思中自我保护，而集体无意识则沉入了更深的睡眠。但正是作为一个睡眠

者——在这个意义上如同一个疯人——通过他自己的身体，以及他内在的声音和情感踏上了微观世界的征程……以极力深化对于睡眠者、幻象以及转化并解释了它们的梦的影像的内在理解，对于梦幻的集体来说，情况也同样如此，他们借助的是拱廊街、自己内部的社群。我们必须跟踪它醒时的状态，以便去详细解释19世纪——在时尚和广告中，在建筑与政治中——如同梦的幻象的成果。(1927－1940［K1，4］，page 389)

现代人尽管能说出自己的愿望，但他们却没有办法实现它们。现代世界变成了一个梦幻般形象——一个魅像——的永不停息的循环，并没有幻想如其承诺那般得到满足。时尚来了又去：越来越迅疾，形式也越来越怪诞离奇。建筑物建起来又被拆毁，它的外观变成了建筑形式演替的组成部分。这种沉睡的现代性呈现了一种真正的分析性问题：如何去唤醒梦游者，还有，同样重要的是，他们醒来干什么？

人们可能会认为，19世纪晚期城市的贫困和不公足够悲惨，完全可以把每一个人都从沉睡中唤起。然而，齐美尔对现代城市及其对人的心理影响的分析（1903）准确地显示出相反的真实情况（参见导言）。从齐美尔那里，本雅明了解到，都市人已经对城市生活的震惊感到冷漠，并且已对无以计数的荒诞和惊奇、可怕和激动感到厌倦，城市已把这些事情变成了家常便饭。尽管号角已向不公正、不平等吹响，然而，现代的个体对此已无动于衷，而与此同时，却对他们行动的合理性变得越来越感到痴迷。因此，城市居住者变成了梦的复仇主体，因为，一旦他们学会了冷漠和理性，他们的欲望和恐惧就变成了一种隐秘的话语，其中的所有东西都隐藏着其他的内容。

在本雅明的分析中，“做梦”具有两个明显矛盾的意义（也许是遵循了弗洛伊德关于梦不能在两个矛盾的意见之间做出选择的建议）。做梦既描述了一种睡眠的状态，也描述了一种醒着的状态。不论是睡眠还是清醒，有意识的和无意识的，大脑的工作都如同做梦。所以，本雅明为了寻找（革命）希望的资源而详细研究梦。他在梦预见了现实这一观念里发现了它：梦是一个候车室，做梦者只是在逃离睡眠的控制之前在这里徘徊逗留（1927－1940［K1a，2］，page 390）①。如同弗洛伊德一样，本雅明不希望做梦者、现代人忘记现实中的梦想，而是希望他们从梦中醒来去追求包含在梦中的目标。这就是本雅明的希望：用梦去解放尚未被表达和实现的欲求。

因此，从分析性的角度来说，本雅明所关心的是去发现和解释过去的和现在的梦。他既在人造制品——特别是旧式的、废弃了的和丢掉了的对象，本雅明将之视为它们时代梦的载体——中寻找，也从储藏在、或者是内含于梦的意象之中的地点去寻找。通过探究这些城市梦想的碎片如何凝结着先前世代的愿望，本雅明希望唤醒现代城市居住者自己的欲望。尽管完全知道欲望和梦想可能导向暴力和压迫，本雅明仍然是乐观的。假如他能够把这些碎片带入紧张关系——通过"辩证想象"，通过把这些碎片并置在一起——本雅明以为这将会包含能够唤醒现代人的恰当类型：

> 辩证的形象是一个突然出现的形象，它一闪即逝。它的目的就是要被抓住——作为一个闪现在当下的可辨认的形象。（1927－1940［N9，7］，page 473）

在《单向街》中，这个革命任务表明其自身处于观察视野之内的观念并置中，而且也处在观察视野的并置之中。比如，"早餐室"变成了一个包含了两个明显不相关的观念的空间：前现代的民间传说与一个留出了早餐的定时定点活动的资产阶级家庭的内部空间，这种定时定点的活动如今已被资本主义的劳动关系所监管②。此外，在《拱廊街》中，本雅明暗示，对于唤醒的冲击的识别——或者说是"不情愿

① 亦可参见 Benjamin，1935，pages 159 and 176。

② 亦可参见 Benjamin，1927－1940［K2，5］，page 392。

的记忆”① ——可能会通过记忆的技术来压缩，部分地通过对童年世界的占有（1927 - 1940 [K1，1]，page 388）。于是，现代梦幻的隐在内容被允许去打破现代性的梦，就像一枚恐怖主义炸弹爆炸在一种假装的一致性中。

借助辩证方法，无论是用形象还是用记忆，本雅明都试图去唤醒现代世界，以便它能够承认并且按照它的梦想来行动——而不是闭上眼睛只生存于梦想之中②。即使如此，梦的魅像这一观念以及对于从事梦幻世界制造的梦的运作的确认，所提供的远不止这样的一种说法，即现代城市的居住者尚没有察觉城市生活的真实状况。正是在这一点上，我们将结束本章的讨论。

1.8 结语：魅像、梦的运作与愿望的满足

梦与城市都必须被制造。在梦与城市的生产过程中，明显的是，某些真正的思考必须发生。城市与梦的风景需要被解释，因为它们的表象——有时在它们自身显示，有时只是故事本身的一部分——并非全部的故事。正如在罗宾森看来，在帕特里克·凯勒的影片《伦敦》中，人们可以在城市与梦想的风景中察觉到其他的一些意义。没有一种表达城市的梦想，就没有一种支配和描述一种特定的城市生活的魅像，也就没有一个限定其梦想、其魅像的城市侧面。相反，像梦一样，城市的解释也必须沿着从城市碎片中散发的联想链去追溯，并且带着一种对它们在多种社会关系中的生产过程的理解，而且还要带着对梦想城市如何以自己的方式去凝缩和转移意义、情感和权力的理解去组合它。

正如我在第 1.2 节中所显示的那样，存在——在现代性与城市之

① 这是本雅明取自普鲁斯特的一个术语（1939a，pages 111 - 112，以及，例如 1927 - 1940 [K8a，1]，page 403 和 [N4，3]，page 464）。

② 参见 Benjamin，1927 - 1940 [K1，3]，[N3a，3] 以及 [N4，1]。

内——一种梦的魅像。这种现代性的魅像如梦似幻：一系列的形象，看起来似乎很新颖，然而如本雅明所观察到的那样，它们又出奇的相同。梦本身只是遍布城市的一系列梦幻般形象的一部分，只是城市生活奇观的一部分。因而，梦为城市增添了一种魅影般的感受。城市本身包含了整个一大群魅像和一大串制造与维持它们的设施。大都市一向在意新形象和新观念、新经验和新奇观。实际上，城市人乐得享受他们的这些魅像，以至于根据本雅明的说法，他们宁愿以他们梦游的方式，穿过城市，穿过历史。在这个意义上，城市似乎是作为一个梦中景象来体验的。城市生活的魅像也确实像是一种梦中的景象：它不是作为被动的背景，而是作为城市自身的积极建构。每一种魅像都利用了城市原材料，并创造出一种梦幻般叙事，它们都是由诸如商品、或者时尚、或是梦想等特定的、变化多样的元素构成的。

沿着弗洛伊德和本雅明的路径，我们可以认为，梦与城市是现代人睡眠的卫士：一种精心制作的记忆与遗忘、显现与伪装的游戏。根据这样的理解，通过利用联想的路径，转移与凝缩（制造梦/制造城市）的运作，都不只要对思路进行组合和再组合，而且也要把意义和情感从中心转移出去。所以，在梦与城市的分析中，人们可能没有必要去期待在这些看似最具意义、最有权力、最有情感的元素中去发现偶然性。这不是说这些元素应该被忽略，而是说它们从来都只是分析的一个起始点。与此同时，梦与城市中的那些表面上无意义和被忽视的元素，也能够提供接近梦与城市的情感、意义和权力网络的富有成效的路径。在这样的理解中，梦的运作、城市的运作和空间的运作分别描述了制造梦想、创造城市与生产空间“所做之事”的不同的方面——而且，其间还存在着有待发掘的富有建设性的类比。这样的一种类比涉及到梦想、城市与空间生产背后的愿望的表达和隐藏。意义重大的是，制造梦、城市与空间的运作，不仅仅只是掩饰了它们内含的情感、意义和权力网络，而且也打开了隐藏在它们背后的秘密动机。

本雅明希望把现代性与其过于熟悉的秘密联系起来。大胆地说，根据他的理解，城市的碎片恰如梦的碎片一样，就此而论，这些碎片在很大程度上就可以用与弗洛伊德解释梦的碎片相同的方式去加以理解。在弗洛伊德看来，梦的分析的目的在于，让患者“醒悟”到隐藏的欲望和恐惧——在患者的身上激起一种对他们自身环境的转变性的认知。在某种程度上，本雅明的患者是现代性本身。本雅明并非要让现代性从它自身的梦中觉醒，而是要与梦中包含的愿望建立联系（如同本章题句所表明的那样）。换句话说，本雅明对于现代城市的梦的分析假定，真实的愿望正被织入现代性的梦幻世界的制品之中：愿望的实现并不在于从梦幻世界觉醒而走向现实世界，而是要在梦幻世界中看清现实。

在本雅明看来，城市变成了一个充满记忆和希望的如梦似幻的地点。实际上，他希望激活那些记忆和愿望的特性，尽管它们仍然像一个“半被遗忘了的梦”一样的诱人（1932a，page 316）。对于我的目的而言，梦的运作——与空间的运作和城市的运作相似——是重要的，因为，它们既表明了人们通过城市生活的目标去追踪幻想的方式，又说出了城市中情感的分布（转移）情况。而且，它也让我们自己记起了“责任的问题”和“二次检正”，城市被熟悉的故事反复运作，理解这一点是可能的，这些熟悉的故事创造了一种连贯性和可理解性，而这种连贯性和可理解性也仍然有可能背叛那些从事城市生活魅像制造的运作机制。

本雅明和弗洛伊德都不相信，这种在情感和意义上的运作会既完全独立于世界，又能被完全地释放到世界。事实上，一系列的机构争先恐后地去做的恰恰是相反的工作：压抑情感，检查思想，伪造动机。心理机制不可能直接地与社会机制相联：比如，要说“法律”的运作方式是与“超我”完全相同的（或者相反亦然），这不太准确。然而，梦的修辞确实引起了人们对社会不公正与不平等的关注，尽管它只是凸显了应允的梦幻世界与现实世界之间的巨大差距。

梦想的承诺与溃败证明了同时存在于个人和社会方面的不公正和不平等。弗洛伊德和本雅明都从梦中看到了这样一种可能性，即一些至关重要的东西可以被解放出来，这将使这些不公正和不平等既得以表达，并得到处理。这种可能性依然存在，它如同一个半被遗忘了的梦，闪烁在尚不可及之处。可能性仍旧存在。但这些观念的遗产也可能引向别处——引向对城市元素的解释，它在每一点上都将个人与社会结合在一起。在这个意义上，当这些元素在城市和城市生活中变得具体化的时候，要探索由城市的原材料形成愿望的方式，以及分辨这些愿望的类型，这是完全可能的。

我们已经处在这种分析的过程之中——如同我们在第 1.2 节和 1.3 节中看到的那样，梦本身只是现代性和城市织造梦幻世界的原材料的一部分。自始至终，都有一个清晰的显示，这些原材料——梦的思路——形成了愿望。因此，论证的下一个逻辑步骤，就是要进一步去考察，在城市和城市生活中，愿望是怎样形成并获得表达的。但又该去追踪什么呢？城市文学积累了若干种可能性：从（在每一个街角上的？）妓女，到（聚集在拉斯维加斯的吃角子老虎机周围的？）赌徒①。毫无疑问，对性和财富的欲望是城市生活魅像中不可获缺的部分。然而，我宁愿选择魔法。魔法在城市的出现从各种角度来说都意义重大，我将在下一章的绪论中阐明这些理由。目前重要的是，要在梦与魔法之间建立联系，而且，这与愿望的满足有关。

梦要告诉我们的是，魔法的流行不应该被清除了，因为它可能在某种程度上向我们透露构成了城市生活基础的隐藏的欲望和恐惧。情况还不仅仅如此，魔法也是一种表达愿望并且使它们获得实现的话语和实践。假如说梦是被压抑愿望的伪装的实现，那么，魔法的魅像将会显示，城市和愿望是如何通过隐秘愿望的魔法化表达而相互交织在一起的。然而，这些愿望的实现仍然是麻烦的，某种程度上说是不能实现的。魔法坚持承诺要满足人们的愿望，然而，总是有附加的说明：*当心你想要的东西*。就如同在梦中的情况一样，这个愿望可能诡异地、反讽地受到挫折。这种观念对于思考城市生活具有重要性。

---

① 我们在这里可能会相应地想到从学术角度来看相距甚远的有关城市的著作，如 Walkowitz，1992，和 Hannigan，1998。

梦仰赖于情感和意义的网络，仰赖于梦的运作，而对魔法的解释则通过神秘关系而回溯到了（超自然的）神秘学。神秘信仰和实践通常暗示，有另外一种现实与可直接体验的世界相对，这是一个经常诱人于咫尺之外的世界。在另一方面，真实的城市似乎是无可辩驳的证据，它证明另外一种现实是不存在的。魔法与城市似乎是相互排斥的，因为魔法与魔法实践可以属于别的任何地方，唯独不属于现代性和现代城市。通过对魔法和魔法实践的追踪，我们将会看到，情况远远不是如此。我们将会发现，在真实的城市中，正如存在着一种梦的魅像一样，也存在着一种魔法的魅像：这就是处于现代城市生活核心的源源不断的一系列魔幻形象和魔法实践。

第二章　魔法之城

在这里，我们谨慎对待自己想要得到的一切。

2.1　引言：城市生活的魔法

梦与魔法的核心是（未实现的）愿望。在梦的魅像中，无穷尽的“物”的方阵——从商品到政治修辞——都用以满足人们的隐秘愿望，无论他们是消费者还是政治的看客。魔法也同样如此。因此，在本章中，我的兴趣就在于探究这种魔法的魅像是怎样在城市中出现的。要理解这种参与制造城市生活的魔法的运行情况，将会带来若干新的问题。尤其是对魔法的强调将会涉及对于城市生活中神秘的和超自然方面的讨论。魔法还包涵着一种迷信的或者说是原始的世界观。通常情况下，这类观念与宗教和科学两方面似乎都是扞格不容的。确切地说，早已存在这样的推测，现代城市生活将会导致魔法信仰和实践的灭绝。对这个预测的检验正是本章的核心部分。我将要证明，魔法本身从未间断地出现在现代城市生活之中，因为，人们总会找出各种方法，去改变现状，支配未来。

值得注意的是，魔法似乎是居于两个世界之间的，和梦的情形（梦处在醒与睡、个人与集体、有意识与无意识世界之间）非常相似。

处在这种居间的位置，魔法是受多种因素决定的：神秘的和被神秘化的关系产生了魔法的实践和愿望。追踪城市的魔法实践，能让我们明白神秘的超自然关系对于城市生活来说是如何重要，并且已经变得何等之重要：这部分要归因于魔法已经在城市中循环；部分原因在于魔法凝缩和转移城市“万千物事”的方式；还有部分原因则在于从魔法实践中发散出来的情感、意义和权力的网络。

如同梦一样，魔法构成了一个持续存在于两重世界之间的魅像。瓦尔特·本雅明把魅像理解为一种临界状态，它存在于其产品的制作成型与幽灵般显现的世界之间的某个地方，本雅明也辨识了魔法存在于两重世界之间的方式：

> 临界魔法。在溜冰场、酒店、网球场、度假村的入口处：家神（penates）①。产下金糖蛋的母鸡，贴上了我们姓名标牌的机器，吃角子老虎机，预卜命运的装置，并且，首要的是称重的机器（我们时代“认识你自己”的德尔菲神谕）——这一切保护了临界状态。奇怪的是，这样的一些机器在城市里的势头并不见好，它们只是郊区旅游景点、啤酒屋的一部分……当然，这类相同的魔法却以更隐秘的方式在资产阶级寓所的内部流行。门口旁边的椅子、道路两旁的图片都有家庭神祇的降临，并且，它们必须安抚的凶神，即使在今天也会伴随着门铃的每一次鸣响而让我们感到心惊肉跳。尽管如此，努力去承受这份凶险吧。独处公寓，尽力不去屈服于经久不息的铃声。你会发现它难如驱魔。就像所有的神幻事物一样，这又再一次地被简化到性这同一点上——在色情文学中。1830 年左右，巴黎流行以淫秽的石版画（obscene lithos）为消遣，画面多以推拉门和推拉窗为特征。（Benjamin，1927 - 1940 [I1a，4]，page 214）

① 即掌管家庭（household）的神。

在本雅明看来，有一种临界的魔法，犹如不同世界相遇的过渡性的和模糊难辨的空间——如同处在内部世界和外部世界之间一样。按照本雅明的分析，预卜命运的机器穿越了个人的当下和未来；穿越了处在外部世界和家庭世界之间的资产阶级的内部空间。这种多重世界的交汇具有不同的后果：比如，某些临界地带是被把守的，而另一些则明显地拥有允许进出的惯例。尽管如此，奇妙之处就在于，通过处在界限的一端与另一端事物的相遇，其他的某种东西将有可能出现。①在一种多少有些弗洛伊德式的套路中，本雅明的例证是有关性的动机与禁忌。在推拉门和推拉窗中，临界状态的色情作用揭示了资产阶级对于他们本来面目的性的渴望。在这种临界状态之下，奇妙之处就在于这样的一种可能性，即性禁忌有可能被去除掉。从这个例证中，我们可以看到，临界状态的魔法为本雅明承担了“双重使命”，它既是作为一个揭示了秘密（期盼、欲望）的批判性分析的地点，并且，借助于对这些秘密的转换性确认，这些地点也具有了救赎的潜能（与梦有些类似：参见 1.7 节）。

魔法在临界状态的出现，不只关涉到不同世界的相遇，它还暗示，魔法本身是与其他神秘世界相互关联的。魔法的魅像携带着超越俗世的意义，携带着构建了现代性与城市的隐秘网络的意义：也就是说，它携带了现代城市生活神秘关系方面的意义。这些关系是具有效力的，尽管它难以触及，原因在于，魔法仰赖的就是神秘关系在这个世界上具有效力的观念——即使在它还处于不可企及、不可目验、神秘难测等各类状况之下。也许正是出于这个原因，本雅明感觉到了附着于诸如椅子与家庭照片、门廊与占卜机等普通的家庭物件之上的另一个世界的存在：对于他来说，所有这一切都似乎从另一个时空唤来了降落

① 这大概与本雅明关于“静止辩证法”的观点相联系（Benjamin，1927 - 1940 [N3，1]，page 463；以及 Benjamin，1940）。临界状态可能是一个发现辩证法的空间。假如是这样的话，魔法可能描绘出从（一种被复活了的）辩证法中出现的一切。

的神祇或家族的亡灵——那些几乎是不可能被驱除的神灵和鬼魂。然而，魔法也带来了利用这些神秘力量的预期，带来了去接触那些不可触及世界的期盼，带来了去见识那些不可见的超感觉世界的希望。并且，魔法饱含着渴望：去“打开芝麻”，去看见（尚）不能被看见的，去让事情发生。然而，魔法——如同梦一样——也并非净土一片。在一个由魔法询唤而来的世界中，善与恶的可能性是相当的。如他们所说的那样，当心你所要的一切。

在第 2.2 节中，我将要通过对芝加哥社会学派的重要成员罗伯特·帕克的一篇不太著名文章的评析，去探察一下城市心态与迷信心理之间假想的距离。在这篇论文中，帕克试图证明，魔法中的信仰与城市格格不入，而且，城市居民不可避免地发展出来的心智能力对非理性迷信中的信仰天然反感。他坚称，魔法不可能在城市中生存。然而，也有一些人认为，城市如同其他地方一样，也有魔法的、精神的和来世的寄托。在 2.3 节中，我将会考察一下纽约的例子，借以查明是否如帕克所坚持的那样，魔法在城市萎缩了。我们将会发现，对于某些人来说，城市是一个与其他地方一样适宜于魔法的地方。事实上，可以认为，魔法在城市中不可避免地兴旺发达。而且，纽约的例证还表明，如若不是以某种方式依托于城市生活，魔法的威力与实践也就荡然无存。魔法在城市与城市生活中的这种流通，并且也是魔法在城市与城市生活内部的发明创新，会在 2.4 节中做出探讨。在本小节里，新奥尔良和伏都教可以作为解析的范本。我会展示魔法的调适与变异，它利用了城市的社会关系和组织结构以及城市的商品，创造了一种调节（被神秘化了的、神秘的）力量的方法。

在帕克看来，被抽象的和计算性的商业实践所支配的城市，将它们放置到了魔法的影响之外。有些人认为，城市经济可以从包括伏都教巫术在内的魔法中学到很多东西。这些论点会在第 2.5 节中加以探讨。这里的关键之处在于，不唯法术被用来维持繁荣和富足，而且，财富与繁荣本身在某种意义上也如魔法般不可思议。诸如此类的论点与某些信仰和实践产生了共鸣，它们设法摆布空间以期获得正面效应。因而，风水（*feng shui*）对空间生产方式的影响将会在第 2.6 节中加以探讨。当然，魔法未必是无害的。在最后的补充小节（2.7 节）中，我考察了“亚当”的例子，一个尚未被验明身份的男孩，他是一次杀人祭祀的受害者。亚当的例子凸显了魔法与城市生活的另外两个面相：一方面，它让人们注意到了一种魔法的全球性市场；另一方面，它令人恐惧地表明了这桩针对弱势人群交易的可怕后果。在第 2.8 节中，我以小结的形式谈到了构成现代城市生活的希望、风险与失望，以及神秘关系。

2.2 文明及其不满：城市的科学对抗魔法的力量

初看起来，魔法似乎常常被推到了城市的边缘。比如，本雅明只能在郊区、在旅游景点和露天啤酒店那里发现诸如独臂盗匪和占卜机器之类的魔法装置。本雅明并不是唯一一个认为城市已将魔法赶到了它的边缘部位的人。在一些人看来，城市是文明的体现——是原始信仰和实践的对立面。如果这种观点成立，那么，拥有一些文明的尺度该是多么美好，它们无可辩驳地表明，城市确实是人类发展的最高阶段。在罗伯特·帕克看来，这个文明标尺将会在文明心智与原始思维方式之间的差距中被发现。① 按照他的观点，现代心智会越来越少地受到迷信信仰和魔法信仰的影响。所以，魔法中的信仰将成为文明的试金石：

> 大略地说，魔法可以被认为……是一个标志，不只是心智的

① 西格蒙德·弗洛伊德在他自己关于文明的著作（Freud，1921；1930）中表达了一个类似的观点：亦可参见 Gilman，1993。在地理学领域，也可找到对于这个观点的回应：例如，罗伯特·萨克把神话和魔法看做是背离了那些（如他所认为的那样）客观的西方信念的东西（Robert Sack，1980，Chapter 6）。

标志，也是各个种族、人群和阶级的总体文化水平的标志。(1925b，page 131)

帕克的观点与弗洛伊德的观点具有很大的相似性，并且是值得去评论一番的；他们观点间的差异（与相似）之处以对下列观念的质疑为基础：城市心智是典型地具有理性的、利于计算的和科学的（一种可能与齐美尔的著作形成三足鼎立的观点）。在弗洛伊德看来，文明与压抑有关：它的胜利在于战胜了人类的直觉行为。在帕克看来，这主要是与思想的进步和启蒙有关。在两种观点中，都存在着种族主义的假设，但是，在他们的论点中，科学与魔法的双人芭蕾显示，文明——以及现代城市——都是远离（或者摆脱）了魔法干扰的。事实上，另一种可能是，我们也许会怀疑城市是否正在被魔法的力量、影响和实践所制作。因此，本小节打开了观察现代城市生活之魔法的可能性。

帕克希望表明，科学与城市文化代表了比魔法和民俗文化更高的文化发展阶段。从一开始，他就极力要在科学与魔法之间划出清晰的界限。然而，他所采用的每一个标准都趋向于模糊两者之间的界限：如果说科学旨在控制外部世界的话，那么，魔法也是如此；如果说魔法假定了事物之间存在着某种特定联系的话，那么，科学也是如此；如果说科学是关于被反思打断了的行动的话，那么，魔法也是如此；如果说魔法是关于一个愿望的形成和表达的话，那么，科学也是如此。

面对失败而泰然自若地在科学与魔法之间建立一种绝对的区别，帕克打算把他的文明标尺用于一个“活体实验室”，一个城市文化与民间文化的二元对立可以生效的地方。如果说类似芝加哥和纽约这样的城市明显表达了它们对外部世界开放姿态的话，帕克认为，他的实验室必须是这样的一个地方，那里有一种文化业已在未被其周围世界污染的情况下发展起来（如果帕克要能成为加拉帕戈斯群岛上的达尔文就好了）。为了检验他的假设，他选择了英国加勒比海诸岛上的非洲黑人们信奉的奥比（obeah）巫术信仰。帕克声称，在这些岛屿上，人们生活在相对封闭、缺乏联系的社会单元中。他认为，通过对他们文化的考察，人群/种族所固有的、原始的秉性可以被揭示出来。这种毫无疑问是有缺陷的、种族主义的逻辑驱动着帕克。他坚持认为，奥比巫术的信仰表明了西印度群岛的诸种文化是与美国人的城市文化截然不同的，并且是更不文明的。

> 可以说，未开化的人［原文如此］进入到他周边的世界，并且根据他自己的兴趣和有意的目标去解释植物、动物、季节变化，以及天气。这不是说他短于观察，而是说他没有思考和描述外部世界这些转变和变迁的心智模型，除非这一切能由其自己内心生活的变化来提供。(1925b, pages 125－126)

在这种观点中，个人的内心生活与外部世界之间不存在相互调节。因而，奥比巫术——以及通常情况下的魔法实践——允许将个人的内心生活投射到外部世界，通过以这样一种运行方式以达到期许的效果。事实上，外部世界只有在与个人的内在目的的关系中才得到了解释。另一方面，这也意味着个人对来自那个外部世界的直接影响是开放的①。并不是说这些信仰没有经过现实的检验，而是说，践行了魔法预言的世界的失败要归结到魔法的因由，比如死者②的影响、事件的影响，或者是能够（无论是直接的还是通过巫婆）运用魔法的其他人的影响。在帕克看来，这种信仰既让人们浸淫于非理性的恐惧，也让人们陷入了对于事物的奇异感受之中。身边的世界不但被无法解释的过程所决定，而且，来世也常常被认为是凶恶的、残暴的。这个世界

---

① 这样一种观念也构成了占星术的基础：遥远星球的分布可以影响个体人格和命运。有关占星术，参见 Adorno，1974a。阿多诺所说的魔法是一种退化形式的观点亦可见于 Adorno，1974b。

② 亦可参见 Taussig，1997；和 Stephen，1998。这也与弗洛伊德关于被压抑的回归和死亡恐惧之间关系的观点有联系：参见 Freud，1939，pages 372－376。亦可参见本书第四章。

充满了魔鬼、吸血鬼和幽灵。在这样一个世界里，人们耗尽了大量精力去躲避灾难，并保护自己免受他人恶毒愿望的伤害。

进一步而言，魔法是体现在一整套的操演形式之中的，它们是情感性的、表现性的、肢体性的、戏剧性的、冲动的和带有表演性的。这些操演形式被个人所摆布，以谋求他们的愿望得以实现。在帕克看来，科学是不同的：这种不同不在于它没有愿望，而是在于这些愿望是通过公共的理性辩论而形成，是由民主的公共议程所制定的：

> 科学系统阐述它的愿望，使它圣洁——通过大众选举中庄严的公民投票，也许——还会把它书写在法令全书上。（1925b，page 128）

我们可以看到，帕克使用了政治（选举、立法机构、法律）去说明科学的心智。这是因为公共领域需要有一种不同的看待愿望的态度。在这个公式中，大众社会通过明智的论辩清楚地表达他们的愿望，并且大众的代表促成了大多数愿望的实现。正是这一点使城市化的美国与加勒比海诸岛产生了区别。这种集体愿望的后果就是要在大众社会的市民中设置一种不同的心智。① 这种心智可以被认为是科学的。于是，从这一角度出发，城市创造了一种科学的心智，因为它们需要自己的市民拥有一种能力，它是客观中立的，批判性思考的，理性主义的，逻辑思维的，精于计算的，并且是能够理解手段与目的间相互关系的——科学的全部关键特征。实际上，城市是一个科学得以成功运用的明显的标志，因此，它是理性的、精于计算的、具有确定性的内在生活的延伸。你可以在混凝土、玻璃和金属中见到它——而且也可以在城市里使用的和用来建设城市的机器中见到它。在帕克的设计中，魔法只能在现代城市之外存身。

尽管针对这种观点有许多反对的意见，至少有一种是指向（据称

---

① 在此处，帕克的观点与齐美尔接近：参见导言。

是未开化的和落后的）加勒比海诸岛人和非洲人信仰体系的毫不掩饰的种族主义假设，我打算更详细地探讨两种反对意见。当你把帕克的论点追溯到弗洛伊德在《图腾与禁忌》（*Totem and Taboo*，1913）中对魔法的分析时，第一个反对意见就变得清晰了。在个体愿望与集体信仰的关系上，弗洛伊德给了我们可供选择的认识方案。在这个基础上，第一种反对意见就是，现代城市与它的市民能够彻底抛弃他们的冲动、不理性和情感。第二种反对意见关乎帕克的加勒比海诸岛未被玷污性质的假说。通过对魔法信仰与实践的追踪，我们可以看到，魔法一向是重要的，不仅是在城市生活的魅像之中，而且也在人们试图以魔法及其他手段去影响和控制城市的方式之中。

在帕克与弗洛伊德的论点之间存在着有趣的契合，这种契合甚至达到了这样的程度，以至于可以认为，帕克在很大程度上是从弗洛伊德那里借用了现代城市文明中存在一种禁忌减少现象的观点①。与帕克类似，弗洛伊德也把魔法视为一种控制世界的方法，一种获得你想要得到的东西（包括伤害他人的能力）的方法，或者是保护自己免受他人罪恶冲动伤害的途径。而且，帕克和弗洛伊德两人都把魔法看做是一套实践，而且这也是一种相信特定对象（通过联想）能够影响事物的信仰。然而，弗洛伊德关注的是构成魔法信仰基础的情感动力。弗洛伊德把现代的个人看做是较之其他人群较少表现力的、较少强烈情感的人，因为他们也是*更受压抑的*：这就是说，现代人（太）擅长放弃某些欲望（因此，常见的警告是：当心你想要的东西）②。然而，在弗洛伊德看来，情感的文明化并不必然意味着魔法信仰的灭绝。实

---

① 帕克没有引用弗洛伊德的观点，但是“借用”既通过论点中强烈的相似性显示出来，也由详解魔法与科学间的差别时所共同使用的祈雨例证而得以显明（Freud，1913，page 138；Park，1925a，page 127）。在魔法中，个人模仿雨；在宗教中，他们向上帝祈雨；在科学中，他们播云降雨。

② 弗洛伊德把文明的历史与个人的历史做对应观察，这是很有意义的。这使他可以把“原始”与所谓的野蛮人以及半野蛮人，与儿童、妇女，更重要的是与神经官能症联系起来（参见 Pile，1996，第四章）。

际的情况是，应对被压抑或被抑制情感的不间断需求，可能导致对于魔法影响力和事物的魔法性质的坚定信仰。①

弗洛伊德的观点可能被理解为既有悖于自我又是反对帕克的，因为他为魔法特性和魔法实践信仰的持续存在而不是被废止提供了一个案例。以这种方式来解读弗洛伊德，为进一步理解现代城市生活中魔法的作用增加了两个透视焦点：第一个关注的是魔法的时空问题，第二个则涉及到与魔法密切相关的情感纠葛。

在弗洛伊德的理解中，魔法运作主要是通过两种空间特性来进行的：通过相似性（事物间外表的相像）和通过临近性（事物的互渗）。这方面的一个明显的例子可能是伏都教的木偶（图2.1）②。它不仅在形体上与人相像，而且魔法的影响也通过利用事物与个人的联系来获得——比如已经与施主的人身有接触的物件或者是其身体的各个部位：举例来说，分别有衣物和头发。魔法的影响力也以特定的方式使时空瓦解，以至于“真实的”时空已不重要。因此，伏都教的木偶在一定距离内有立竿见影的效果。③ 魔法的效应还跃出了空间

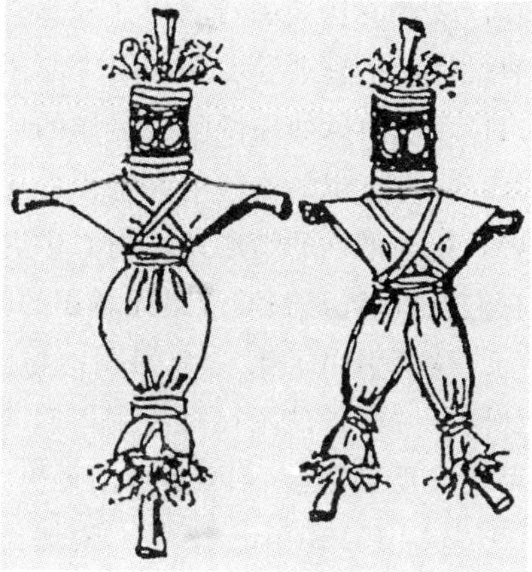

图2.1　新奥尔良的棍棒木偶，由甘多尔佛（C. M. Gandolfo）设计。那个要被施与魔法的人的头发是用于制作木偶的。想要获得的影响作用则用红墨水写在羊皮纸上，并放进木偶的内部。白色或黑色的别针在施法的过程中使用。

① 另可参见Bloom，1999。

② 耐人寻味的是，美国、英国和新加坡的许多书店现在都有DIY的伏都教木偶套件在售！

③ 与心灵感应类似。参见Freud，1913，page 142。

范围：局部被用于影响或者控制整体。因此，别针被钉在了伏都教木偶的生殖器上，以便保证一个人的性可以被别的人控制。潜藏在这一表象之下的是对事物间神秘关系的信仰：这种神秘关系既能瓦解时空，也能扩大影响和控制范围。

在弗洛伊德看来，对魔法的理解与对梦的理解极为相似。魔法中的每一种元素都是被多重原因决定的：既充当了一个控制意义、权力网络的节点，也能够产生一种想要得到的效果。每一种元素都被放置在神秘关系之中，魔法影响力通过这些关系发生作用。魔法的工作机制，或者说是*魔法的运作*（magic-work），是利用这些神秘关系的知识而设计，用它来导引和和集中愿望，去诱发结果（Freud，1913，page 141）。然而，如果说魔法运作的成功依赖于提炼和浓缩愿望的话，那么，在有意识的愿望与无意识的愿望相冲突的地方就产生了问题；或者，更为糟糕的情形是，内心中存有一连串的相互冲突的愿望，无论它们是有意识的和/或是无意识的。

这就引出了第二个问题：与魔法密切相关的强烈的矛盾心理。①如同梦一样，试图在魔法中得以表达并借魔法得以实现的愿望，也有可能会受到阻挠，因为它们通常与受到禁止的各种行为、恶行有关（Freud，1913，page 146）。对愿望的禁忌越严格，需要魔法去满足的愿望就越复杂，越苛刻。但是，假如愿望得以满足，环绕它的情感也就越是矛盾重重。请记住：善有善报，恶有恶报；当心你想要得到的东西。因此，假如你用魔法谋杀了某一个人，你就会担心你的受害者的幽灵会返回来永远地缠住你。也许是这个原因，大部分的魔法是专门用来防御的：用于仪式、祈祷、驱魔和念咒，用以保护自己免受恶魔、恶灵以及他人毒咒的伤害。

因此，值得记住的是，如帕克所描述的那样，科学与技术是城市实现愿望——魔法的运作——的一个部分。当城市里的人对于他们的愿望感到极度犹疑矛盾的时候，并且/抑或是在愿望与这些愿望的实现

① 有人持续支持这样一种观点，见 Stephen，1999。

之间存在激烈冲突的时候，问题就出现了。然而，这还不是它的终结：城市空间的理性化生产并不可能创造出一个实现人们梦想的城市，如弗洛伊德所暗示的那样，这仅仅是因为，他们所表达的愿望是含混的，摇摆不定的，矛盾的，不明确的，无法满足的，并且有多重的来源。当我们跟随魔法进入城市，并且目睹它如何以多种方式来制造城市生活的时候，当我们打算用魔法来探究城市情感生活的时候，我们就必须谨防把它看做是只指向一个连贯、稳定或单一愿望的对象。相反，魔法将会表现出对各类愿望强烈的两难情感，并且，有时还会让我们一睹它的禁忌。更进一步说，通过对魔法信仰和魔法实践的追踪，有可能让城市间神秘的或是被神秘化了的关系水落石出，在帕克自己的文章中，就可以找到这方面的一个例子。

帕克注意到，西印度群岛的魔法也见于美国城市的部分区域，比如纽约的第 135 大街。在他看来，魔法在城市中的出现既属城市的外在现象，也会持续地受到城市生活的文明、科学影响的削弱。若果说帕克对于西印度群岛与城市化的美国之间做出区分并不感到焦虑的话，他可能尚不至于忽略这两者之间影响与关联的漫长而亲密的历史。在对奥比巫术仪式的讨论过程中，帕克本人观察到：

> 在特立尼达岛警方最近所拥有的奥比巫术道具中有一尊石像，明显是出自印度教的源流，还有一本芝加哥出版的有关魔法仪式的书，它是假造的，并且无疑是从伟大的中世纪作家大阿尔伯图斯(Albertus Magnus）论巫术的著作翻译过来的。(1925b，page 133)

在 1916 年的尼维斯岛上①，尽管已经失聪并且卧床不起，罗斯·由戴尔（Rose Eudelle）因施行巫术被判有罪。根据帕克的说法(pages 135 - 136)，她的巫术主要是通过对应关系来实施的，并且还发

① 也就是说，是在帕克论文发表不到十年之前，而且也仅是在英国最后一次女巫审判大约二十五年之前。

现了许多信件，那是她与许多岛屿、甚至还有一位纽约市里的客户之间的联络方式。这样的例证，以及帕克列出的其他例证都表明，奥比巫术中的男女巫师与他（她）们的客户之间的联系延伸广远。奥比巫术——魔法——绝不是与世隔绝的，它使另一个类型的全球化进程显露了端倪：来自印度的魔石，往返于纽约的来信，从芝加哥进口的书籍，来自欧洲的魔法信仰。事实上，这向来都是众多岛屿上的一个存在已久的特征，无论如何，它都算不上是1916年的“新”情况。众多岛屿的历史联络活动，甚至也不是从早期欧洲，特别是西班牙和法国对美洲大陆和加勒比群岛的殖民化才开始的。

然而，从欧洲殖民进程的最早时刻算起，各种西部非洲的宗教信仰就混合在一起了，并且再与各种天主教实践混合在一起，形成了奥比巫术或伏都教综合的变体（我们在下文中还会回到这段历史）。不要认为这些岛屿似乎是在冻结时间的、落后的和原始的，它们是新的（综合的）魔法实践和信仰产生的一个节点。至此，我试图确认的是，芝加哥和新奥尔良过去是——现在也是——一个魔法的全球化进程的前沿，这个过程曾经——现在依然——以加勒比群岛为中心（而不是相反）。因此，具有反讽意味的是，帕克应该把英国的加勒比群岛看做是一个思考独立的文化发展的合适的实验室：他可能对芝加哥大学的校园有着更丰富的思考（参见Nast，2000）。然而，假如帕克是对的，那么，对于135号大街的魔法从业者来说，纽约的文明影响力就是不可抗拒的。日积月累，魔法也就会从城市中销声匿迹了。因而，值得到纽约（图2.2）去看一看，看看是否还有魔法的遗存。

2.3 纽约的魔法：超自然、灵性与伏都教

在许多类似帕克这样的观察者看来，城市是你最不可能找到魔法踪迹的地方：它充满了冷冰的水泥、透明的玻璃和重金属——所有这些都是由理性的人群和他们精妙的科学创造并装而成的。然而，对于其他人来说，城市——以它对自然元素的利用，以它奇妙的物质

图 2.2　城市的魔法？夜间的时代广场。

性——创造了一个魔幻的环境。这样一种观念远不流行和常见，但是，处在“新时代”文学内部的一些人（正如它广为人知的那样）却曾在城市里寻找魔法。比如，城市萨满教的法师克里斯·潘扎克（Chris Penczak）坚定地相信，城市如同其他地方一样，是充满魔力的：

> 那些处在乡村环境中的人，很多人认为他们垄断了自然、魔力和灵性。他们没有。一切都是自然的。城市里的许多人认为，他们被限制在一个没有灵性的环境之中，充斥着非自然的、有害的力量。我也这样想了一会。我感到与城市世界失去了联系，直到我学会与我周围世界建立起新的联系。一切事物又再度返回到自然……魔法无处不在，等待着被发现。(2001，page xiv)①

---

① 在这里，潘扎克明确反驳了某些返回自然的魔法形式。当然，存在着多种多样的魔法，但是，即使是如 wicca 巫术这样的现代巫术形式，也倾向于对现代性不加认可或是不予退让。例如，可参见 Farrar and Farrar，1981，特别是其中的第十一章。

图 2.3　水泥、玻璃、金属：纽约建筑的魔法。

一切事物都是（至少是潜在地）具有魔力的——既包括作为整体的城市，也包括构造城市的元素，诸如水泥、玻璃和金属（图 2.3）。在潘扎克看来，城市是一个临界空间——连接并且合并了能量领域、自然元素（即土、空气、水、火）以及灵性。根据这个逻辑，魔法无处不在，存在于所有组成城市的元素中：在它的机器中，它的建筑物中，在它的动物中，在它的街区和它的邻里关系中。首要的任务就是要对城市事物的魔幻特性变得敏感：

> 城市是一个威力无边的魔法学景观，对于那些懂得观看门道的人来说，它充满了秘密和能量。（2001，page 3）

在《城市魔法学》（*City Magick*）[①] 中，潘扎克展现了一种复杂的宇宙学。他勾勒出一个范围广大的信仰体系，为城市的各种魔幻特性画出了一个轮廓：它的元素（空气、水、火、土）；它的图腾（从蜘蛛

---

① 潘扎克的魔法（magick）一词的拼写多出了一个 k，可能是参考了阿莱斯特·克劳利的著作（比如，Aleister Crowley，1929）。

到鸽子、蚂蚁、乌鸦)；它的精灵（所有具有神祇的事物：机械的精灵包括飞机、火车和汽车)；它的诸神（比如电）和它的原型（从建筑类型到医药，从计算机技术到音乐)。在每一种城市元素中，潘扎克都分辨出一种自然的魔法学。① 事实上，通过这些元素的集中和归并，城市就成为新的魔法学创造的潜能巨大的空间。有一种对应于这种魔法学的地理学，因为潜藏于可见世界之下的能量学和精灵穿行并盘绕在交叉点之上：

> 星球被不同的系列的能量线和能量格所覆盖。它们与神经系统相像，并且为地球的经络做针灸治疗。许多线从每一格的特定点上穿过，造成了一个能量带，或是蜗旋。或许情况正好相反，是蜗旋创造了能量线。(2001，page 4)

潘扎克不能肯定是蜗旋造成了网络，还是网络制造了蜗旋，这一点无关紧要。重要的是，这些能量与精灵的网络在其内部拥有高强度的部位。由此产生了两个后果。第一，在任何一个城市的内部，强度的聚集与形成为之提供了它自己的特殊氛围。因此，在潘扎克看来，新奥尔良和伦敦特别具有魔幻的氛围，提示着敏感的人们去感受神秘，感应那些位于完全裸露的世界背后的不可见世界。第二，在这种强度的地理学中，建筑起到了重要的作用，部分是因为在能量和力量的领域中，它们标志着节点。因于这两点，伦敦的心理地理学家——如辛克莱和凯勒——是很可能表示赞同的。作为一种权力批判话语，许多心理地理学家相信，有权势的建筑都是（思虑周密地）建立在地球能

① 这里有对于城市是否是自然的论争的回应：不同的观点请参见如Tuan，1978；Cronon，1991；或者是Harvey，1996。

源系统的关键节点之上的：著名的例子中，既包括大英博物馆①，也包括金丝雀码头（Canary Wharf）（图 2.4）。

图 2.4　在权力线的交汇处，金丝雀码头。

图 2.5　帝国大厦，纽约的能量与灵性。

潘扎克对声名显赫的建筑物从不怀疑，在他看来，这些建筑物代

① 大英博物馆以另外的途径与魔法联系在一起。这座博物馆收藏有约翰·迪伊博士（Dr John Dee，1527－1608/9）所拥有和使用过的魔法工具。而且，尽管他的“自然哲学”（或说是魔法）图书馆的大部分已经被毁或是被拆分，但约翰·迪伊博士的一部分藏书最终——通过埃里亚斯·阿什摩尔（Elias Ashmole）和汉斯·斯洛艾因（Hans Sloane）——在 1753 年大英博物馆的图书馆建成时，构成了其三种主要的藏品之一（参见 Harkness，1999，page 220）。因此，提姆·布里南认为，“大英博物馆是建立在魔法之上的!”（Tim Brennan，2003，page 2）。关于约翰·迪伊的生平与时代，参见 French，1972；Clulee，1988；Harkness，1999；以及 Woolley，2002；还可参见 Cosgrove，1990；Harrison，Pile 和 Thrift，2004，pages 12－42。值得注意的是，在伊丽莎白时代，魔法（推算）与数学（计算）之间有紧密的联系，因为这给下述观念带来了一个新的波折：现代城市心智的规定性特征就是其精确的计算性（仿照齐美尔的说法）。

表着城市的能量与灵性。但潘扎克反而总结说，存在着许许多多现实的图谱。潘扎克把这些图谱提炼为一个由三个相互区别的世界组成的宇宙：天空的世界，大地的世界，地球的世界。对于居住在纽约的一些人来说，也许并不感到惊奇，摩天大厦在他的宇宙学里是一个意义重大的建筑（图 2.5）。在潘扎克看来，摩天大厦充满活力地连接了这三个世界：首先，它抵达了天空和神的王国；其次，它进入了泥土以及往昔、死者、下水道和城市服务的阴曹地府；第三，建筑本身就是一个多层世界，携带着进出的人流和能量流。

城市的能量、灵性和物质形式既为对宇宙新的萨满教式的理解提供了一种可能性，也进入到了新的（更深层次的）意识状态。拥有了这些更强大的理解优势，城市萨满教能够把城市的诸多元素带走，并重新安排它们，以制造魔法的效果和影响。于是，魔法运作通常便被使用城市元素来加以完成，比如水泥或玻璃，甚或是在墙上乱涂乱写，等等：这方面的一个很好的例子是魔符（sigil），一种魔法的符号。（图 2.6）

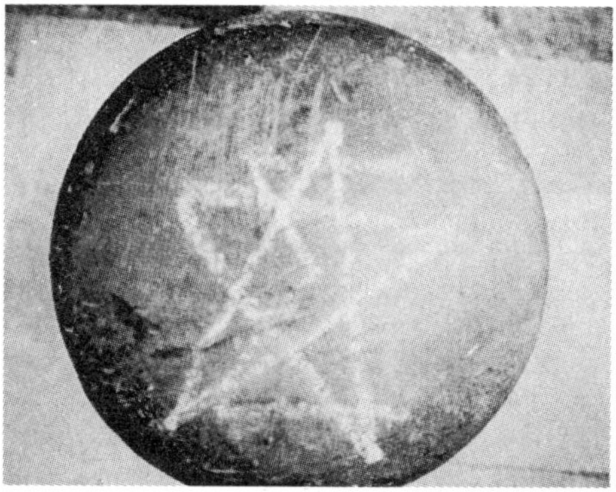

图 2.6　一种使用五角星形和希腊字母的 Σ、国王十字的魔符。

图 2.7　魔符材料？一只伦敦“眼”。

潘扎克通过对他在城市里所见到的各种涂鸦的提炼，或是通过在曼哈顿地图上加入景点的方法，创制了一种魔符（图 2.7）。利用这种魔符，潘扎克试图去影响和控制世界：比如他声称，通过在地图上加入家、工厂和停车地点，使一种魔符获得了巨大的成功，这确保他永远有了一个泊车的地点。

不再（如帕克和其他人那样）把城市、科学和文明看成是与魔法、灵性和超自然相对立的，或者是认为前者比后者先进，潘扎克希望城市居住者能与看得见的现实背后的那些世界（重新）建立起联系：

> 现实是易变的。这是魔法学的基本根据之一……萨满教与巫术看破世界，因为它就是——一个幻象。（2001，page 75）

看穿这个幻象，也就意味着萨满教和巫师可以通过运作去制造一个乌托邦城市，这个城市一向是（而且永远是）传统的（理性的与科学的）思考城市的方式所不能企及的。在潘扎克看来，通过利用萨满教的仪式和实践，从城市（包括某些由伏都教发展而来的城市，参见下文）摄取灵感与知识，一种新的和谐安定的局面，有望在创造生活的不可见的隐秘力量的协同作用之下而得以实现。

正如你将会发现的那样，在潘扎克魔法般的纽约背后，存在着一种新时代的情感。其深层的意味就是，一切都是自然的，并且因此也可能是平衡与和谐的。依据这一观点，当代城市问题既源于城市市民不能与可见现实背后的世界建立联系，也源于包括人在内的城市各类事物之间的不平衡。一旦城市人与超自然领域发生了联系，他们就能够利用自己的知识去如其所愿地改善城市生活。这种魔法学观点，在更广泛的新时代的思想背景下很常见，它直接回应了弗洛伊德对于魔法的界定（1913，page 135）。弗洛伊德认为，在魔法信仰中，人们的内在世界（包括他们的欲望和信念）与他们使用魔法去对外部世界施加控制的能力之间有一种直接的关系。在弗洛伊德看来，因为没有内在世界与外在世界的中介调节，魔法属于信仰的低级形式，他认为，更高级的形式是巫术（sorcery）。

在巫术中，灵性与魔法的异界被当做人类世界一样对待（即便这些灵性世界被认为是更真实的和更有威力的）。因此，巫术不可思议的影响力是通过非常人性的方式获得的：通过行贿、安抚、补偿、胁迫、褫夺、征服、欺骗、误导、引诱、克制和/或乞求等各类方式。按照这种观点，宇宙的自然状态绝不是一种平衡与和谐状态。相反，灵性的世界如人类世界一样具有冲突，充满恶意和自私自利，并且，与灵界发生关系的后果吉凶难测：确实，要当心你所要的东西。纽约也容纳了这类宇宙学——伏都教就是一个例子。按照帕克的看法，纽约是不可能有加勒比群岛伏都教信仰的位置的。从人类学家卡伦·麦卡锡·布朗（Karen McCarthy Brown，2001）所讲述的一个纽约伏都教女祭司玛玛·劳拉的故事中，我们可以进一步弄清楚帕克的这种看法是对还是错。

1962年，在20岁出头的年纪，玛玛·劳拉（也以埃洛迪斯的名字为人所知）从海地的太子港（Port-au-Prince）① 迁徙。她向布朗描述了这次迁徙的希望和失望：

> 我去了那座城市——许多的星星！美丽！哦，男孩！我不认为我去纽约不需要灵性。我错了！（Mama Lola，cited by Brown，2001，page 71）

布朗描述了在纽约等待着埃洛迪斯的贫困生活（Brown，2001，特别是第124－133页）。进一步说，是埃洛迪斯尽一切可能地躲避政府当局的官方世界。生存对埃洛迪斯来说就是避开别人的视线。相反，只能向神灵的世界祈求庇护。因此，埃洛迪斯的人生就是一场惨淡经营的持续挣扎。她的伏都教的感受力和训练将会对她有所帮助，但这还不足以为她挣来衣食。她从一个低薪的工作转到另一个低薪的工作，并且总是被经济问题困扰。然而，玛玛·劳拉逐步确立了一个伏都教

---

① 大多数论述伏都教的著作都是关于海地伏都教的：参见例如Deren，1953；Métraux，1959；Davis，1985和Fleurant，1996。有关伏都教在海地与美国间的传播——一种伏都教经济——亦可参见Browning，1998，第五章。

女祭司的声名，并且如今已拥有一群忠实的会众。海地伏都教的实践，既从信仰层面，也从实践方式的层面，适应了艰难的纽约生活。

事实上，如同更宽泛意义上的伏都教一样，伏都教信仰是以它们的适应性和可塑性为特征的。因此，重要的是要意识到，海地伏都教（Vodou 以及 Voodoo）是与天主教教义密切联系在一起的。① 伏都教都是由与天主教的圣徒非常相似的诸神组成的。如布朗在描述玛玛·劳拉的祭坛和神龛时所指出的那样：

> 版画包括圣母玛利亚的几幅画像和蛇缠双膝的圣帕特里克、面对头骨沉思的圣杰拉德、骑在高耸的马背上的十字军圣雅各；以及在一片新翻的土地旁边跪拜的朝圣者圣伊西多尔的画像各一幅。我把这些看做是伏都教圣徒的画像。这些圣徒中的每一位都既有一个天主教的名字，也有一个非洲的名字：玛丽是爱神（Ezili），伏都教的爱情之灵；圣帕特里克是蛇精，智慧之神

---

① 事实上，伏都教在海地这个国家的地位由来已久。1791 年的由托森特·卢维图尔和其他人领导的奴隶起义（参见 James，1938），就利用伏都教来保护自己，对抗奴隶主和他们军队的枪弹。事实上，伏都教的仪式为起义提供了媒介（1938，page 86），某种程度上说，它是由高级祭司布克曼（Boukman）领导的。起义还受到了一位伏都教祭司罗麦恩的精神指引。而且，奴隶们彼此忠诚，并自愿通过博伊斯凯曼（Bois-Caïman）的伏都教仪典而自愿血战至死。伏都教医师弗朗索瓦·“爸爸医生”·杜瓦列尔（Francios “Papa Doc” Duvalier）于 1956 年以军事政变的方式夺取政权，并在一个以伏都教为名的民兵组织“通顿马库特”（Tonton Macoute）的坚决支持下，于 1964 年建立了独裁政府。1971 年，杜瓦列尔死后，他的儿子让·克鲁德（Jean-Claude，被称为 Baby Doc）接任总统，并维持政权直至 1986 年。在让·贝特朗·阿里斯蒂德（Jean-Bertrand Aristide）2003 年 4 月成为总统时，尽管他身为一个天主教徒和一个前牧师，却保证把伏都教作为海地的一种官方宗教而采纳。有一个广泛流传的笑话说，海地有 70% 的天主教徒，30% 新教教徒和 100% 的伏都教教徒。2004 年 2 月，阿里斯蒂德迫于武装叛乱而辞去海地总统。伏都教仪式是这个国家北部叛乱的一个主要组成部分。

(Danbala)；圣杰拉德是死亡之神（Gede），墓地的主宰；圣雅各是战神奥格乌（Ogou）；以及圣伊西多尔是农神阿扎卡（Azaka）。（2001，page 3）

伏都教有能力吸收很多信仰，不只是天主教圣徒的万神殿。这使得它非常具有弹性，并且能够让它轻而易举地去适应“地方环境”。仪式和表演始终具有多重意义，并且可能被相关的个人以多样的方式解读。对伏都教仪式中的每一个动作来说，都有平淡无奇的方面与富有灵性的方面。实际上，正如布朗主张的那样，“社会的戏剧永远不会远离伏都教宗教戏剧的表层”（2001，page 57）。这种可以接受的意义多样性，以及后果的不确定性，是与在纽约市过移民生活的困难和危险联系在一起的。它正是一种适应危险的信仰体系。事实上，伏都教的神灵本身也常常是危险的：变化无常，傲慢自大，居心不良——很不像是天主教人物那样圣洁。布朗这样指出：

毫不夸张地说，海地人相信生存与受难是不可分的。伏都教是他们设计出来对付受难生活的组织，是一个目的在于降低痛苦、躲避灾难、减少损失和增强生存者信心并激发生存本能的组织。因此，伏都教的戏剧并不主要发生在仪式本身的内部，也发生在仪式与皈依者艰难生活的结合部。人们把他们人生的压力和痛苦带到了这个组织之中，希望得到疗救。（2001，page 10）

值得一提的是，这一信仰体系并不开始于纽约，但被贫困和痛苦所引导的人生已经为海地人相信人生和受难是同一回事提供了很好的理由。在埃洛迪斯看来，纽约几乎可以说正在让她领悟这一观念。然而，伏都教也还有别的功能：它在社群中赋予女性重要地位（也可参见下一节中玛利亚·拉弗的故事）。借助一个“捐赠”系统（尽管这经常被表达为接受神灵的指令），它允许钱和物能归女祭司所有，即使她本人从不索要任何类型的报酬。如布朗所主张，伏都教为女性提供了

“一条道路，使她们实实在在并且富有创造性地与那些规定并制约着她们的力量一起工作”（2001，page 221）。

伏都教是一种与纽约人的生活有密切联系的宗教，不只是作为一种生存的手段，而且也以它自身的实践形式。因此，比如从城市中获取的元素被用于行使魔法。这些元素与魔法作为一个解决问题的方案（如弗洛伊德会说的那样，要么通过简化或是凝缩，要么借助毗邻或是转移）密切相关。在城市中，新元素的新结合被混合使用，来施行魔法或者调制魔水。这里也有科学的介入，利用来自既存于伏都教信仰或是如基督教等其他体系中的身体和灵魂理论。但是，也有实用主义和实验方法。它是富有弹性的。

与帕克的预料相反，最终的结果是，纽约——现代城市——为魔法信仰和实践提供了肥沃的土壤。从潘扎克那里，我们已经知道，纽约能够为新的宇宙学提供一个范本，同时也可以作为构成了现实的能量、灵性和魔法世界的证词。与此同时，伏都教为在纽约的海地人提供了一种资源，因为，它帮助他们维持了与海地的社会、文化和宗教关系。从玛玛·劳拉那里，我们也知道了海地移民从伏都教信仰中获得了力量，因为，它可以适应——并且利用——纽约所提供的一切资源。在这两个故事中，魔法都在纽约之内找到了自己的立身之地——既作为一种适应了现代城市的形式与生活的信仰体系，也作为一种魔法干预的资源。

很明显，魔法也是能够在纽约之内找到的。但是，我想指出的是，魔法并不只在城市之中，而且也属于城市。通过拓展我们从伏都教（Vodou）到伏都教（Voodoo）理解的视野，既可能展示出魔法信仰——作为一种魅像——在城市的广泛传播，也可以让我们见到新的魔法信仰正在城市之内得到培育和创造。新奥尔良的伏都教将会成为这两个方面的例证。① 新奥尔良的两种历史对伏都教的创造是重要的：第一，在加勒比群岛和美国南方有奴隶制的历史；第二，有奴隶们为了能够支配他们的人生而对天主教教义和城市空间苦心积虑的利用。一段历史与跨大西洋——伏都教的大西洋——的信仰交汇有关。另一种历史则与非洲人的信仰和天主教信仰的交汇有关，两者共同创造了一种新的、特别是城市型的宗教。我们现在就转向新奥尔良。

2.4 融合的城市：新奥尔良与伏都教的大西洋

在新奥尔良，西非与天主教信仰的特殊混合导致了一套基于草药滋补、占卜（预知未来）和施放法术的魔法实践。在这些实践中，仪式是用来形成和表达愿望的，而各种各样的元素也都被用来创造魔法。这些元素曾是——并且现在仍然是——有高度选择性的，从蛇，到头盖骨，到马里布酒和雪茄，所有这一切都被设计用来祭献给能够带来欲想效果的特定伏都教神祇（或是圣徒）。（图 2.8）

伏都教在新奥尔良的故事与刚果广场这个特定的地点以及玛利亚·拉弗（Marie Laveau）这个名字（既是母亲的名字，也是女儿的名字）紧密地联系在一起。通过刚果广场和玛利亚·拉弗的故事，我既想传达出特定观念如何跨越大西洋的信息，也想传达这些观念如何相互适应并相互融合而展开实践的情况。意味深长的是，今天的新奥尔良正是以它的伏都教的复杂历史而闻名天下的。（图 2.9，图 2.10，图 2.11）

在我们新奥尔良的伏都教故事中，要到访的第一站就是刚果广场，

① 在新奥尔良有大量与伏都教有关的文学作品，其中大部分是为旅游市场而创作的（尽管并不因此而减色）。在更具学术性的领域有：Tallant，1946；以及 Brolin，1990。不太具有学术性的部分主要是对玛利亚·拉弗和她的墓穴感兴趣：参见 Klein，1996。把玛利亚·拉弗放在新奥尔良女性历史内部的批评性分析可见于 Gehman and Ries，1988。试图把伏都教引入魔法的欧洲传统的努力，参见 Black and Hyatt，1995。

图 2.8 奥尔良的一座非正式的神龛。

或者如它过去那样，被称呼为黑人的地方①。1699 年的路易斯安那，在法国殖民地建立之后的岁月里，刚果广场最初是作为一个市场而出现的，殖民地可以说是不能自我维持，它在很大程度上要依赖贸易，并且依靠与当地土著的美洲部落和群体的合作。事实上，在这个时期，当法国定居者被迫与主要是纳齐兹部族的当地土著部落一起避难时，其守备要塞至少有两次曾被丢弃。经历了 18 世纪上半段的时间，情况开始发生了改变，随着种植园主在此地站稳了脚跟，他们开始输入越来越多的奴隶来开垦他们的种植园。正是新奥尔良的奴隶制历史，使刚果广场成了一个意义如此重大的地点。然而，新奥尔良也是由其他群体的历史参与构成的，事实上，可以认为，曾经存在并且现在也

① 事实上，刚果广场曾经是许多文化形式融合的坩埚。尤其特别的是，刚果广场曾经目睹了爵士乐和相关的音乐和舞蹈形式的诞生：参见 Johnson，1991；还有 Roach，1996，第二章。

依然存在着若干个新奥尔良：一个当然是美国的（由不同族群“粗糙地混合”而成）新奥尔良；一个法国的新奥尔良；一个天主教的新奥尔良；但另一个显然是非洲的新奥尔良。

图 2.9　一个伏都教酒吧。

作为路易斯安那州的首府，新奥尔良本身于 1718 年建立（Hall，1992，第五章）。根据葛温多林·霍尔的说法，它能幸存下来，

> 不只是因为非洲劳动力，也是因为非洲的技术。从非洲引进的大米种子和掌握稻子种植技术的奴隶，确保了这唯一可靠的粮食作物能够在新奥尔良区域之内及其周边的沼泽地里生长。（page 121）

图 2.10　玛利亚·拉弗的伏都教之家。

各种各样的稻种，非洲栽培的稻属作物，和掌握种植技术的人们从西部非洲来到这里。要追溯这些人的来源，分明是有些困难的，但是，稻属作物、种植技术以及伏都教的相互关联表明，这些人大多是班巴拉人（Bambara）、达荷美人

图 2.11 “闹鬼的历史”旅游传单。

(Dahomey)、约鲁巴人(Yoruba)、埃伟人(Ewe)、方人(Fon)和伊博人(Ibo)。实际上对当代海地和贝宁的伏都教研究已经显示了这些人与达荷美人、方人以及约鲁巴人在信仰上的相似性。① 根据这种观点，存在着一个伏都教的大西洋。

正如人们所知，从西部非洲到加勒比群岛和美洲南部的大西洋通道是残暴的、种族灭绝的通道。非洲人所拥有的一切都被剥夺：几乎没有财产越过大西洋，姓名被变更，非洲语言的使用也受到严格禁止。这是对非洲人民力量、勇气和独创性的证明，这一切使他们能够保持对“神灵”和文化与宗教的信仰，其中包括名闻遐迩（声名狼藉）的伴着鼓点节奏跳舞（参见下文）。明显的是，这些传统被携带着穿过了大西洋，并且在奴隶制的条件下与其他的信仰结合了起来。多种多样的宇宙学、仪典和魔法运作的形式被结合起来，构成了一种富有弹性的开放的信仰体系，这就是伏都教。这样做是必要的，因为奴隶们不得不尽力获取一点对于自己人生的支配或控制力量，无论是不是通过魔法的手段。不止于此，奴隶主也在持续不懈、残暴无情地驱除非基督教信仰，尤其是在18世纪晚期海地的农民起义之后②。

在1769年和1803年间，法属路易斯安那落入了西班牙的统治，因此获得了重要地位和财富。在这一时期，西班牙人开始通过多条线路，包括从某些英国的大西洋殖民地偷运的手段在内，从西部非洲获

① 参见例如 Hurbon，1993。

② 参见 James，1938。

取奴隶人口。1788 年的人口统计中，下路易斯安那（lower Louisiana）达到了 39 410 人，其中的 20 673 人被列为奴隶阶级：这就是说，大约占了生活在这个地区人口的一半——然而，考虑到纳齐兹部族的存在，这也就意味着奴隶的数量超出了自由（白人）人口，达到三比一的比例。大约四分之一的奴隶是来自刚果地区。正是这些人口将为刚果广场赋予名称（见图 2.12）。

图 2.12　刚果广场几乎没有为它的往昔提供线索。(照片摄于 2001 年 10 月)

刚果广场位于新奥尔良的城墙之外，正处在如今的堡垒街（这里过去曾是城市的堡垒）北部，18 世纪期间，这里是一个市场，星期六下午和星期天，奴隶被集中在这儿交易（在殖民地著名［臭名昭著］的《黑人法令》(*Code Noir*）中，这是被许可的，《黑人法令》有一个条款——通常被忽略——在星期日和节假日禁止黑人劳动。因为殖民地不能养活自己，它主要靠的是奴隶经济，奴隶们能够以他们的劳动勉强维持自己的生活：食物、药品和其他家庭用品的交易成了其中必不可少的部分。这个市场引起人们的关注，不只是因为它的非洲奴隶交易，而且还在于它与包括纳齐兹部族在内的当地土著美洲人部落有关。刚果广场是一个独一无二的场所——一个临界空间——在这里，超乎寻常的文化和经济交易以及文化和经济融合发生了。

在1803年，西班牙人向法国人交还了路易斯安那，但是，仅在21天的时间之内，法国又把路易斯安那卖给了美国。从1804年起，新奥尔良不仅收容了奴隶主和他们的奴隶——不论是来自1791年海地奴隶起义的难民①，或者是来自后来在1809年被古巴驱逐的难民——但是，也有美洲人的流入：也就是白种欧裔美洲人。法国、西班牙、非洲以及现在的盎格鲁文化局促不安地并存在新奥尔良。约翰逊这样指出：

> 在长期的殖民历史中，当城市已经容纳了许多其他的移居进来的文化群落——印第安人、非洲人、一些德国人以及一些西班牙人——它从不需要去应付任何如数量优势、自信、决心之类的事情，或者是由美国的侵入而表现出来的全部的异国色彩。(1991，page 19)

新奥尔良的第一任美国州长威廉·克莱伯恩（William Claiborne）搬掉了加固城市的堡垒，因此，无意中既扩大了黑人之地（刚果广场），并且也使它更容易从“法国人的”街区进入。尽管它被更名为公共场所，在19世纪的头十年，这个地区主要是与刚果广场联系在一起的，反讽的是，这个广场只允许白种人进入。然而，它仍然是一个非洲人聚集和表演舞蹈的地方，特别是一个以刚果闻名的地点。到19世纪70年代晚期，刚果广场以其历史中的非洲构成而闻名。而且，在1884－1885年的棉花博览会期间，新奥尔良就逐步确切地认识到了它与美国其他城市的不同，这些不同中的一项就在于，它不只曾是一个法国人的城市，而且也是一个非洲人的城市，还在市中心有一个刚果广场。约翰逊这样描写到：

> 城市的有色的自由人，尽管他们拥有各种各样的肤色，仍然

① 亦可参见Trouillot，1995；以及Slater，2003，page 426。

是说法语的人，天主教的克里奥尔人占压倒多数。大多数的人靠打日工、跑码头和做建筑工人、洗衣妇和仆人为生；有一些有手艺的做街道摊贩、酒席承办商、护工、接生婆、女裁缝、发型师、理发匠和音乐家，还有一些人做商人、放贷者和种植园主。（他们）还建起了城市主要的免费黑人学校、慈善协会、社交俱乐部和文学与音乐学会。因此，刚果广场的周末人群事实上完全来自城里的克里奥尔人社区……如果说刚果广场把整个新奥尔良较低阶层的人们吸引到了它粗鄙的狂欢节、马戏团和逗熊游戏的奇观的话，它也充当了郊区（在邻里间以边界区而闻名）的公共聚会的场地。(1991，page 35)

尽管人群主要是说法语的克里奥尔人，广场的舞蹈和奇观也引起了白人精英的很大兴趣，这些白人精英中的大多数人既忧心忡忡，又愤愤不平。本雅明·拉特鲁伯就是这样的一位观察者。他写下了亲眼所见的的内容，讲到了500至600个“没受监督”的人的集会，在集会上，人们在野外伴着非洲鼓不同寻常的旋律跳起了舞蹈（见图2.13）。

图 2.13　刚果广场的邦布拉舞 (Bamboula)，1886 年。
图片来源：新奥尔良历史图集。

在拉特鲁伯看来，舞蹈的狂乱与音乐的音响和节奏是“疯狂和野蛮的”。舞蹈者不仅以一种不常见的样式移动着舞步，他们还赤裸着身子。群体殴斗的情况也会偶尔发生，显示了与众不同的非洲部落的忠诚。西非的文化——及其对立关系——在美国有了一个小小的据点。而且，舞蹈和音乐也与伏都教的仪式连在一起：通过伏都教的途径，不同的传统却被汇聚到一起，并且焕发了新生。事实上，正是这些特殊信仰与实践特殊的融合——可以认为是通过了刚果广场的空间运作——制造了新奥尔良的伏都教（相对于海地的伏都教或贝宁的伏都教而言）。正如布洛林所言：

> 路易斯安那拥有一种独特的文化，一种独特的环境。在这个与众不同的世界里，出现了一种独特品牌的伏都教——与海地的模式相比，它较少组织性，受到了天主教神秘主义与欧洲迷信的基本观念以及商业导向的影响。（1990，pages 12 - 13）

伏都教仪式通常是在圣约翰河口边缘的秘密地点举行（见图2.14）。然而，在19世纪70年代，一位与众不同的“伏都教王后”，玛利亚·拉弗开始在新奥尔良获得声望。作为一位发型师和女商人，她也曾是那些拥挤在刚果广场人群中的一员。最终，她甚至担任了一些舞蹈的指挥，尽管伏都教仪式并不是在广场上举行。有理由认为，黑人与伏都教的大西洋在18世纪融合于刚果广场，但是，我要指出的一点是，在这个独特的地点，伏都教是从众多信仰的一种富有弹性的融合中创造出来的。这些信仰并不发端于非洲或是欧洲，并终结于新奥尔良，而是流通于伏都教的大西洋。事实上，伏都教的传播从未停止，因为随着时间的推移，它获得了越来越高的地位和影响。从局部来说，这与玛利亚·拉弗有关，可是，这也同样要归功于它自身的适应性：这是它在奴隶们的绝望情境中学到的某种能力，也是它在新奥尔良获得的某种品质。

正如我们将会看到的那样，刚果广场依然与伏都教有关联，但是，

图 2.14　伏都教舞蹈，1886 年。
图片来源：新奥尔良历史图集。

只有刚果广场经久不衰的舞蹈和音乐，才是它传播最为广远的遗产。正如约翰逊所指出：

> 出现于刚果广场的舞蹈如新奥尔良的爵士乐作品一样独特。而且，这些舞蹈差不多都必然会通过与新奥尔良爵士乐一样的路径，进入更广大的美国文化之中。它们在今天正以多样的衍生形式——通俗的和严肃的——而成为美国文化，实际上也是世界文化的一部分，如同爵士乐及其衍生的音乐形式和影响一样。(1991，page 43)①

刚果广场是一个狂热而又绝望的场所，非洲的奴隶文化在这里被吸收，被展览，被生产，被保持，并被传播。从某种意义上说，那种文化——至少从其伏都教的方面而言——是被凝定在通过著名（声名

① 亦可参见 Woods，1998；此外还可参见 Neate，2001。

图 2.15　种植园主与伏都教法术，1886 年。
图片来源：新奥尔良历史图集。

狼藉）的玛利亚·拉弗的形象体现出来的。[①] 根据布洛林的说法（1990，page 14），奴隶主长期利用非洲传统（顺势疗法）的药物种类去“照料”他们的奴隶：也就是说，去保护他们的那些无本（或是小本）万利的投资。实际上，在奴隶主中间，使用伏都教的药物和法术也是司空见惯的（见图 2.15）。

在这样的背景下，伏都教在新奥尔良的非洲人圈子里和白人的社会中，得到了一定程度的流通。这种双轨经济秩序的形成也得力于非洲与天主教的神灵与圣徒的融合。从图像学和宇宙学的角度来说，伏都教可能被认为是基于基督教的：在祈祷、圣灵引导、异象、神灵附身和护身符等方面，都使用了最基本的基督教式的魔法[②]。在伏都教的内部，存在着针对它在非洲人和欧洲人社会之间的临界空间运作的潜力。然而，在美国内战（1861－1865）之后，伏都教变得更具有组织性，在情感上也更具凝聚力和具有反白人倾向。在此时，一些秘密的伏都教社团形成了（Brolin，1990，page 18）。这些团体是被许多国王和王后所控制的，并且践行伏都教的仪轨：然而，在这些仪轨中，是王后占据了中心位置。这些王后中最显著的一位曾经是、并且现在依然是玛

① 如你可能预测的那样，玛利亚·拉弗及其人生的历史和意义是有争议的：参见 Fandrich，1996。

② 对这一意义的确当理解可见于 Taussig，1997。

利亚·拉弗（1796？–1881）。（见图 2.16）

图 2.16　玛利亚·拉弗和她的女儿，约为 1881 年。
图片来源：新奥尔良历史图集。

也许是拉弗在戏剧方面、在她商业性的机敏和个人魅力方面的天赋能力，以及她在做发型师的日子里获得的对个人秘密的了解，共同把她推向了险要位置。无论如何，拉弗的声誉盖过了另外的一些王后（人们认为，这是由野蛮的力量和对符咒的策略性运用相结合而完成的），这使她在新奥尔良的场面中成了一个有影响力的人物。在这个过程中，拉弗把她自己独特的印记打在伏都教上了。玛利亚·拉弗声称她的追随者是基督徒，它为传统的伏都教仪式增加了圣像、祈祷、焚香和圣水，这些仪式又是与蛇、黑猫、公鸡、饮血和卖淫合并在一起的。（Brolin，1990，page 21）

玛利亚·拉弗既在新奥尔良的非洲人中间，也在欧洲世界的人们中间，建立起了一种令人敬畏的名声。她还把这种声誉转换成了金钱，并且能够为自己在梅林堡（Milneburg，庞恰特雷恩湖公园）建造了一座房子，并且，还同时居住在法国街区圣安妮大街的一处房子里。她在自己的家里成功地做起了一桩伏都教的生意：出售咒文、解除诅咒、占卜前程等等。她偶尔也会在杰克逊广场天主教社区集中的圣路易斯天主教堂之外主持仪式（见图 2.17）。

直到她去世之时为止，玛利亚·拉弗已经通过吸引了大量崇拜

图 2.17　圣路易斯天主教堂和杰克逊广场，新奥尔良。

图 2.18　圣路易斯 1 号公墓玛利亚·拉弗墓，新奥尔良。

者的圣者日（如圣约翰日和万圣节①）之夜的庆典仪式，激发起了对于伏都教的广泛兴趣。这些节日综合——融汇——了新奥尔良的各种信仰系统，无论是欧洲的基督教，非洲的泛灵论，海地的伏都教，还是新奥尔良的伏都教。尽管从来也没有像她母亲那么重要，玛利亚·拉弗的女儿——同样以玛利亚·拉弗而闻名——继续从事着这桩由女性掌舵的家族生意。自玛利亚·拉弗以来，伏都教已几经沉浮。然而，在当今的新奥尔良，某些遗迹仍然非常抢眼，尽管也有一些已渐趋黯然。正如你会预见到的那样，的遗迹都与旅游生意有关。新奥尔良以伏都教、幽灵和吸血鬼旅游而闻名（这是我在第 3.7 节还要返回的话题）。② 值得一提的是，到目前为止，玛利亚·拉弗的墓冢已是众多旅游线路都乐于经行的一个景点（见图 2.18）。

让我感兴趣的是墓冢的标记。

① 圣约翰日为 6 月 24 日，万圣节是 11 月 1 日：在下文对新奥尔良的叙述中，我们将了解到关于万圣节的更多信息。

② 作为这类旅游项目之一，“闹鬼的历史旅游”提供了它自己的书籍：参见 Smith，1998。

三个×××记号是一种发愿仪式（与吹灭生日蛋糕上的蜡烛非常相像）的一部分。在墓地的周围，许多人放置了物品和祭品。如弗洛伊德可能会评说的那样，这些祭品都与那些被要求满足的愿望密切相关（借助于相似性与凝缩、邻近性与转移）。参观墓冢的人们频频地低声说出他们的愿望，即便是他们不参加某些与伏都教相关的仪式。说到底，你永远也不会搞明白。

图 2.19　杰克逊广场的神秘学实践。

从许多方面来说，你会感觉到，魔法与巫术随时都可能出现在新奥尔良。杰克逊广场仍旧是一个占卜者聚集的场所（见图 2.19）。每一个占卜者都展示着他们自己特殊的占卜品牌。他们多半提供手相和塔罗牌解析，但也有一两位把他们“独特的卖点”建立在伏都教的声名之上。天主教大教堂一直在那旁边静默肃立。与此同时，在新奥尔良还有各色各样的伏都教主题商店和一个伏都教博物馆。① 每年，万圣

图 2.20　将要在万圣节表演的女巫。

① 各种各样的图画小说也利用了新奥尔良的伏都教因缘：例如 Ennis，1997－1998；和 Moore，1999。为了确保这个网络是交相指涉的，值得注意的是，潘扎克对莫里森（Morrison）的《隐形》（*The Invisibles*）系列——这个系列中的一个故事开始于新奥尔良——的引用（Morrison，1998－1999），并且，它甚至还顺便提到了弗洛伊德（page 47）。

图 2.21　伏都教灵庙中的一个神龛。

图 2.22　圣路易斯天主教堂里的圣母玛利亚神龛。

图 2.23　2001 年万圣节刚果广场上粉笔画的伏都教标记。

节前夜都为新奥尔良提供了一个公开地为神秘学举行庆典的机会（见图 2.20）。魔法的魅像在新奥尔良似乎是无所不在。

在北堡垒街上，有伏都教的神灵庙。这座庙是由女祭司米利亚姆（Miriam）和祭司奥斯万·查马尼（Oswan Chamani）所建。女祭司米利亚姆尽管出生在密西西比，却在芝加哥多种多样的宗教教会中开始了她对伏都教的修习。正是在那里，米利亚姆遇见了奥斯万，他是一位来自伯利兹（Belize）的“奥比巫术（obeah）术士”。他们一起在 1990 年创建了新奥尔良的伏都教灵庙。奥斯万死于 1995 年，所以，米利亚姆便独自维持着灵庙的运转，并为教会的公众服务。在女祭司米利亚姆看来，伏都教是一种手段，它能让神灵（或者精灵）对人们的祈祷做出回应。为了达到这一目的，女祭司米利亚姆提供了多种多样的伏都教服务，从骨相、手相和纸牌拆解，到诸如婚礼、蛇舞等仪式，再到魔水和（以保佑、成功和恋爱等为目的的）符咒以及传统的药物。在寺庙中，设有多种用于仪式和卦象拆解的神龛。这些神龛本身就体现了伏都教的融合色彩，既有来自天主教的教义和非洲的泛灵论的混合符号，又有多种多样的献给神灵和更为世俗目的的祭品（见图2.21）。有一些则径直模仿天主教教堂里的那些供奉各路圣贤和圣母玛利亚的神龛（见图2.22）。

伏都教日历中两个重要的节日是万圣节前夜（10月31日）和万圣节（11月1日）。2001年，女祭司米利亚姆与包括许多音乐家、舞蹈家在内的伏都教会众一起，在刚果广场举行了一个庆祝万圣节前夜的午夜庆典。第二天，这个庆典和其他的伏都教欢庆活动的现场痕迹，被用粉笔标记在了地面上（见图2.23）。在万圣节，女祭司米利亚姆组织了一场穿过法国人街区的人行道游行（见图2.24）。她引导着一小群崇拜者（其中包括两个文化地理学家和一个人类学家①），从寺庙沿着杜梅因大街（Dumaine）走向杰克逊广场。集会中的某些人只不过是顺便参与，而另一些人则经过长途跋涉，比如从芝加哥和纽约远道而来，就是为了参加各种仪式。实际上，某些礼拜者虽然也在他们自己的城市里参加了伏都教的集会，也会定期来这里参拜。在人行道游行开始之前，每个人都拿到了一个

图2.24　女祭司米利亚姆，一位新奥尔良伏都教的女祭司。

① 就是我本人和我的两个同伴，Dydia DeLyser和Helen Regis。

小旗子或者是其他可以手持的东西。

图 2.25　杰克逊广场的伏都教仪式，2001 年万圣节。

当我们沿着大街行进的时候，我们会在每一个街角停下，女祭司米利亚姆会把兰姆酒洒在地上，与此同时，也洒下米饭和甜点，向精灵（*loas*）献祭。在伏都教的信仰中，十字路口具有重大意义，它既是一个做出方向选择的地方，也是一个能量和运动交汇的地方：一个既是连接也是分离的所在。事实上，伏都教诸神中的一个关键人物是雷格巴老爹（Papa Legba，他通常被与圣彼得联系起来），他就是大门和十字路口的把守者。就此而言，（根据上文中本雅明的观点），人们可能会发现，门与十字路口确实是魔法可能萌生的一种临界空间。

最后，游行的队伍到达了杰克逊广场。女祭司米利亚姆在圣路易斯天主教堂的正前方，用朗姆酒在人行道上画了一个大圈。在这个圈里，女祭司米利亚姆与音乐家和舞蹈者们一起，开始察看伏都教的祈祷和仪式，而在圈子的外面，我们其余的人则和着鼓点的节奏，跳起了舞蹈（见图 2.25）。米饭和甜点撒遍了各个地方。这个奇观吸引了一些过路人的关注，他们中的一些人对这些看上去不虔诚的、不太相干的恭敬活动，发表了不友善的评论。然而，也有一部分人加入了进去，包括一位打扮得酷似吸血鬼的人。

关于这场伏都教庆典活动，有两件事情引起了我的兴趣。第一，对空间的标记：城市的街道获得了神圣空间的特征，诸神在此相聚并且受人尊重。一种别样的精神地理学通过这个游行的当代空间而显露出来。这一天过后，曾经发生过的庆典活动几乎全无痕迹。城市中的魔法在时空上可能常常是高度地方化的。第二，伏都教的可塑性：这既表现在它吸引信众的方式上，也表现在它对空间的利用和重新运作方面。在十字路口和大教堂外面的公共空间里进行的庆典活动是如此，那些在私人领地和寺庙空间的举行的庆典仪式也是如此。尽管是暂时性的，但所有这些庆典仪式都是魔法可能现身的临界空间。

伏都教可以让我们了解到城市里信仰的创造和维持情况。而且，它还是魔法在城市幻影般的传播标志：不只是经由西非、加勒比群岛和美国城市的伏都教的大西洋的标志，也是一个魔法魅像的标志，它目睹了伏都教在城市中以一种行行色色的假面现身。因此，值得注意的是，伏都教的神灵庙如今已在俄罗斯发展了一个姊妹组织。伏都教依然是一股创造性的力量，充当了一个能量与运动的交汇点，与此同时，新奥尔良本身在这些传播活动中就是一个独一无二的基地。如果果真存在着伏都教流行的话，那也是过去二十年间里的事了。事实上，它的法术、塑像和药物似乎都在承诺，人们的愿望能够被满足。在许多人那里，这些愿望围绕着对财富与金钱的欲望而旋转。在下一小节中，我们将会看到富有的愿望、金钱的魔法与伏都教的实践如何联起手来，在资本主义商业这个最理性、最精于算计的企业中心创造出伏都教的经济学。

2.5　盯住它们：城市、公司与伏都教经济

在本章中，我打算对魔法影响可以被用于经济这样一种观念做些稍微深入的探讨。我特别要考察的是，金钱与伏都教何以可能被用来实现经济愿望。认为经济本身在某种意义上说可能是魔幻的，这种观念并不新鲜。金钱和资金的来路神秘，经常被称为“伏都教经济学”。

通过把伏都教的身份归属于经济学，这种意图就是在暗示，经济管理在某种意义上既是虚假的又是堕落的。它还让人联想到一种有意识地通过欺骗的和险恶的手段去控制经济的努力。这个术语在里根时代被十分频繁地使用过，例如，用来描述通过神秘的手段利用债务去制造一种虚假、危险的经济世界的方式。争议在于，这种魔术般的变戏法不可能持续。在戴维·哈维（David Harvey）看来，这种“伏都教经济学”正在对城市形态产生着实质性的影响，他称之为“伏都教城市”（1988）。350亿美元的债务已经为全美国城市的一系列高调的建筑规划筹措到了资金。哈维认为，这些规划是不可持续的：诡计早晚要露馅。很明显，魔法与这种经济体制应该彼此毫不相干（如同帕克可能期望的那样），尤其是在伏都教经济学将要对城市的景观产生实质性影响的时候。

金钱本身——以及它的流通——常常被假定具有魔法般的影响力。[①] 就此而言，我愿意转向齐美尔对货币满足愿望的能力的讨论（Simmel，1900）。在这里，我所感兴趣的是，货币仅仅以它的积累为基础，何以会具有意外的（魔幻）效果。在对“积累的心理狂热”的讨论中，齐美尔指认出人们类似于仓鼠贮藏的一种倾向（1900，page 239）。他说，守财奴聚敛金钱，但拒绝把它投入流通。他主张，这种守财奴式的行为可以被恰当地描述为贪婪，是一种原始的积累方式，而且，守财奴

> 自觉地放弃金钱作为一种通向任何具体享乐的工具的用途，

---

① 正是为了这个原因，新加坡的一元硬币有一个八面的图案，因为这是一个与风水相关的“魔法”的象征。相似的是，美元也有魔法装置，包括一个（破碎的）金字塔和一只全视之眼，可能是来自共济会（也可参见Gilbert，1998）。关于经济作为符号的流通，参见Lash and Urry，1994。关于货币社会学，参见Dodd，1994；以及McDowell，1997；有关空间和货币，参见Corbridge，Martin和Thrift，1994；Leyshon and Thrift，1997；以及Allen and Pryke，1999。

他把金钱放在与他自身有着不可逾越的距离的地方，然而，他还是通过对自己的所有权的意识，不断试图跨过这段距离。（1900，page 242）

守财奴展示了一种对于金钱的强烈的矛盾心理：它必须同时被保持在既近在眼前又远在天边的距离。从许多方面来说，这与禁忌的原理是一样的：既清楚地表达了渴望之物，又表达了恐惧之所在。守财奴被困在了一个被他欲求之物所设的圈套之内：金钱。对守财奴来说，金钱的囤积似乎授予了他（或她）行动的社会权力和自由，尽管环境是变化莫测的。换句话说，对金钱的占有似乎使之具有了一种满足的保障。然而，金钱并不能永远给你带来你想要的东西。齐美尔这样指出：

一个被满足了的愿望的主观后果并非总是对最初促生了这个愿望的被剥夺状态的适切补足。对一个对象的欲求不像是一个被占有所填满的洞，所以，好似这个愿望来临之前一样，一切如故……某些我们所期望占有的东西每每令我们失望，这种平常的智慧，无论其好坏，都是正确的，并且，我们会把这一被占有的他者仅仅当做一个不带任何感情的事实……如若我们的愿望没有超出金钱的范围，并指向一个具体的目标，那么，致命的绝望就会接踵而至。（1900，page 243）

这就是说，如果守财奴的愿望只在于对金钱的占有，那么，他们对由金钱囤积所体现出来的幸福的渴望将会遭受重挫。然而，金钱并未失去它的魔力。它为人们持续提供着唯一的兴趣焦点。即便如此，齐美尔仍然主张，现代人已经越出了这种守财奴式意识。在他看来，现代人已不再拥有对这种单纯的金钱囤积的魔幻影响力（社会权力）的信仰。相反，他们被这样一种古怪的观念所支配，即金钱可以被用来使所有的“物”的交易成为可能。在齐美尔看来，这一观念创造了一种夷平事物间差异的状况：

> 在这里，金钱可以大量地获取并且轻易地改变占有者。金钱越是变成唯一的兴趣中心，人们就越是发现，荣誉与信念、才能与美德、美丽与心灵的救赎，被以金钱作为交换，而且，一种嘲弄和轻率的态度与这些更高价值相比将会更为发达，因为这些价值以某种类似杂货的价值而被出售，并且还拥有一种“市场价格”。(1900，page 256)

人们欲望和情感的获救似乎仰赖这样的现实，即金钱使得一切商品都可用于交易。金钱成了人们的情感和欲望与商品对那些情感和欲望的满足之间的中介（1900，page 80）。但是，当金钱让人们感觉到所有的东西都可以根据金钱本身这一标准来交换的时候，也有这些商品不能满足的欲望和情感。这使得人们对商品之间的差别无动于衷，因为这些差异如今似乎已全都如幻影一般，毫无刺激（1900，page 157）。金钱如同施展魔法一样地以一只手提供了满足，又被另一只手拿走了。

因此，有意思的是，伏都教的神灵有时也控制金钱，并且，伏都教的神龛经常挂满硬币和小面额的钞票。在伏都教中，涉及钱的“交易”是不对称的：金钱是自愿捐献的，但神灵是变化无常的，而且在捐献金钱的行为中并不存在互惠的关系。在伏都教中，金钱的魔法仍旧是含义丰富的。也许是因为这一点，《公司伏都教》（*Corporate Voodoo*，2001）的作者卡莱厄尔（Carayol）和弗斯（Firth）开始对这样一种观念发生了兴趣，即伏都教的内部可能包含着一种能够决定商业实践的抽象的信仰体系。在他们看来，伏都教是一套行为的基本原则，这些原则的魔法般影响力可以改善商业实践。因此，具有反讽意味的是，伏都教已被吸收为那种精于计算而又科学的理性中的一分子了，帕克曾认为它们是如此的现代，如此的城市化。

在卡莱厄尔和弗斯看来，世界“正在呼唤着魔法”（2001，page viii）。

他们坚持认为，（没有魔力的）麻瓜（the muggle）① 的世界所需要的正是伏都教。他们的愿望就是要以伏都教的方式去启蒙商人。他们把正规的商业实践与伏都教的商业实践进行了比较和对比。正规的商业实践相信等级、墨守成规、宏观管理和控制，而伏都教却带来了一种疯狂的释放，这与非洲鼓的节奏及其仪式中的狂舞更为契合。伏都教是一种建立在奴隶制野蛮制度之上的宗教，卡莱厄尔和弗斯承认这一点，他们暗示，伏都教具有双重觉悟："伏都教居住在残酷的现实之中，并且，伏都教栖居于梦幻世界之中（2001，page 4）。"

因此，很像是上一章中所述及的梦一样，伏都教是一条把人们从主流商业精神装置的日常约束中解放出来的路径：这是一种指导商业的方法，它既建立在新原则的基础之上，也是一种对大地与自然关系的更好调节。在这个意义上，伏都教表达了个人的欢乐，而几乎不会造成什么害处。在《公司伏都教》一书中，卡莱厄尔和弗斯赞成（通常所说的）新兴经济体：也就是互联网和通讯业公司。在他们看来，伏都教也是站在快速的、急剧发展的企业一边的。通过对诸如维珍公司（Virgin）、沃达丰公司（Vodafone）、特斯科公司（Tesco）等企业的研究，他们展示了一种快速发展的、承担风险的企业精神何以能够产生魔法般的后果。从这些案例研究中，他们提炼出一系列关于如何指导伏都教公司企业的原则：比如，"伏都教关系到一个强大的未来"，"伏都教增进了财富和教育"，"伏都教相信差异是具有创造力的"，"伏都教是唯一必要的手段"，"伏都教不只是一种微不足道的魔法，它也是你的魔力"，等等。于是，

> 法人伏都教的首创精神，创造了一种快速发展的商业……但是，麻瓜们（Muggles）不是你所想象的那种悲伤的、昏昏欲睡的无害巨人。这里就是秘密：即使是麻瓜的组织也能实施他们自己的公司伏都教……被麻瓜们所经营的伏都教公司是一个魔咒，一

---

① 这是J. K. 罗琳《哈利波特》系列中宇宙学的一个参考。

种诅咒，它就是要把人维护在那里，使他们产生新的机能，让他们变成僵尸。它就是把人们置于控制之中，让他们受到轻微的激励，却又都不抱幻想，濒临绝望。它就是效力低下现象的温床。(2001，pages 168－169)

这里回响着走在现代性之路上的梦游者的想法——或者说是类似僵尸一样的行为。然而，只要经营正确，公司伏都教也能够唤醒人们，使他们认识到他们个人的幻梦。利用公司伏都教，你可以达到你自己的商业目的（这是对埃里克·查特曼的回应，参见第 1.2 节）。尽管卡莱厄尔和弗斯主张，公司伏都教是一种解除僵尸公司文化诅咒的有力手段，但在书中几乎没有多少关于伏都教魔法实践的论述——没有“如何使用伏都教的木偶去对抗竞争者”的章节，可悲！激起人们兴趣的首先是，（新）经济的假定的魔力，其二，对于伏都教后果的强烈的矛盾心理：一方面，它制造出无望的、软弱的僵尸工人；而另一方面，是欢快无比、成就非凡、威力无边的资本主义。

《公司伏都教》表明，在经济上存在——或者可能存在——魔法的影响力，不管是新经济还是城市经济。并且，不管是通过魔咒，还是通过信仰体系，经济可能受到魔法影响。然而，在所有这一切的背后，也存在着某种东西，它表明金钱本身具有魔法般的影响力。这种影响力的一个重要方面就是所谓的金钱满足愿望的能力：对投资产生重大回报的愿望（我们可以在网络公司所谓的充满魅力的生活中看到这一点），或者是从小投资成长为大公司愿望（比如，奥朗［Orange］或者微软公司）：制造一个愿望并把一枚硬币投入井中。在这里，值得注意的是，这样一种假设，总是存在将会魔法般快速成长的经济成分——正像是来自杰克的仙豆中的豆荚一样。魔法魅像的一部分便是充斥城市的不见首尾的“魔豆”队列。但是，如齐美尔所警示的那样，金钱——连同大多数的魔法——会把你投入痛苦的绝望境地。

和卡莱厄尔和弗斯一样，在齐美尔看来，对于金钱魔力，存在着一种强烈的矛盾心理。在卡莱厄尔和弗斯看来，伏都教既是公司文化僵尸般行为的原因，也是对它的疗救。与此同时，齐美尔既拒绝把金钱视为对魔法的赞助，也拒绝把金钱看成是对抽象理性的支持：它的独一无二的性格在于它同时属于两个营垒的能力。在伏都教经济学中，既存在着愿望受挫的可能性，也存在通往财富与繁荣之路被打开的可能性。

魔法与金钱的痛苦绝望都不会阻止人们借助魔法和金钱对环境——城市景观——施与影响的企图。存在着许多种用以寻求财富与繁荣以及更加和谐的生活方式的实践方式。在下一小节中，我们将会考察一下风水——空间布置的艺术。风水具有启发意义，既是因为它涉及到对空间和空间中物体分布的直接控制（例如，它直接参与空间的运作），也是因为它能让我们更深地理解存在于可见的城市世界背后的能量（神秘）体系。

2.6 新加坡与美术的定位：在城市里创立财富

城市是充满魔力的地方。魔法信仰和实践通过许多（神秘的）路径到达城市，并且，一旦到了那里，这些魔法信仰就能够被激活和再激活。魔法信仰和实践与城市精于计算的和科学的理性绝非是对立的，它们似乎更像是城市的一部分。魔法似乎被织进了城市生活的组织结构之中。在本节中，我们将会发现，魔法也是与城市物质空间的生产联系在一起的。这方面的一个例子便是风水（通常被翻译为“风”和“水”）。风水不只是魔法般的理性在现代城市中完好存活的证据，它带来了一种观察物质性自然和观察城市存在于其中的能量系统的方法。然而，风水还证实，城市对超自然、或神秘学维度的信仰引发了那些旨在使城市景观更令人满意的实践：为的是富足与繁荣，为的是和谐与平衡。从这个角度来看，风水向我们说出了有关城市空间运作的司空见惯的魔法：也就是说，这些让人习焉不察的魔法构成了城市空间生产的一部分，它是为了财富与繁荣而设计出来的。

风水是中国人理解如何布置空间可以影响人们生活的系统方法，

它广为人知。为了创造一种更吉利的空间环境安排，有许多书籍为如何设计家庭和工作环境的内部生活空间提供建议。在伊芙琳·里普(Evelyn Lip)看来，

> 风水实践需要人们去学会在自然环境之内生活，并且要敬畏自然中的各种力量。风水的基本原理来自自然科学和地理学的万古常新的智慧。这些智慧可以被作为一种工具，利用它可以获得对自然环境的更好理解、可以发展出一种对文化的更深的尊重并设计一种更适于人类居住的建筑。对于全球千差万别的文化来说，这些方法都是适当的，并且，风水最终成为一种普世性的实践的时机已经来临。(Evelyn Lip，1997，page 62)

风水也可能不具普世性，但根据它的原则设计出来的建筑却可以在中国之外的纽约、圣弗兰西斯科、伦敦和洛杉矶见到。例如，在新加坡，便有许多建筑把风水原则融入了设计思路(Noble，1996)。一个例子就是新达城的“财富之泉”，据称它是世界上最大的人造喷泉(见图2.26)。

图2.26　新达城吉祥的“财富之泉”。

据一份宣传册的说明，这个喷泉“散发着由于强大的负离子的存在而产生的强烈的正能量”。水通过喷泉的循环模仿了资本通过附近建筑的循环。确实，把右手放入泉中并顺时针旋转三次据说是幸运的，不只可以增加一个人的财富，而且也增进他的健康。不止于此，喷泉“象征”永无止境的圆满和团结，一种加固了新达城金融投资基础的团结。新加坡风水设计的其他例子包还括乌节路（Orchard Road）上的一些百货商场，比如义安城（Ngee Ann City）和伟乐坊（Wheelock Place）等。

通过把物品根据特定的原理摆放，据信世界的能量（“气”）可以被控制，去创造更好的——或更差的——栖居（也就是居住于其中的）环境。朱莲丽（Lillian Too）解释说：

> 把“魔法”看做是能量、生命力或者是化生万物的气，在个体的内部和环绕着他们的环境中创造了超乎一般的变化。想象能够去捕捉、储存、积累和控制气，使之形成启迪和改善生活的方方面面的巨大的、发光的能量。(Lillian Too，2001，page viii)

风水是一套更为全面的道家信仰体系的一部分。在这个体系中，有一个基本信仰，这就是宇宙是由两种元素（物质）构成的：一种称为“阴”，另一种称为“阳”。在这一宇宙学说中，一切事物都可以被分为要么是阴、要么是阳的元素。因此，地球与月球是阴，而天空和太阳是阳。阴和阳也被性别化为女性和男性。在任何生物生命的存活中，只要有元素的失衡，就会有害于它们的幸福与健康。因此，风水的技艺就是调节平衡。然而，平衡不是简单地通过阴和阳各占一半的混合来达到的：里普表明了空间的组织结构都必须被考虑进去。设计必须考虑

> 物理地形、气候条件、地理位置等等。例如，在北京，寒冷的、带有沙尘的风来自北方，把建筑物的窗和门朝南，并加固北

面的墙体以抵御风沙和寒冷是有利的。(Lip，1997，page 11)

这可能有些像是常识，但重要的是要注意到，这种特殊的魔法是常见的和实用的（有点像伏都教，只是具有一种良好的声誉）。风水的空间运作还包含一种物质的和形式的哲学。有五种物质：木、火、土、金和水。这些元素中的每一种都与它的方位、季节、气候条件、颜色、动物、面部部位、人类特质和身体部位相互联系。因此，木与东方、春/夏、风、绿色、山羊、眼睛、愤怒和肌肉联系起来；而土则与中央、秋、水分、黄色、奶牛、鼻子、思考与肉体相联系。每一种元素的每一个侧面（比如眼睛或是鼻子）都是由阴或者阳构成的。这种摆放的艺术必须评估这些元素和它们的性质，通过特殊的方式把元素调和起来，以便达到阴阳的平衡。推究各种事物的正确摆放位置是一种极其精致的艺术：一招出错则满盘皆空，就像是在智力拼图玩具中的情况一样。

要确定各种物件的恰当摆放位置，留意其发展是有趣的：

风水的两个流派：一个使用器具和计算的方法，而另一个则依赖地形勘测和既往经验。(Lip，1997，page 20)

在某种意义上，这回应了西方思想中科学与魔法的分裂。就计算的方面而言，朱莲丽（2001）向我们表明，建筑物的方位、建筑物内部的分区（使用一种空间格栅）以及各分区之内物的摆放何以可以得出一个数值。因此，这个数值可以被用于评估任何空间之内物件摆放的平衡，无论其空间规模大小（房间、家宅、邻里、城市）。就更具经验性的方面来说，各元素——如方位——都有顺利的和不顺利的定位。能使各种物品获得正确位置的，只有经验，而不是科学。空间的魔法确实可能是从对物的意想不到的直觉布置产生的。

运用这个体系，也有可能辨认出建筑物中各种不同的元素，并因此而确定可能需要去做些什么来改善它们在宇宙能量系统中所处的位置。换句话说，风水不只是设计、空间运作的一种手段，也是一种诊断方式，它能够解释世界上事物的现存影响。例如，每一种元素都是与形状相联系的：木与矩形相关；火与三角形相关；土与正方形相关；金与圆形相关；而水与流线型相关。因此，人们可以以金丝雀码头（图 2.27）这样的一座建筑物为例，参照它的矩形（木）与三角形（火）的元素、它的方位以及环绕着它的水的性质，来评估它按照居住的要求是否被放在了有利的或不利的位置。

图 2.27　金丝雀吉祥的码头区，20 世纪 90 年代早期的景象。

从原则上说，风水暗示，只有五对元素的组合是有利的：水与木；木与火；火与土；土与金；金与水。与此同时，每一元素必须具有特定的形式。因此，建筑物附近的水，如果是海，必须深，如果是湖，必须静，而如果是池塘，必须清。如此等等。在这一基础上，金丝雀码头确实极佳，它很好地组合了诸种元素并且环水。然而，它的入口面对西方并且远离水。据说这一点不太吉利。

城市与建筑物都曾按照风水来设计。在中国的城市（如北京的紫禁城）或是比如新加坡这样有浓厚的中国影响的城市中，情况尤其是如此。而且，风水还可以充当一种对居住环境是有利于还是不利的诊断。风水利用背后的动因是乌托邦式的，是按照把城市尽可能建造成一个有利于富足与繁荣、和谐与平衡的创造，有利于它的居民的愿望来进行的。但是，魔法信仰和实践在城市的传播并非总是打算惠及所有的人。实际上，魔法的魅像为一些人提供了机会，去隐瞒他们所造成的伤害，无论是通过把他们的实践推向神秘学的全球化，还是通过隐瞒他们在其他地方的暗影中所做的一切。魔法信仰和实践的全球化后果可能是极其危险的。

2.7 伦敦与魔法的全球贸易：康复的高昂代价

2001 年 9 月 21 日，侦探们称其为“亚当”的一个年轻男子的躯干，被发现漂浮在伦敦的泰晤士河上。尸体解剖发现，亚当可能是由颈部的伤口致死。他的四肢与头部在他被杀之后已被移走。对该男子腹中物的详细的法庭分析，发现的物质——花粉和食物——说明这个男孩是刚刚到达伦敦的，并且可能是来自非洲。更加令人担忧的是，在 12 月份，侦探们透露，男子较低位置肠道中的石英、黏土颗粒、粗糙的黄金和骨物碎片似乎是某种“魔法药物”，因此，他们说，这个男孩有可能是仪式杀戮的受害者。他们补充说，魔法药物中还包含着一些不能辨认的植物性物质。

英国警方表达了对可能位于这样一种野蛮行为背后的文化和信仰的不理解。与此同时，英国的报纸也表达了侦探们对亚当这起谋杀案的恐惧（参见比如 Vasager，2002）。共同的假定是，这是一起与南非“黑人”魔法有关的魔药谋杀案。线索是黑色的南非人曾经偷运一个年轻男子到伦敦，仅仅为了谋取他们自己的个人盈利目的而把他作为献祭品。所以，在 2002 年 4 月 14 日，侦探们长途奔赴约翰内斯堡，去和处理过仪式谋杀案及其他与巫术相关犯罪经验的警察交谈。英国的侦探们还咨询了魔药和魔药谋杀方面的其他专家，并且察看了约翰内斯堡的 Mai Mai 市场（图 2.28）和法拉第中心的魔药市场（图 2.29）。

图 2.28　约翰内斯堡 Mai Mai 市场的一家魔药商店。

与南非假定的联系

可能不只是根据亚当的“非洲人”腹中物这一基础推断出来的。英国的侦探早已了解南非北部省份的巫术谋杀（借用巫术和通过巫师）情况，也了解约翰内斯堡作为一个世界范围魔药交易最重要中心的名声。① 事实上，南非警方常常会因怀疑出售人体器官而进行突然搜查，并且逮捕魔药交易商。例如，2002 年 5 月，一名索韦托妇女因涉嫌在法拉第市场出售一只人眼而被指控之后，不得不隐藏起来。然而，很多情况下，这些人体身体器官原来都是黑猩猩或者灵长目动物的，当然，猴子被杀并被当作人体器官来销售，这一事实也并不能令人感到欣慰。当英国警察穿行在约翰内斯堡的魔药市场的时候，他们也会看到许多动物的身体器官（图 2.30）以及大量的草药、树皮以及其他植物的提取物（图 2.31）。

图 2.29　约翰内斯堡法拉第中心一条高速公路之下魔药市场。

图 2.30　法拉第中心的动物魔药。

大部分的魔药交易是用于医疗目的。对大约有一半被划为“贫困”阶级的南非人，以及对其中被划为“非洲人”（也就是黑人）的 95%

① 例如，2002 年 5 月，有一个男子因杀害了一位 52 岁的男子并砍下他的头颅放入魔药中而在约翰内斯堡的克鲁格斯多普被逮捕。事实上，众多南非警力都建立了专事与魔药相关犯罪的组织。参见 Niehaus，2001；以及 Ashforth，1996 和 Niehaus with Mohlala and Shokane，2001。

图 2.31　法拉第中心的植物魔药。

的人来说，魔药是上千万人的健康保护的一个主要部分。因此，它发挥了魔法的古典功能之一：它提供了防护和治疗，价格低廉并使用顺势疗法（参见 Ashforth，2001）。事实上，魔药交易是广泛的，并且构成了南非非正式经济领域的一个核心部分。在相关研究中，哈利普里亚·朗恩曾认为，“有不止一百万的家庭参与了对树根、树皮、块茎植物以及超过 500 个植物种属的茎干的搜集”（参见 Haripriya Rangan，2003，page 2），并带着这些物品从南非各地来到约翰内斯堡。值得注意的是，魔药交易主要是一种以妇女为中心的经济。如果说魔药是区域经济的一部分的话，那么，它也是跨国——并且可能是全球性的——经济的一部分。

在南非，注意到以下的事实是重要的，英国侦探也咨询了克雷多·穆特瓦（Credo Mutwa），一位广为人知并受到尊敬的先知（sangoma）①。了解了这个案件的详情之后，克雷多确认，这个男孩一定是献祭仪式的一部分。他解释说，在仪式中男孩的血可能被从他的颅腔中抽干。男

① 在南非传统的医药领域，先知（或者是 izangoma，即“治病的术士”）的角色是占卜。他们决定一个人的病疾是来自身体还是来自精神。如果是来自身体，病人就去找医生（izinyanga），或是草药医生，使用魔药治疗。如果是如着魔之类的精神疾患，则取要驱魔之类其他治疗方法。值得注意的是，在上文伏都教讨论的背景之下，这些信仰和实践与主要是在西非的伏都教没有关系。

孩的手指被用于符咒，而他的骨头则会被挤压成糊状，给人注入力量。克雷多补充道，献祭可能与海神或水神有关（因为身体被发现在泰晤士河上）。最后，这个男孩被发现时穿着橙色的短裤，克雷多认为这是“复活仪式”，所以，他推断，杀害亚当的人有可能是近亲属。克雷多·穆特瓦的结论是，仪式——实际上是男孩的身体——从性质上说不是南非的，而可能是西非的，更可能是尼日利亚的①。尽管如此，侦探们还是返回了英国，他们相信情况并未明朗。2002 年 4 月 19 日，纳尔逊·曼德拉向伦敦和（南部）非洲人民热情呼吁，请他们前来提供能够确定亚当的身份及其杀害者的信息。

在侦探返回的 6 个月之后，因缺乏进展——这是一种既掩盖又催生了关于伦敦的非洲人种族主义动机的断言——而受挫的《每日快报》（*Daily Express*）独自发起了对亚当案件的调查。2002 年 11 月 3 日，该报的专题报道记者保尔·史密斯（Paul Smith）公布了他的发现。他已经追查到了两名居住在伦敦并且公开施行法术的“巫医”。标题是具有轰动性的：

> 把被屠杀孩子的手指作为伏都教性法术的巫医。（2002，pages 18 - 19）

保尔·史密斯开始了他的揭发：

> 一个伏都教药师正在为在英国的黑人魔法打上邪恶的烙印，他把孩子的断指作为符咒。在仪式上被杀害的非洲孩子身上的一块肉，卖到了 5 000 英镑，并被制成了能赋予佩戴者“不可思议的性能力”的令人毛骨悚然的吊坠。（2002，page 18）

《每日快报》的记者继续写道：

---

① 有关西非的伏都教（Vodhun），参见 Lovell，2002。

修习伏都教的“非洲巫师”的数字在过去的12个月中快速增长，刺激了对人肉的需求——这种交易既发生在从尼日利亚、加纳和南非偷渡到英国的活着的孩子身上，也发生在他们的被肢解过的身体器官上。(2002，page 18)

这样的叙述让我想起了弗兰兹·法农（Frantz Fanon）的痛苦观察，通过白人的反应，他发现作为黑人的自己“受到了非洲鼓、食人肉、精神缺陷、盲目崇拜、极端缺陷、奴隶船”和所有其他骇人听闻的与非洲人相关的老套的不断的打击（1952，page 112）。这些固有成见自法农写作的时代以来，显然没有消失：在这种混合观念中，《每日快报》又加进了巫术，还有虐待狂式的仪式以及孩子的谋杀者。这份报道总结道，好像是对非洲野蛮主义的确认，对亚当的仪式谋杀已经极尽痛苦地强化了魔法的威力。

尽管声称伏都教大爆发，《每日快报》却只能追查到两名巫医，其中的一名只是出售了符咒的解药。另外一名巫医最终被查明来自尼日利亚：有人引述他的话说：“如果你想毁掉一个人，你可以使用伏都教魔法，但你也可以永远把伏都教用于爱的目的。”（page 19）《每日快报》无视这个表述的含混性，也无视把伏都教用于爱的用途的训谕，着手建立反驳这个巫师的详细证据，并把约鲁巴人的仪式与亚当谋杀案联系起来。《每日快报》还把矛头指向了在比利时和法兰克福的多起伏都教仪式谋杀案。在他们的新闻调查中，并未出现新的线索。然而，尽管《每日快报》试图让魔法显得怪异、有害和危险，它却并从来没有走得那么远。在揭露伏都教报道的前一个页面中，《每日快报》登载了一则故事，讲述的是为了庆祝最近的影片《哈利波特》的发行而举行的由咒语控制的晚会（page 17）。

2002年9月，警方披露，亚当腹中“魔药”的法检仍在进行之中。骨质分析表明，亚当来自尼日利亚西南部的贝宁市和伊巴丹市周围的地区——与克雷多·穆特瓦在9个月前的推断非常接近。与此同时

（后来才被披露），那些神秘的植物物质被确认为毒扁豆（calabar bean）。这种罕见的豆类被用在西非的巫术中，并且可能是在亚当被祭献之前用来使之麻痹的。2002 年的 12 月，格拉斯哥警方采访了一位被他们认为是关键证人的女性。她随后被驱逐到尼日利亚。2003 年 7 月，都柏林警方逮捕了山姆·昂诺吉格维（Sam Onogigovie），他据说是那名格拉斯哥女人已经分居了的丈夫。据信，他是亚当的近亲，可能是他的爸爸。昂诺吉格维如今将要被引渡到德国，因与那里的一桩类似的罪案有联系。在 2003 年 7 月 29 日的凌晨搜捕中，大约有 200 名伦敦警察官员逮捕了与昂诺吉格维有关的 21 人，警方相信，这些人是儿童走私集团的一部分。警方宣称，这个集团不只把亚当带到了英国，而且还涉嫌参与了从西非到欧洲的范围极广的人口——尤其是孩子——非法交易。

亚当的案件不只表明魔法有其自己的全球化种类①，有其自己的城市联系方法，而且，这些神秘的全球化形式可能会给人们、尤其是给那些最易受到攻击的人们带来可怕的后果。存在着一种人体器官的全球交易，这是广为人知的，但是，却很少有人知道，魔法可能与下列问题有很大的关系：什么事物和什么人，将为什么目的而去向何方。

2.8 结语：城市、谨慎的愿望与神秘学

我家当地的书店挂着一幅巫师的题字。放入我邮箱的一份传单提供了芳纳教授的服务内容，传单上许诺，他是“一名天才的精神治疗师……使用的是神秘科学（occult sciences）和最具威力的符咒（原文如此）”。与此同时，一座当地的基督教教堂（它的资金来自巴西）也（在过去四年时间里）为任何有需要的人提供驱魔服务。魔法的魅像可以在城市的一切地方找到。即使如此，它在某些地方比另一些地方更

① 有关全球化和巫术的论述，也可以参见 Comaroff and Comaroff，1993；以及 Geschiere，1998。

常见。通过追踪城市中存在的魔法现象，我已经能够既传达出城市魔法信仰和实践的进展情况，也传达出了城市内部魅像化场所创制的情况，这是一些能够促生新的魔法和新的实践制造的繁衍之地。城市魔法已经把城市当作一种宇宙学和一种发展信仰与实践的资源来使用，尤其是当它们使自己适应了城市生活的时候。

最初，我通过追问罗伯特·帕克假定魔法中的信仰与城市生活针锋相对的观点是否正确来引起本章的论述。对这个问题的探究引出了多个方向——从纽约到海地，从海地到新奥尔良，从金钱到公司经营实践，从风水的设计原理到财富的喷泉，从魔药到谋杀。每一次，帕克对于城市将会战胜魔法的信念都被证明是站不住脚的。实际是完全相反的。城市不仅是一个魔法产生的地方，而且在城市里科学也无法与魔法相区别——它们拥有明显相似的信仰和实践，无论是在建筑设计还是在公司原则方面。这与齐美尔和弗洛伊德的观点更为相符，他们两位都能看到，城市和现代性并不能摆脱其对魔法的信仰——无论这信仰来自金钱还是来自其背后可见世界的权力。然而，齐美尔和弗洛伊德也都相信，现代性是与魔法对立的。这种对魔法的更具怀旧意味的观点也被证明是缺乏证据的。魔法魅像在城市的兴旺——无论是在新的魔法形式的创造方面，还是在把自身融合于既存信仰方面——包含着精于计算的、科学的理性。

魔法揭示了作为一个新观念、新信仰和新实践生发之地的城市是如何运作的。在城市之内，特定的处所充当了魔法流动的节点。正如瓦尔特·本雅明注意到的那样，因其允许跨越不同的世界，临界空间使人与物之间的新型关系得以出现。它们可能以巨大的强度去完成这一切。刚果广场表明，特定的临界空间变成了新的魔法形式——新的历史——可以被创造的地方。伏都教也告诉我们，这些临界空间可以包括被仪式创造出来的当代空间，甚至是面对着天主教大教堂（对比一下图 2.17 和图 2.25）。因此，伏都教恰恰表明，越过城市可见的领域，在最易受到伤害和压迫的边缘空间，在强权的鼻子底下，魔法如何能够运行。

我们可以看到，在上文所描述的所有魔法形式中，有一种观念之潮流穿行于城市。我曾经暗示过，比如说，存在着一个伏都教的大西洋。其他的人也曾主张，风水在当今也有一个全球化的范围，影响所及不只是在内部设计方面，而且还有建筑的跨国设计，包括新加坡的众多声望显著的项目。伦敦的魔药谋杀案显示，并非所有这些魔法传播都有良好的——或者说实际上是很容易被轻视的——后果。从这些故事中，我们对于魔法带给城市的神秘影响，以及其传播、遭际和互动，有了非常不同的理解，而这一切直接对于城市的文化与物质形态具有直接的影响。有一种可以描述这一切的新的空间语言。诸如排列、座次、位置、朝向、衔接、临近这些术语，都有助于我们评估城市中事物的特定组合如何会给城市生活带来直接的影响。

并非所有的观念都会得到传播并且让其他地方的人发生兴趣，但是，城市却是观念持续传播和躁动的地方。尽管其历史明显不同于伏都教，魔法和巫术在当下的流行是这一说法的另一例证。在现代城市中，激活魔法世界并试图制造魔法后果的信仰和仪式，对人们来说依然重要。通常情况下，很难在科学、宗教和魔法信仰之间做出区分。借助魔法，城市生活被揭示为一种信仰体系的魅像，全部是相互掺杂的：人们相信汽车和通勤、自动提款机和手机、电梯和自动门、庙宇、教堂、犹太教堂、清真寺和路旁的神龛。人们相信现代性的魔幻现实主义，也相信日常生活中平淡无奇的彩票。

魔法说出了那些不再被经常谈起的隐秘的愿望：幸福、繁荣、好运。即使如此，我们应当牢记与用魔法的手段获得愿望的满足联系在一起的警告：我们必须当心我们想要的东西。而且，我们必须当心我们向谁表达愿望以及是谁为获得满足的愿望买单：我们必须记住亚当。城市充满着各类企望：愿望、需求、欲望、渴望、憧憬、幻想。城市向其居住者展示的一个侧面就是满足感：在这里，你将会发现所有你想要的东西。然而，对于任何召唤来欲望的人而言，这座城市也会让希望破灭。它把这一切做得如此彻底，以至于城市居民已几乎不会被这种经验所困扰。相反，他们在失望之中生生不息：城市中各类事务的持续失败，给人们带来了他们的承诺或是他们的渴望。魔法中充满承诺。它提供了一种控制和影响各类事物的手段，这是用其他方式所不能达到的。但是，魔法也充满了危险。因此，在城市生活中，魔法让我们感受到了一幅艰难与幸运、失望与希望的风景。

借助魔法的魅像，城市居住者所表达的愿望和欲求、焦虑和恐惧，形成了意象，形成了信仰、仪式、实践，形成了法术、祈祷和符咒。魔法的信仰和实践在城市传播，与其他信仰遭逢，并被其他信仰吸收同化，因此，对于魔法的总体理解甚至可能渗透了整个城市生活。正如我已经表明的那样，这种对存在于可见领域背后的魔法的理解，通常是与诸如吸血鬼和幽灵形象中的信仰联系在一起的。然而，这并不是转向吸血鬼和幽灵的原因。

在以下的两章中，代替对城市生活中魅像的一般意义的考察，我将把分析的焦点放在两个社会形象之上：吸血鬼和幽灵。这两个形象都是与城市生活的魅像联系在一起的，然而，通过对这两个形象的集中关注，有可能显示它们本身如何充当了情感、意义和权力网络的节点。每一个形象都创造了截然不同的城市地理和历史，并且也被这不同的地理和历史所创造。——吸血鬼与僵尸（the undead）相关，幽灵与死者（the dead）有关。

在本章中，魔法让我们了解了与城市相联系的神秘学的传播和全球化过程。在多重意义上，这种纵贯城市的魔法幻象般的流动似乎是线性的，按顺序把一个地方和另一个地方联系在一起。吸血鬼也是与流动联系在一起的，特别是血液的流动。然而，追踪血液与吸血鬼的联系，使我能够突出这些流动中的非连续性和非线性关系。我们也已了解到，魔法是与强烈的矛盾心理联系在一起的，但等着看吧，直到你遇上了吸血鬼。

第三章　吸血鬼之城

在这里，血液自由流淌。

3.1　引言：城市的生命线

在这一章中，关注的焦点放在吸血鬼上：这是一个也许常常令人吃惊地出现在现代城市生活魅像中的形象。吸血鬼是一个具有强烈的矛盾情感的形象，处在经常是矛盾的情感、意义和权力网络的交汇点上。在想象以及流行的表述中，吸血鬼常常与超自然的力量、与流血和死亡、与僵尸和不朽、与大地和古堡、与贵族和棺材、与颓废和欲望、与愤怒和恐惧联系在一起。通过对吸血鬼的考察，有可能揭示出特定的恐惧和欲望如何被凝缩到、或者是被转移到吸血者的身上。这也就是说，要把吸血鬼当作现代城市生活魅像中梦幻般的元素来对待。但是，也有可能在吸血鬼经过城市并且出现于城市的各种魅像中的时候来跟踪它。比如说，吸血鬼与幽灵不同，它们可以在时空中极其自由地穿行，尽管据说它们是怕见阳光的。它们不仅被假定为具有超人的感觉和运动能力，它们还能够——在特定条件下——长距离地移动，或者是长时段地安于等待。对吸血鬼的追踪显示，它们已从城市网络的最偏远的区域转移到了城市的中心。事实上，我们将会发现，城市才是吸血鬼的理想家园。如果说吸血鬼的社会形象表现了城市生活的某些现实的话，最令人不安的含义之一便是，城市本身就是吸血鬼——吸吮着它的市民的血液。

吸血鬼的形象与饮血行为紧紧联系在一起。饮血——无论是人类之血，动物之血，甚或是上帝之子的血——现象绝非罕见。然而，它确实激起了一种反应，因为，血液与一种强烈的矛盾心理相联系。一方面，血液可以代表生命的基本构成。另一方面，血液又与死亡紧密相连。把自己与血液链接在一起的意义和权力常常会引起激烈的情感反应：血液的纯洁或污染常常是欲望或焦虑的根源，或者是欲望和焦虑的表达手段。然而，血液的意义和权力并不是普遍适用的，至少不是说血液在所有的时间和地点都具有同样的意义和同样的权力（参见，例如 Bhabha，1985）。也许，就血液而言，具有普遍意义的是，它被认为是重要的，它被认为是有特定权力和危险的。因此，艾滋病危机已经暴露出对血液的污染及其自由流动的循环状态的某种恐惧①。

弗洛伊德曾提醒我们，围绕血液所表现出来的强烈的矛盾心理，通过它同时与生命和死亡的关联，可能使之在社会和宗教的仪式中获得一种至关重要的地位。（Freud，1939，pages 156－157）。因此，勇士饮下被杀害对手的（人）血，不仅是为了获得力量，而且也为了恐吓对手。吸血鬼神话还揭示了血液的其他重要性质：血液就是热情，血液就是品味，血液就是生命②。血液也是欲望。但这欲望的对象并非总是清楚的。在科蒲杰克（Copjec）看来（1994，第五章），血液应被放在与焦虑的关系中来理解③。以这种观点看来，对于（饮）血的渴望就是对焦虑的一种逃离。

---

① 与此处所表达的观点相呼应的分析，参见 Browning，1998。

② 实际上，血液就是生命。2001 年 6 月，一个 25 人的吸毒团伙因非法卖血给印度德里和密拉特的血液银行和医院而被逮捕。

③ 遵循弗洛伊德的观点，参见 Freud，1926。

> 如果说吸血鬼令我们的心咚咚直跳、令我们的血脉贲张，并使我们的呼吸紊乱，这不是因为它把我们放在了与那些影响了我们的物以及人——那些他者——的接触之中，而是因为它以一种缺席者的缺席（an absence of absence）——一个他者——与我们相遇，这个他者威胁要让我们窒息。(1994，page 128)

吸血鬼使人们感到惊恐，因为它体现了被压抑的恐惧，因此，它使人们对自己感到陌生。在科蒲杰克的拉康式解释中，对于血液的欲望使人们遭遇到了与缺席有关的焦虑，这是一种（就其本身来说）无法辨识的缺席①。按照这些术语指示，吸血鬼体现了一种真实界突入象征界的暴乱；或者换一种说法，是被压抑的无意识焦虑回归到了意识状态②。科蒲杰克的令人吃惊的结论是，与吸血鬼有关的无意识焦虑是对母亲乳房干瘪的恐惧（Copjec，1994，page 128）。在从脖颈把血吸干的过程中，吸血鬼体现了——通过临近性和相似性——孩子对母乳的无法满足的欲望。这种说法是有道理的。科蒲杰克至少注意到了吸血鬼啃咬动作的梦幻般的特质：吸血鬼把受害者放在催眠般的掌控之下，有时看上去犹如在梦中一样，如此说来，吸血鬼和受害者为什么不该是都在梦想着乳房呢？

在厄内斯特·琼斯（Ernest Jones，1931）看来，这个故事完全是诡异的。吸血鬼的出现是以对于死者的强烈的矛盾情感为基础的。吸血鬼的复活，以及它对生命的索取，与害怕死者会怀有伤害生者的恶意有关（这是一个我们将在第四章中重新提起的故事）③。正是由于这个原因，吸血鬼才如此具有虐待狂的特征：它们尖利的牙齿深深咬住

---

① 这与没有能力识别一种不在场的对象有关。这个表述的原型是阳具(phallus)。

② 参见齐泽克（Zizek），1989。

③ 2000年8月，在伦敦的费兹罗维亚，一名男子自己从屋子的二楼窗户跳了下来。精神专家们告诉审讯者，这名男子相信，他正在被吸血鬼追赶。

生者，缓慢却又不可阻挡地从他们的身体中吸取了生命。在琼斯看来，女性被吸血鬼强奸也需在这个脉络中来理解。在这个版本中，吸血鬼最好被理解为不死者（the undead）或是恶魔，而不是一个吸血者。这些精神分析学的解释所揭示的是，吸血鬼形象是由多种因素决定的，无论是作为一个吸血者，还是作为不死者。并且，从心理动力学意义上说，这个差别具有重要意义：吸血鬼的身上被附加了恐惧的情感，由爱生恨的情感，一种渴望转移到另一个人身上的负罪感，施虐和耻辱的情感。

ISLINGTON Gazette
ISLINGTON'S BIGGEST-SELLING LOCAL NEWSPAPER
ONLY 20p THIS WEEK
WIN A £1,000 CASH PRIZE!
WIN A £1,200 French holiday!
VAMPIRES SHOCKER
Secret cult followers drink each other's blood
Ewan McGregor's gunning for success
VAT FREE

图 3.1 吸血鬼骇人听闻。
来源：《伊斯灵顿公报》。

也许是因为他们的关注重心是焦虑和恐惧，所以，不管是科蒲杰克还是琼斯都没有把欲望看做是吸血鬼①。在科蒲杰克和琼斯看来，吸血鬼是一个恐怖的形象，而不是任何人能与之产生认同感，或者是渴望仿效的对象。然而，有证据显示，在某些人看来，成为一个吸血鬼的渴望是令人陶醉的。为了传达这种渴望的感受，此处讲一个吸血鬼杀手的故事：这是些吸血并希望（因此）而变成吸血鬼的杀

① 2001 年 11 月，《格言报》（*Epigram*）报道，一名前布里斯托大学的秘书可能是布里斯托第一位自己承认的吸血鬼。这位前任秘书为自己重新起了个名字，叫拉科洛克斯，她承认喝过人血，从自愿奉献者的血，到沉睡在丝绒棺木中的人的血。做一个吸血鬼并不容易，她坦承：“有些事情你是不能做的。度假，去海滩，并且连购物这样最简单的事情，都是一个噩梦。”（摘自 page 5）

手①。这个恐怖故事准确表明了吸血鬼传说的危险所在。

2002年1月31日，伦敦《伊斯灵顿公报》（*Islington Gazette*）刊登了警示性的头版的新闻标题：吸血鬼骇人听闻。秘密宗教追随者互饮对方血液（图3.1）。

报道开头说：

> 一个秘密的“吸血鬼”群体正在伊斯灵顿的酒吧和夜总会之内活动。沉迷于喝人血的男人和女人们在伊斯灵顿的各个场馆相聚。之后，他们让其他的吸血鬼——或称“红面吸血鬼”（sanguinarians）——通过静脉来喝他们的血。（2002，front page）

一幅插图披露了曼纽拉·鲁达（Manuela Ruda）摆出手部动作（一个像是德克萨斯喇叭的手势）的照片。在这幅图片的下方，说明文字暗示了《伊斯灵顿公报》感受到的真正恐惧之所在：

---

① 这些还不是最近仅有的吸血鬼杀手。2001年11月24日，在北威尔士的安格尔西岛上，17岁的马修·哈德曼将90岁的玛贝尔·赖勋刺死在她的家中。此后，他掏出她的心脏并把它放入炖锅。他把火棒放入尸体旁边的一个十字形饰物和一个烛台中。然后，他喝下了她的血。他相信，这个仪式将会把他变成一个不死的吸血鬼。在法庭审判中，作为证据的一部分，警方出示了哈德曼访问吸血鬼和吸血鬼/献血者网站的电脑记录。在哈德曼走上法庭的那天，各报都报道了3名男子和1名女性在乌克兰因相似的罪名被捕的消息（关于这两个故事，参见Getty，2002，page 7）。在2002年8月，哈德曼被宣判有罪，并被判处最低12年的刑期。在2003年1月，哈德曼的上诉被驳回。

2002年12月11日，22岁的艾兰·门齐斯在苏格兰西洛锡安的福尔德豪斯杀害了21岁的托马斯·麦克肯德里克。门齐斯告诉法官，他是在女吸血鬼阿卡沙的指导下进行的，这是安妮·莱斯的小说《吸血鬼女王》（和同名电影）中的一个人物。在杀害了麦克肯德里克之后，门齐斯喝下了死者的血并吃光了他的肉。在他的庭审期间，他声称他现在已经获得永生，并且是一个吸血鬼。2003年的10月，艾兰·门齐斯被宣判有罪，并判处最低14年的刑期。

> 她是伊斯灵顿第一位被介绍给崇拜者的吸血鬼。她在德国如今正面临一项谋杀指控。(2002，front page)

吸血鬼？在伊斯灵顿！2002年2月1日，大多数英国的全国性报纸都刊登了这则消息，丹尼尔和曼纽拉·鲁达被判定在西德的维滕谋杀了弗兰克·哈克特。案件的详情是令人震惊的。丹尼尔·鲁达选定弗兰克·哈克特为目标，因为他是一个温文尔雅的人，并且还因为他喜欢甲壳虫乐队。弗兰克在引诱之下回到鲁达的公寓，并在那里被铁锤击倒。之后，他被66次刺穿心脏。一个五角星形的图案被雕在了这个男人的胸部。哈克特的血液被收集在一个碗里，鲁达夫妇喝掉了它。根据《太阳报》(*Sun*)当红记者艾兰·霍尔的说法，在这些仪式完成之后，这对夫妇发生了“狂暴的性事”。《卫报》(*Guardian*)的约翰·胡珀(John Hooper)没有记录这一细节，但他报道说：

> 当警察破门进入公寓的时候，他们发现了一把外科手术刀仍然插在他的腹部，他的身体躺在一条横幅之下，横幅上写着“当撒旦活着的时候”。他们还发现了仿制的人类头盖骨和曼纽拉白天睡觉的一副棺材。(Hooper，2002，page 2)

丹尼尔和曼纽拉·鲁达被判定在2002年1月31日谋杀了哈克特，并分别被判服刑15年和13年。在审讯期间，鲁达夫妇并未表示忏悔，相反，他们仍在顽抗。然而，英国新闻界却开始为曼纽拉声称她居住在伦敦时所干的一切而担忧。根据胡珀的报道，曼纽拉的陈述招来了“英国古怪的地下神秘团体的幽灵”(2002，page 2)。情况似乎是，曼纽拉的吸血鬼幻想开始于伊莱克特罗沃克兹(Electrowerkz)夜总会，她当时正在那里参观哥特主题的夜间活动，并且也访问了在(声名狼藉的)邪恶花园(Torture Gardens)虐待狂俱乐部举行的吸血鬼专题的夜间活动。事实上，邪恶花园好像是最受欢迎的一个吸血鬼与献血者的聚会地点。根据新闻报道，伦敦的吸血鬼有很多种聚会方式，包括通过诸如吸血鬼联络会这样的组织形式以及众多的网站等①。仿佛“城市的惊魂之夜”正在紧张地制造着“夜间的生物”：确实如此，伦敦的夜晚是特别凶险的，充满了黑暗的勾当和阴暗的形象②。

伦敦并不是唯一拥有秘密的吸血鬼文化的城市。正如我们将会看到的那样，吸引吸血鬼关注的主要城市之一是新奥尔良，但是，据报道，这样的群体也存在于包括纽约在内的许多大城市。吸血鬼未必一定要被吸引到城市来，可是，如路易斯·沃斯（Louis Wirth，1938）曾指出的那样，明显的是，城市为人们提供了新型联系方式的可能性——并且，在这些新型的联系方式中，必定有产生吸血鬼这一身份的潜力。更重要的原因在于，吸血鬼已经从成人恐怖电影转移到了儿童节目和晚间电视节目（例如，《吸血鬼蒙纳》，*Mona the Vampire* 和《僵尸终结者》，*Buffy the Vampire Slayer* 等节目），随着这些节目的播出，吸血鬼已越来越为人们所熟知。（图 3.2）

图 3.2

一些电视节目中的吸血鬼甚至并不都是那么凶恶：比如，在《天使之城》（*City of Angels*）中，天使把人们从（它们自身的）魔掌中

① 有时候，他们甚至会组织一日游，比如去参加伦敦公墓的开放日活动。

② 有关伦敦的恐怖夜晚，参见 Schlör，1998。

拯救出来。明显的是，吸血鬼不再只是令人恐惧了，也不再是一个恐怖角色（尽管有冷酷的吸血本性）。在这些银屏形象中，吸血鬼已经“金盆洗手，改弦更张”。穿戴着当代的装扮，它们身上有一些迷人、神秘和美丽的东西。甚至吸血鬼命中注定的（冷漠无情）也会带给它们一种优雅的感觉。明显的是，它们对于十来岁孩子的幻想是十分合适的：权力与性，死亡、夜晚与流血①。不论它们有多少伪装和掩饰，吸血鬼仍然是一个重要的文化符号。吸血鬼也许还没有在城市或者郊区活动，但它们无疑早已来到了城镇。

在许多人看来，吸血鬼仍然是一个恶魔，被它对（人类）血液的渴望所奴役。它们不知餍足的渴求使之变得残忍，暴虐。可怕的是，它们还能够通过让受害者吸自己的血，而把他们“变成”自己的翻版。因此，吸血鬼是一个既杀戮又提供永生的家伙。在这两种意义上，吸血鬼都是一个拥有超自然力量的形象。吸血鬼身上也就因此而存在着某种非常有魅力的东西。它们是美丽的，力大无比的，而且能够永生不死。虽然具有这些奇异的特质，吸血鬼又是人们非常熟悉的：它不是一个恶人，而是超人。难题在于：如果说在吸血鬼身上、在我们中间希望屈服于吸血鬼——要成为吸血鬼——的那部分人身上有某些吸引人的地方的话，那么，人以及城市，也不得不找到与吸血鬼相处的方式。

对吸血鬼的追踪——与对伏都教的追踪非常相像——将使我们得以看到城市的某些面相：被种族化了或者以其他形式体现于陌生人身

---

① 一个在电影《地下世界》（*Underworld*，2003）中反复出现的形象。《地下世界》对（人类）罗密欧与（吸血鬼）朱丽叶的叙述，涉及一场“阶级”之间的战争：一方是有贵族气派的和没落的（并且是这样迷人的）吸血鬼，而另一方则是精巧的和诚实的（并且是性感到如此地步）狼人。值得关注的是，吸血鬼既是男性又是女性，但却很难发现女性的狼人，因此，自然也不会有女性狼人在改编的过程中被加以描写刻画。意味深长的是，这部影片以布达佩斯为背景，它既增加了东欧城市的新奇，又接近于对特兰西瓦尼亚（Transylvania）的想象。

上的欲望和恐惧；对死的恐惧，对生的欲望；与时间和空间接触的需求；各类事物在拥有不同时间性的城市里的循环；以及城市生活的猛烈撕咬。在本章中，我将让吸血鬼这个形象穿行于有关城市的某些观念之中，让这个形象出入于在城市内部循环并相互融合的多重世界——全球化、帝国、世俗世界。

首先，在第3.2节中，我会提供一个吸血鬼灾害的简史。在不同的大陆（大洲），不同的时期，吸血鬼灾害从帝国的最边缘地带向中心蔓延。仅是这类故事的数量就足以提醒我们关注吸血鬼在帝国魅像中的意义，但是，这些灾害也越过了时间和空间，因而传达了对于吸血鬼流动性的一种感受。最终，吸血鬼到达了帝国跳动的心脏，到达了它们大都市的中心地带。在第3.3节中，我将考察布莱姆·斯托克（Bram Stoker）在其著名作品《德库拉》（*Dracula*，1897）中所描写的循环在伦敦的多重世界。我尤其感兴趣的是血液和技术，因为这两者创造了新的（恐怖）地理学。这一分析引出了第3.4节对于血液和永生的恐惧如何在维多利亚时期的城市中得到强烈表达这一问题的探讨，这种表达部分是通过在街道上清理血污的描写，也通过一种对金钱流通的不朽性的理解。不只是金钱，还有欲望也在城市里流动。在第3.5节中，我指出，布莱姆·斯托克对吸血鬼的探索引发了我对马来人有关庞蒂雅娜（pontianak）——捕食无戒心男子的女性吸血鬼——故事的思考和借鉴。这些神话在现代城市之中持续流传。

女性并不是唯一美丽的、合意的吸血鬼。在安妮·赖斯（Anne Rice）的故事中，也有吸血鬼是有贵族气派的、华美的和注定要毁灭的。在这些故事中，新奥尔良引人注目，所以，这座城市为第3.6节和第3.7节提供了焦点。第3.6节考察了安妮·赖斯的《夜访吸血鬼》（*Interview with the Vampire*，1976），特别是路易斯变成吸血鬼的情形。路易斯常常表现出他的疏离感。他的归属感的缺失被其他吸血鬼当成了同情现代性和现代城市的表示。第3.7节展示了吸血鬼是如何变成新奥尔良生活的一部分的，部分是通过吸血鬼旅游，部分是通过吸血鬼故事：把吸血鬼引向城市心脏的故事。最后，我总结出这样一种看法，即城市本身就具有吸血鬼性质：这个想法强调了城市如何与吸血鬼共处的问题，而且还突出了城市汲取人们生命的能力。

我们可以在吸血鬼踏上它们不死的征途的地方，在（现今大都已消失的）几个帝国的边缘去追踪吸血鬼。

3.2 降临在西方的一场灾难：吸血鬼与帝国

吸血鬼本身似乎不需要做介绍——这个吸血的恶魔在很长一段时间里一直靠近我们的心脏。围绕吸血鬼的神话，在许多不同的地方，在许多不同的时期，采用了许多不同的形式。我不打算进行评论，甚至也不打算去把这些神话融入任何连贯的吸血鬼形象中。吸血鬼形态的各种变化有可能更加让人感兴趣。吸血鬼的形象仅仅是模糊的、幻影一般的；吸血鬼的威力却是多种多样的。但是，我们都知道，它们有尖利的牙齿，并且吸血——并且，它们还是长生的，若是就这一点来说，它们很难被杀死。实际上，吸血鬼与因处理不当而造成的死尸还魂的情形非常相像。吸血鬼影影绰绰的形体也都为人们所熟悉：黑色的披肩，受到催眠一般眼睛，以及尖利的白牙。克里斯托弗·李扮演的德库拉就是这个样子。

然而，德库拉绝不是第一个吸血鬼，无论是在文学作品中还是在真实生活中。在布莱姆·斯托克写出他的经典故事（我们在下一节还会回到这个故事）之前很久就存在吸血鬼。为了让我们了解一些背景情况，值得讲述一下吸血鬼的历史——这个背景将会让我们知道维多利亚时代晚期伦敦①的很多杀戮和恐惧。在克里斯托弗·弗雷林（Christopher Frayling）看来，“吸血鬼与世界一样古老”（1991，page 4）。他从许多神话中获得了这方面的证据，这些神话散布在从希腊到蒙古的古代世界中。弗雷林认为，大多数文化都有关于吸血或饮血的故事，吸血者要么是神、是那些神职人员、是怪物，要么就是人。他

① 有关伦敦曾是（现在还是?）帝国心脏的观念，参见 Jacobs，1996。

推荐说，对于当代的吸血鬼故事来说，约翰·波利多雷博士（Dr John Polidori）的《吸血鬼》（*The Vampyre*，1819）至关重要。然而，弗雷林对有关吸血鬼的各种“权威论述”的搜寻，也为吸血鬼多样的地理学提供了证据。这正是我所感兴趣的。所以，在本节中，我要以此开始，然后扩展弗雷林对17世纪晚期和18世纪遍及东欧的吸血鬼灾祸的讨论。

从17世纪中叶以来，东欧的大部分地区都已明白了吸血鬼灾难的可怕，不只是作为一个神话，而且是作为一个事实。弗雷林告诉我们，“这种灾祸的流行已经波及伊斯特利亚（1672）、东普鲁士（1710和1721）、匈牙利（1725-1730）、奥地利的塞尔维亚（1725-1732）、东普鲁士（1750）、西里西亚（1755）、瓦拉几亚（1756）和俄罗斯（1771）”，并且，仅是单个的吸血鬼就包括“基尔·格兰多（伊斯特利亚的克灵地区）、彼得·普罗哥杰维兹（塞尔维亚的基西洛瓦地区）、阿诺德·保勒（贝尔格莱德附近的梅德维吉亚）以及奥莫茨的吸血鬼（西里西亚地区）”（Frayling，1991，page 19）。同样地，在1931年，精神分析学家恩斯特·琼斯也注意到了这场灾祸中的一些情况，并且还提到了塞尔维亚（1825）和匈牙利（1832）的灾害；丹陲（Dantsui，1855）和罗马尼亚（1899）的吸血鬼恐惧；以及发生于1902年的匈牙利和布加勒斯特和1909年发生在南特兰西瓦尼亚的吸血鬼焚烧行动。

劳伦斯·里克尔斯（Laurence Rickels，1999）也同样确信，吸血鬼确实已经在我们中间存在了若干世纪。他引用了17世纪晚期臭名昭著的伊丽莎白·巴斯莉（Elizabeth Báthory）女伯爵的案例，这位女伯爵饮用同性恋者（consenting adults）的血：她还杀死了她的受害者①。对吸血鬼的恐惧导致了司法、医学和军事调查。里克尔斯发现，在1728年之后的15年时间里，就有超过40篇有关吸血鬼的论文问世。如果说在知识精英中对吸血鬼的存在还有疑问的话，那么，也确实有过吸血鬼存在的很好的例证。例如，弗雷林和里克尔斯都转向了多

① 参见Rickels，1999，page 15；也可参见Frayling，1991，page 69。

姆·奥格斯丁·卡尔迈特吸血鬼流行情况调查报告（Dom Augustin Calmet，1746）所提供的叙述。卡尔迈特的论文核对了众多有关吸血鬼的报告，包括“正式报告、报纸文章、目击者叙述和批评性文字”（Frayling,1991，page 92）。而且，根据弗雷林的说法，此书立刻就变成了畅销书。

卡尔迈特所讲述的最具典型性的吸血鬼故事涉及到彼得·普罗哥杰维兹（死于 1725 年），他是后来奥匈帝国治下的基西洛瓦村居民。普罗哥杰维兹尽管在大约 10 周以前已被埋葬，但他还是设法在 8 天的恐怖主宰期里勒死了 9 条人命。因为得到了普罗哥杰维兹遗孀的鉴别确认，村民们决定，他们应该掘出这个人的尸体并将之焚烧。为了实施这一计划，他们需要一份来自这个地区皇家官员和宗教监护牧师的法庭指令。官员和宗教监护决定掘出尸体以安抚村民。根据卡尔迈特的叙述，在调查中，他们发现彼得·普罗哥杰维兹的尸体：

> 没有发散出难闻的气味；除了鼻子尖之外，他看起来如同活着的时候一样；他的头发和胡须已经长长，而且，新的指甲已经长出，代替了他已经脱落的指甲；在他略显苍白的表皮之下，有一层新的皮肤，看起来健康而且呈自然的颜色；他的脚和手完全可以被看做是长在活人身上的。他们还注意到他的口中有鲜血，人们相信，这是吸血鬼从被他杀死的那些男人身上吸吮的。（Calmet，1746，page 101）

卡尔迈特的故事还没有结束。皇家官员和监护牧师与村民们的意见相同，普罗哥杰维兹确实是一个吸血鬼，所以，他们将一根刑柱刺入了尸体的胸部。此时此刻，大量的深红色的血从伤口、从鼻子和口中喷出。就像对待有吸血鬼嫌疑的案例时的常规作法一样，尸体在之后被放在了葬礼的柴堆上燃烧。事实上，这种处置方式在新奥尔良的吸血鬼灾难中也曾被使用过。恩斯特·琼斯（1931，page 412）报告说，1874 年，一名罗德岛人掘出过他女儿的尸体并将之焚烧。根据迈克尔·贝尔（Michael Bell，2001，page 64）的说法，她的名字叫露丝·艾伦·罗斯，而且，她绝不是一个孤例。事实上，贝尔记录了新英格兰地区1793年至1898年间的超过20起吸血鬼案例。尤其是在18世纪晚期，殖民地时期的美国似乎也遭遇了吸血鬼问题，主要是在欧洲殖民地的边缘。吸血鬼灾难并非只是一种东欧现象。

在路易斯·怀特（Luise White）的著作《与吸血鬼说话》（*Speaking with Vampires*，2000）中，她对殖民地时期的肯尼亚和乌干达的各种各样的吸血鬼恐慌作出了充分的叙述。特别是在20世纪30年代，人们认为，内罗毕的国家消防队卷入了吸血鬼事件。有人断言，他们绑架了人，把这些人带回消防局而且还吸干了他们的血：

> 对欧洲官员来说，这些故事是非洲迷信的证据，也是迷信经常造成动荡的证明。它是另一种没有根据的非洲信仰，其详情如何并不值得引起官员和观察者的注意。但是，对于在肯尼亚，或者是坦噶尼喀，或者是北罗得西亚长大的年轻的非洲人来说，在20世纪30年代，类似的情况是可怕的却又实际存在的事件，值得注意的是……除非被证明是虚假的，或者，故事的详情需要更正的时候。（White，2000，page 4）

在怀特看来，这些吸血鬼的故事并不仅仅是虚假的和非理性的，它们也是在英国殖民统治之下非洲人恐惧的合理表达。情况还不仅仅如此，吸血鬼还是一种诊断方式，它揭示了那一时期尚存于（英国的）非洲殖民地的权力关系。在这个时期和这种背景之下，非洲人不理解消防队、医疗从业者和警察对待人们的方式，但他们却知道他们是重要的和有权力的。消防队的防护服装和防水胶靴以及装备都是红色的。他们为什么穿着防护服和靴子？为什么这些都是红色的？这些消防局的内部都发生了什么？它们紧闭着大门，并且在消防车的下端还有一口深井。医疗从业者常常从非洲人身上取血：他们用那些血去干什么？在白人看来，吸血鬼言论是一个有确切证据的合理的假设：因为有那些（声称他们）逃出了消防队控制的人所提供的吸血鬼行为的充分的真实生活的证据，情况就更是如此。

吸血鬼的传闻越来越普及，不是因为某种前现代的或是对怪物的非理性的信仰，而是因为有可信的直接目击者，他们的经历不可能作为谎言和迷信（无论是可疑的非洲人，还是英国的殖民当局）而被轻易取消，而且，还因为这些故事“适应”了现存的权力关系以及殖民地内部的荒诞不经的心理剧。事实上，吸血鬼故事在许多不同的殖民地背景之下浮出了水面：在城市的内罗毕，在乡村的北罗得西亚，在预防采采蝇的活动中，在东部非洲的铜带省（White，2000，page 6）。这在很大程度上反映了殖民统治之下司空见惯的恐惧与那些地方原本存在的吸血鬼信仰相互交织的情况，并且特别反映了与血液相关的强烈的情感和意义。进一步而言，可以认为，血液的作用很像是梦思（dream-thought），因此，**血液运作**（blood-work）产生了一系列替代形象，它们可以代表血液（的获取）：例如，红的颜色。血液运作也能够使血液本身代表特定的意义：白人对非洲人身体的殖民榨取可以作为例子。殖民地当局花了很大力气去铲除这些吸血鬼故事，却收效甚微。毕竟，在国王乔治五世医院取来的血浆最终将被带到英国，并被用于看上去像是患了贫血症的国王乔治五世使用①，这证明吸血鬼的故事也并非荒诞无稽。

要是假定吸血鬼恐惧只是缘于非洲人的迷信或是非理性，或者认为这些故事可以简单地归因于它们的前现代或是非现代特质，那将是一个严重的错误。因为，吸血鬼也来到现代城市居住了，包括一个以帝国之都闻名的城市，19世纪和现代性的帝国之都——巴黎。在1857年，巴黎诗人波德莱尔记下了他与女吸血鬼的相遇②。他们的相遇被

---

① 关于贫血与吸血鬼，参见 Trigo，1999。有关医疗实践与吸血鬼的关系，参见 White，1995；以及 Haraway，1995。哈拉维（Haraway）还在血液、血缘和科学之间引申出一种批评性的关系。

② 亦可参见 Baudelaire，1857c。

色情化地处理了：她气味芬芳，她的“草莓般的嘴”，她的湿润的双唇。波德莱尔发现吸血鬼已变成了白骨（1857a，page 255，lines 21－25）：

> 被恐怖冻结，我紧闭双眼；
> 当我再次睁开双眼看那生命之光
> 却见身边再也没有了吸血鬼的身影
> 我皮下的血液曾把它养活
> 残骨犹存，依然格格作响……

有可能把这首诗读作是对令人苦恼的一段艳遇或是与妓女度过的一夜的叙述。这样的一种解释将会与本雅明把波德莱尔作为一个介入而又疏离于现代城市的形象来解读相互吻合①。在本雅明看来，这种疏离的魅力以及现代性色情和人群的象征性标志，就是波德莱尔的诗《给一位过路的女子》（*To A Woman Passing By*，1857b）。在这首短诗中，波德莱尔描写了身旁经过的一位美丽夫人。他们的目光一度相接。他们两人都知道，他们可能相恋，但他们再也不会相见。在这种情况下，吸血鬼是一个由多重元素决定的、同时指向若干方向的隐喻：指向城市中与女性的艳遇，指向对女性的恐惧，指向现代城市中色情与性的疏离。这种疏离通过波德莱尔睁开他恐惧的眼睛并看见吸血鬼只剩下格格作响的白骨的那一刻而表现出来。波德莱尔对吸血鬼变形前后的描述也有重要的意义。她是美丽的，有着湿润的草莓般的嘴巴和甜美的气味。我们将在下文中看到，这个女吸血鬼的形象可能起源于马来文化。

女性吸血鬼可以表现现代城市的性的恐怖，但关于吸血鬼的传言也传达了对于城市陌生人的恐惧。这方面的一个例证发生在20世纪60年代晚期的伦敦，恐怖故事导致了发生在海格特墓地（Highgate Cemetery）的

---

① 参见Benjamin，1938，1939a。

一次吸血鬼猎杀行动（Ellis，1993）。海格特墓地最著名的也许就是安息于其中的先贤们，其中就有卡尔·马克思。然而，根据埃利斯的说法，这座公墓至迟自19世纪50年代以来，也与神秘仪式和“黑人”魔法有关联（Ellis，1993，pages 14－16）。在20世纪60年代，这些仪式导致了一系列魔法恐怖，特别是与虐待儿童有关。英国神秘学会的肖恩·曼彻斯特认为，也是在这一时期，作为先前几起吸血鬼恐怖灾难的中心，伦敦西区成了一个来自瓦拉几亚的异乡人的家园，他是一个著名的吸血鬼（他可能就是德库拉?）。

受到伦敦吸血鬼故事的吸引，1970年3月13日星期五，一群吸血鬼猎杀者在海格特墓地的外围聚集（Ellis，1993，pages 23－26）。警察试图阻止人群进入墓地，但大约有100个吸血鬼猎杀者还是成功地突破了警察的防线，并开始在墓地寻猎。然而，吸血鬼早已无踪无影。尽管许多人把吸血鬼寻猎当作一个笑话，但根据埃利斯的描述，某些参与者还是极为严肃。对付魔鬼的工作不能掉以轻心。后来，在1970年8月1日，3个女孩在墓地中的一座墓穴外面发现了一具被燃烧的无头的女性尸体：它看起来像是一次吸血鬼杀人事件。这还并不是那一年中仅有的一次事件。在吸血鬼灾害的名单中，我们还应该加上1970年的伦敦。

因此，吸血鬼已经存在了相当长的时间，至少自神话和传说的时代起，据此而言，现代人依然生活于这些神话和传说之中。在上述例证中，重要的是要确认吸血鬼形象背后的合理性。这些吸血鬼故事的一个常见背景似乎是，它们出现于其中的社会环境都是脆弱的：无论这些社会环境是在帝国之间的连接地带，还是在帝国的边缘，抑或是在正处于某种危机之中的地区。权力关系，尤其是那些涉及知识传承的权力关系，明显是重要的：吸血鬼故事通常是弱者的武器，它充当了一种警示、一种诊断，并且也是对于行动的一种召唤。可能是出于这个原因，马克思经常使用吸血鬼的形象①。作为一种诊断，吸血鬼

① 参见Marx，1850，page 88；1852，page 242；1867，page 342。

形象直接显示了强权势力是如何以较弱的身体为生的。从比喻的意义上说，他们从弱者的身上残酷地吸干了生命的血液，尽管是以不太明显的方式。在这个意义上，吸血鬼也是一个社会形象，它使得强烈的感情得以发泄：例如，通过把一个以剥削和残暴为共性的制度变为一个可以辨识的并且可以打败的敌人，尽管这是一个虚幻的和令人恐惧的方法。

吸血鬼描绘了一个充满恐怖的世界。它们的诡异面貌揭露了通常被隐藏起来的可怕关系：对某些人来说，这些隐藏的关系来源于童年的焦虑，诸如与口腔和哺乳有关的焦虑①。对于其他人来说，它们可能是因日常生活中的真正灾难而产生的，比如疾病，或是可怕的异乡人，或是剥削性的精英阶层。令人感兴趣的是，吸血鬼是一种有效手段，它同时既体现、又掩饰而且缓和了这些无论是来自何种根源的灾难与恐惧。也许正是由于这个原因，吸血鬼一直是最受作家和诗人欢迎的一个主题：那些受到吸血鬼形象吸引的作家名单是相当可观的（参见 Frayling，1991，pages 42 - 62），涉及到布莱姆·斯托克之前和之后的众多经典故事。当然还涉及到众多的电影制作者②。

吸血鬼可能一直就与我们在一起，但是，斯托克（Stoker）的德库拉故事将会向我们准确地展示吸血鬼如何在现代城市生活的恐怖中找到了一个家。不止于此，我们还能够认识整整一个时代——一个我们有时称为全球化、也间或称为帝国的时代——如何可以被更恰当地认为是具有吸血鬼性质的。现在让我们转移一下注意力，转向德库拉和它的地理学。

---

① 亦可参见 Dolar，1991。

② 还有此外的其他媒体。如你所能预料到的，漫画书的主角蝙蝠侠就曾遭遇过吸血鬼（Delano，1995），包括《蝙蝠侠》《德库拉》原著（Moench，1991）。

3.3 伦敦、德库拉和帝国的边缘：循环、血液、技术

有关斯托克的背景，已经有了许多对于特兰西瓦尼亚的历史和地理以及吸血鬼弗拉德（Vlad the Impaler，也以瓦拉几亚总督弗拉德·德库拉闻名）的研究。布莱姆·斯托克的书中注释显示，他使用了多种来源的资料，包括：威廉·威尔金森（William Wilkinson）的《瓦拉几亚和摩尔达维亚公国的报告》（*Account of the Principalities of Wallachia and Moldavia*，1820）；查尔斯·博纳（Charles Boner）的《特兰西瓦尼亚：它的出产和它的人民》（*Transylvania*：*its products and its people*，1865），此书还内含一幅由 E. A. 比尔兹绘制的特兰西瓦尼亚的活页地图；白迪克（Baedeker）的《南德意志与奥地利，包括匈牙利和特兰西瓦尼亚》（*Southern Germany and Austria*，*including Hungary and Transylvania*，1880）；以及艾米丽（Emily）和德罗西亚·杰拉德（Dorothea Gerard）的《特兰西瓦尼亚的迷信》（*Transylvanian Superstitions*，1885）。因此，《德库拉》是建立在以大英博物馆和惠特比的公共图书馆为保证的可靠研究基础之上。从这个证据来说，斯托克是能够创作出看起来真实的第一人称的世界叙事的。所以，在去德库拉城堡①的途中，乔纳森·哈克记录了这片如画的景色：

> 整整一天，我们似乎在满是各种美丽景色的乡村中漫游。有时，我们会在陡峭的山脚下见到一些小镇或古堡……在每一个站点，都有一群身着各色服装的人，有时还有熙熙攘攘的人群。他们中的一些人，恰像是当地的农民，或是与我经过法国和德国时所见到的那些人相像，他们身穿短夹克，头戴圆帽，下身穿自制

① 也许具有讽刺意味的是，这个城堡（Bran Castle，Transylvania，建于 1377 年）现在成了国际性的旅游点。见 Praoveanu 对这个城堡的说明和历史，1999。

> 的裤子；当另一些人则非常别致。女人们看上去很漂亮，除非你走到近前……我们见到的最奇怪的形象是斯洛伐克人，他们比其他人更加粗野，戴着牛仔帽，穿着宽松下垂的裤子，上身穿白色的亚麻布衬衫，腰缠笨重的皮带，足有一英尺宽，上面布满了铜锭。（Stoker，1897，page 11）

斯托克进行了提炼，并且为了他的目的歪曲了这个地区和当地人最好的——我们现在称之为——东方主义的知识：一种殖民地的地理想象加固了《德库拉》的基础。在多重意义上，斯托克为特兰西瓦尼亚赋予了异国情调，并将之浪漫化了。在这样做的同时，他使之具有了足够大的差别（与英国相比；与自封的“文明”世界相比），以便让德库拉——吸血鬼——的存在显得更加真实，或至少是更加不可否认。叙述的戏剧化，以及欲望与焦虑的戏剧化，也要依靠其他的地理学，尤其是旅行、交往和危险地点的地理学。首先，此书是由几次长途旅行构成的：乔纳森·哈克去见德库拉的旅行；德库拉去伦敦的旅行；以及当德库拉从伦敦逃向他的城堡的时候追寻德库拉的旅行。然而，在这些旅行中，我们可以看到，特兰西瓦尼亚和英格兰之间的“距离”已经以多种方式被消解了：法律的方式，金融的方式，物理的方式。

穿越欧洲的铁路网络的延伸实际上已把远方（既在空间也在时间上的远方）带到了离西欧帝国之都更近的地方，特别是巴黎和伦敦。铁路也使得比先前更快捷、更可信赖的旅行成为可能。相似的是，海上旅游的发展也使得德库拉能够设法把他自己——以及他的棺材中的贵重货物、泥土与金钱——安全地船运。世界的这种压缩不只能够使帝国与它的边缘有了更密切的联系，它也意味着帝国的边缘与跳动的心脏有了更密切的联系。德库拉感觉到的正是帝国的血脉跳动。德库拉在封建社会里的时间就要结束了：农民们找到了对付他的诀窍，并且他们有各种各样的民间武器用来对付吸血鬼：从基督教标志（圣水、耶稣受难像），到顺势疗法的治疗技术（大蒜）以及预防措施（不在夜间出行）。通过这一系列的途径，德库拉得知，他在伦敦的生活将会是

如此这般地更加美好的。哈克这样报告德库拉，从朋友那里，

> 我已经逐渐了解你们的大英帝国；去了解她就是去爱她。我渴望走过强大伦敦的拥挤的街道，走在熙熙攘攘的人类之间，去享受它的生活、它的变化、它的死亡，以及使伦敦成为伦敦的一切。(Stoker，1897，page 31)

借助哈克在产权转让方面的知识，德库拉企图买下伦敦的许多房产。这会使德库拉有权重新安置自己以及他需要的棺材和泥土，并到大都市去。只是哈克对正在发生的一切明白得太慢，太慢，因为哈克几乎不可能相信这个奇怪的人、这个外乡人就是吸血鬼。在特兰西瓦尼亚，德库拉的古怪——他的长生不老——使之与众不同。他是易于辨认的并且出名的：这使得他要继续在城堡居住变得越来越危险，也越来越困难。在伦敦，情况就完全不同了。伦敦大量的人口为德库拉充当了最佳的保护。在一个陌生人的城市，吸血鬼只不过是另一个人：在一种巨大的血液喧哗中的另一个陌生人。城市对他的冷漠将是他最大的财富也是其最大的弱点。德库拉解释说：

> 我在这里是高贵的；我是贵族 (boyar)；普通人都知道我，我是主人。但是，一块陌生土地上的外乡人，他是一个小人物；人们不知道他——不知道就不会关注。如果我和其他人一样，我很满足。所以，没有人见到我会停下来，如果他听到我说话也不会中断自己讲话，而说，"哈哈，一个外乡人！"我当主人的时间太长了，因此，我现在仍然是主人——或者至少是没有别的人可以做我的主人。(Stoker，1897，page 31)

尽管他有能力把自己变成另一种形态，比如雾气，或是各种各样的动物，德库拉在他的家乡还是太容易被人认出来了。他在他城堡的环境中太容易受到牵制和掌控。而从另一方面说，伦敦则为他提供了

新的生命……或者说是更美好的、新的死亡。因此，这个故事涉及一个移民的问题——一个循环的问题。借助周密的计划和一定的运气，德库拉成功到达伦敦（经由惠特比）。尽管德库拉可以几乎隐形地移动，现代性确保他留下了一段可以追踪的书面记录。吸血鬼猎杀者去追踪德库拉的时候，利用的正是这份书面记录，追逐他从伦敦返回特兰西瓦尼亚，并在那里将他杀死。猎杀吸血鬼的队伍包括著名的玛娜·哈克（娘家姓为穆雷）、乔纳森·哈克、杰克·西沃德博士、昆西·莫里斯、亚瑟·霍姆伍德（后来的哥德尔明勋爵）以及阿布拉罕·冯·海尔辛博士。

对于我的目的来说，这场吸血鬼猎杀中有两个方面值得留意。第一是这些人物是不断地移动的，所以，德库拉的行动路线并不是唯一有意义的旅程。尤其是我们看到冯·海尔辛博士穿越了漫长的距离，从阿姆斯特丹到惠特比，再到阿姆斯特丹并且再度转回。第二是书面记录。它揭示了在19世纪城市中侦探工作的性质①。一方面，侦探发现了线索②。另一方面，这些线索需要被正确解释，在这个过程中，玛娜·哈克扮演了一个关键角色：正是她搜集并核对了证据，也是她做出了解释并制定了计划。没有她，吸血鬼猎杀者——尽管有满腔热情、一腔热血——毫无疑问不可能获得成功③。玛娜的英雄主义在于她对细节的不懈关注。可以认为，这种强烈的关注也映射出斯托克本人的关注。

---

① 有关侦探与城市，参见Donald，1999；以及Frisby，2001。

② 参见Moretti，1978b。

③ 我认为，正是由于这个原因，艾兰·摩尔让玛娜·穆雷成为他的蒸汽朋克漫画系列《非凡绅士联盟》（*The League of Extraordinary Gentlemen*，1999-2000）中的一个主要人物，这个系列以一个1898年的“另类”伦敦作为背景。有趣的是，这暗示了玛娜·穆雷本身也是一个吸血鬼（尽管她在电影版中并没有被直接指明）。正如其中一个人物坎品·邦德所说，“英帝国总是在辨别它的英雄和它的怪物方面遭遇困难”（page 6）。有关怪物与城市，参见Ruddick，2004。

斯托克对列车时间表的明显沉迷和他对陈旧记录的娴熟使用，意味着这部小说成为了各种循环的精确证据，这些循环只有在维多利亚晚期英帝国的全盛年代才成为可能。毫无疑问，这涉及到了人、物品、观念、金钱和信息的魅影般的运动。① 但是，城市也把血液注入了它的循环系统。明显的是，德库拉一直以特兰西瓦尼亚可以获得的各种各样的饮食为能源，但是，他现在却能够毫不引人注意地享用伦敦的国际化大都会的饮食。

一到达英国的惠特比湾，德库拉首先是以亚瑟·霍姆伍德的未婚妻和玛娜·哈克的好朋友露西·韦斯特纳来补充能量。为了达到这个目的，他夜间向她现身，或许是在她的梦里出现。露西渐渐地衰弱并且病倒了。亚瑟向他的朋友西沃德博士求援。西沃德转而向世界上最思想开明、最先进的科学家之一阿姆斯特丹的阿布拉罕·冯·海尔辛博士发出呼吁。冯·海尔辛害担心会出现最糟糕的情况，他最初选择了血液透析这个现代医疗程序去征服古代的恶魔。夜复一夜，善良的英国人、美国人和荷兰人的血液被注入到可怜的露西那衰弱的身体中。尽管进行了透析，露西还是死去了——这是在复仇之前将会引发更大悲哀的一个不幸事件。

不只是血液会循环，信息也会循环。信息的传送在斯托克的小说结构中也是明显的：这个故事是通过各种证据的碎片来叙述的。这些碎片摘自日记、信件、剪报、一份航海日志、备忘录、图片记录和电报。而且，据推测，如果是具备了相应的技术条件的话，我们甚至可以看到乔纳森·哈克所拍的柯达照片了！明显的是，在这些小块的信息中，某些部分比另一些走得更远：电报快速可信地覆盖了巨大的距离。据说，如果斯托克是在今天写作的话，必定会出现电子邮件、手

① 有关德库拉（既指人物也指小说）作为资本流通的隐喻，参见 Moretti, 1978a；以及 Gelder，1994，pages 17 – 20。在盖尔德看来，吸血鬼形象在马克思和斯托克那里都是与犹太人的形象直接相关的（pages 13 – 16）。在这个意义上，德库拉还向我们展示了金钱的颜色和吸血鬼的种族。

机文本信息、传真等等。而且，德库拉也可能会坐飞机旅行①。法律文件、金钱和信息的循环显示了帝国是一个开放的、不加限制的体系，在这个体系中，大量的人、信息、货物、财产、金钱以及……血液的巡回流动得以展开。

也正是通过这些支离破碎和转瞬即逝的记录，吸血鬼猎杀者才能够追踪到德库拉。就像现代侦探一样，他们沿路追查：向工人们询问从哪里可以取出各种货物的清单（比如，德库拉的棺材）；追查德库拉买下的马匹。最后，吸血鬼侦探们才能够彻底地揭露德库拉财产以及棺材的巨大的黑暗网络，他们才能够使伦敦免于灾殃，因为，吸血鬼正打算在拥挤的、毫无防备的伦敦街道上发动突然袭击。就此而言，德库拉确实是所有灾难的一个隐喻，但同样地，他也是大量流落在伦敦街头的异乡人强烈焦虑的一个隐喻。因此，这是德库拉对于理解帝国城市的一个教训：帝国的城市不只是属于殖民者，在非常实际的意义上，它也属于被殖民者，更进一步说，也属于更远处的陌生世界。

实际上，德库拉本人的殖民地化，甚至可以认为是与布莱姆·斯托克从帝国的边缘——爱尔兰——向帝国心脏的移动有相似性。布莱姆·斯托克不可能是唯一的，或是第一个定居英国的爱尔兰人②。在多重意义上，帝国城市都是全球化城市的原型：向世界和世界将会带来的一切开放。德库拉所展示的一切就是，帝国也能够反过来吞噬一切——在它的心脏。德库拉企图将殖民者的城市殖民地化。德库拉所提供的可怕的真理就是，他——被诋毁的他者——是比英国、比它们的美国同辈和荷兰朋友更有力量的。德库拉随身带来的不是低等的血液，而且他比英国人更善于利用血液。德库拉解释说：

---

① 如同他在电影《德库拉 2000》（2000）中所做的那样，飞行于伦敦和新奥尔良之间。然而，布莱姆·斯托克一定会知道，在这两个城市之间并没有直飞的航班，并且他也一定会设计出一个更切合实际的飞行计划。

② 一个与当代接近的记录，参见 Engels，1845。

我们斯兹凯利人（Szkelys）有权利感到自豪，因为在我们的脉搏里流淌着许多勇敢种族的血液，他们为了权势如狮子般战斗。在这里，在这个欧洲种族的涡流里……直到人们认为狼人本身已经来临。（Stoker，1897，page 41）

德库拉是优等人，不是因为他的血液比英国人的血液更纯洁，而是因为他具有许多勇士的血脉。就此而言，他优于英国人：德库拉的混血比他们的混血更优越，因为没有人有纯粹的血脉①。种族混合不那么可怕，可怕的是没有最充分地利用大都市的血脉。毫不隐晦的焦虑与血液和种族有关，但也有一种不便言明的焦虑，它与现代城市中跨种族的性和种族退化有关。在19世纪的英国，这种种族退化与工人阶级假定的低等地位牢固地联系在一起。在城市中，这明显表现在他们（未经改善）的生活环境中，表现在他们（肮脏）的身体上，表现在他们的血液和死亡中。就此而言，德库拉还是对于凡人城市的一种诊断：污染与血液，食物与金钱。

3.4 凡人的城市：德库拉、血液与金钱

根据大多数记录，19世纪的英国城市是一个相当肮脏的地方。无论你阅读恩格斯还是狄更斯的作品，19世纪的城市都是病态的、肮脏的、暴力的和恶臭难闻的——至少是它最贫困的市区是这样（参见比如Engels，1845；以及Dickens，1848）。从恩格斯对曼彻斯特的描述中，你可以对此有所了解，恩格斯是从杜西桥（Ducie Bridge）来观察曼彻斯特的：

从桥上看到的这幅景象——一堵一人高的石墙小心翼翼地遮住了这幅景象，使个子不很高的过路人无法看到——就是全区的

① 参见Young，1995。

一般面貌。桥底下流着，或者更确切地说，停滞着艾尔克河，这是一条狭窄的、黝黑的、发臭的小河，里面充满了污泥和废弃物，河水把这些东西冲积在右边的较平坦的河岸上……桥以上是制革厂；再上去是染坊、骨粉厂和瓦斯厂；这些工厂脏水的废弃物统统汇集在艾尔克河里，此外，这条小河还要接纳附近污水沟和厕所里的东西。这就容易想象到这条河留下的沉积物是些什么东西。桥以下，可以看到陡峭的左岸上大杂院里的垃圾堆、脏东西、泥土和瓦砾……在这后面，是穷人的墓地和利物浦—里子铁路的车站，再往后就是习艺所——曼彻斯特的“穷人的巴士底狱”，它像一座城堡，从小山上的锯齿形的高墙后面森严地俯视着对岸的工人区。(1845，page 89)①

众所周知，穷人生活中的贫困、疾病和暴力曾在统治精英那里激起了各种各样的反映。这些反应中的大部分都涉及卫生改革②，包括如排水排污系统的建立，至少是包括其中的污水和臭气治理部分③。实际上，正如斯塔利布拉斯和怀特（Stallybrass and White，1986，Chapter 3）所认为的那样，城市是被当做人体来对待的：它需要清洁，它要呼吸新鲜空气，并且还要守规矩④。根据艾兰·科尔宾（Alain Corbin）的说法⑤，帕特里克·乔伊斯（Patrick Joyce）将之描述为“城市化妆”：城市的清洗、保洁、铺面、排泄以及通风（2002，page 106）。

---

① 中译文见恩格斯《英国工人阶级状况》，中共中央马克思恩格斯列宁斯大林著作编译局编译，第87-88页，人民出版社，1956年。——译者注

② 参见 Stallybrass and White，1986，Chapter 3；Osborne，1996；Kaïka and Swyngedouw，2000。

③ 参见 Corbin，1986；Classen，Howes and Synnott，1994。

④ 事实上，在城市的（自我）调节、身体的（自我）调节以及自我的调节之间有着密切的联系：参见 Elias，1939；Foucault，1963，1984；Gay，1984。

⑤ 参见 Corbin，1986，Chapter 6。

在乔伊斯看来：

> 城市化妆与对有机时间标识的控制有关，以便让时间可以被忍受，死亡的标识；血液、排泄物、分泌物、腐烂物和死去事物的标识。因此，它涉及那些统治者和被统治者最深的恐惧与焦虑。(2002，page 107)

正如恩格斯的描述所显示的，城市的水道是带着垃圾、人类的污水和工业的废物流淌的。贫民区是拥挤的、几乎无法栖身的、非人类的地方，只适合于动物。它是被血液标识的死亡之地。乔伊斯把注意力集中在19世纪伦敦血腥的一面：

> 这座城市是带着血腥流动的。史密斯菲尔德动物市场是它血液的心脏：在这个市场之内，(19世纪中叶) 一年中全市要有超过100万只绵羊和25万只其他动物来这里等待被屠宰……死去的动物也被埋在城市的中心。伦敦的中心被比作停尸房，死尸高高地堆在一起，以最恼人的形式一直向活着的人展示着……在19世纪的进程中，所发生的一切就是，死亡，以及死尸的腐烂和朽败，这既发生在人的身上，也发生在动物的身上，最终变成了无形的和匿名的。(Joyce，2002，page 107)

一个重要的卫生策略就是把这些处理死人（或是埋葬，或是火化）和残杀与屠宰动物的地方推到城市的边缘。这种情况可以在巴黎看到，也可以在伦敦看到。血迹从伦敦和其他城市的街道被净化掉了。城市化妆洗净了身体和城市。制定了管理办法来约束对人和动物尸体的处理方式。划定了清晰、明确的界限来限制血液可以在哪里泼洒和不可以在哪里泼洒（比如，得到许可的屠宰场之内可以，人行道旁边则不可以），这些界限处于监管之下，以防止越界行为。

在19世纪的城市，有一种强烈的要摆脱有血腥味街道的欲望，然而，这是不可能的（因为城市需要流血事件以求生），禁止特定的空间（比如屠宰场）有血液向外流出①。吸血鬼僭越了这种血液的新秩序，既通过把人类的血液当作食品，也通过跨越不纯与纯粹、陌生与熟悉之间的临界状态。在德库拉形象中凝结的不只是对血液的焦虑，也有对种族的、阶级的和令人厌恶的城市的焦虑。因此，帝国城市就是一个焦虑的地方：为它所带来的贴近心脏的一切而焦虑，为人类的生死状况而焦虑，而且也为它自身的生命血液将会被吸干而焦虑，为在一个比自己更无情、更饥渴的世界里越来越易于受到攻击而焦虑。

对城市生活的无情和饥渴的焦虑几乎不可能被资本主义城市经济的兴起和加强所缓和。在19世纪晚期，日趋明显的是，简单的对于金钱的占有已既不足以获得权力，也不可能确保自己每一个梦想的实现。相反，金钱必须通过把它投入循环来运作。乔纳森·哈克曾发现了“处在一角落里的一个巨大的黄金堆——有各种各样的金子”（Stoker，1897，page 62）。这些金钱只是躺在地上是没有用处的，所以，具有重要的象征意义的是，哈克在逃离德库拉城堡的时候，是利用一枚金币作为逃跑工具。德库拉也知道，现金放在那里毫无益处，他打算把钱投入伦敦各处的房产。对他而言，这些钱是没有内在价值的。在他自己逃离伦敦的时候，即使把金币投向他的追捕者，对他来说也毫无意义。这样的情景使我们得以了解与金钱联系在一起的各种不同价值。如齐美尔认为：

> 金钱的经济意义仅仅来自它的价值以及在任何给定时间里它的循环频率，这一观念忽略了金钱通过与之相联系的希望与恐惧、欲望与焦虑而产生的巨大效果。它闪射出这些在经济上具有重要意义的情感，如同天堂与地狱也会显示这类情感一样，只不过是

① 城市街道血污的清洗可以说是卑贱主题中的一个个案研究：参见Douglas，1966；以及Kristeva，1980。有关卑贱的地理学参见Sibley，1995；以及Robinson，2000。

作为纯粹的观念而已。(Simmel，1900，page 171)

德库拉在到处流转，他的金钱也在循环。然而，他的金币的价值是与希望和恐惧、天堂和地狱相联系的，这一切都是从金币上显现出来的①。正像金钱闪射出经济上的重要情感一样，德库拉也是如此。吸血鬼体现了纯粹的经济观念，比如：长期投资策略的重要性；确保资金储备的安全；把对财富的思考伸向未来；以及与金钱本身的有限寿命相对立的、在资本主义经济体系中处于循环状态的金钱的不朽性：不死者、永生的吸血鬼解释了金钱的双面性格：一方面，是循环中金钱（比如资本）的不朽性，另一方面，是它的不死的和吸取生命的性质，这就是永远冰冷的金币。马克思对此做出了如下表述：

> 货币力求通过它对流通持否定态度，即对与现实财富的交换，与易逝商品……的交换持否定态度，来确立自己不灭的价值，永恒的价值。价值的不灭性（一定程度的不灭性）在资本中是这样表现的：资本虽然也体现在易逝的商品中，采取这种商品的形态，但同样也不断地改变形态，交替地时而在货币上采取永恒的形态，时而在商品上采取易逝的形态；不灭性表现为它唯一可能成为的这种东西，表现为不断消逝的易逝性——过程——生命。但是，资本只有当它像吸血鬼一样，不断地吮吸活劳动者作为自己灵魂的时候，才获得这样的能力。②

---

① 有一种名为“令人毛骨悚然的现金”的路易斯安那的刮奖卡彩票。它曾被装饰在弗兰肯斯坦，一个与《惊魂记》（*Psycho*）中相似的家庭，一个扛着镰刀的死神与一个吸血鬼蝙蝠。

② 中译文见《马克思恩格斯全集》第 31 卷，36 页，中共中央马克思恩格斯列宁斯大林著作编译局编译，人民出版社，1998 年 12 月第 2 版。——译者注

当金钱像德库拉一样的时候，它也就有了吸血鬼的本性，在不灭的循环中，持续地吸着活人的血。斯托克的《德库拉》把伦敦放在了帝国的中心，不死的循环——人、金钱、焦虑、血液、罪恶。这种循环在它持续轮回的意义上是不朽的：循环、回归、消失、出现。然而，这绝不是一个平滑的、或是连续的、或是线性的过程。吸血鬼——像金钱一样，像观念一样——在出乎意料地再度复活之前，可以长时间地净净地待着，死去。在这个意义上说，城市生活中不死的或永生的东西不必是一直在那里存在着的东西，而是某种总是有回归威慑力的东西。吸血鬼的回归，它在城市的栖居，唤来了城市的天堂和地狱，唤来了血液与金钱的天堂和地狱。在下一节中，我们将会看到，这些天堂和地狱扩展到了性和性别。

3.5 新加坡、红唇白牙：性与死亡

吸血鬼故事的情色暴露了与城市生活魅像相关联的某些欲望形式。德库拉不只是吞噬了他的女性受害者，他还迷住了她们。尽管是由于受到了催眠，受害者们失去了反抗的能力。德库拉是不可抗拒的：不是通过暴力，而是通过诱惑。他的受害者对于德库拉那种对活人的血液不知餍足的欲望最终还是自愿放弃了抵抗。在施展诱惑的时刻，吸血鬼变得招人喜爱——女性受害者把自己的全部都交给了他。因此，吸血鬼变成了一个欲望的形象：一个性别化和性欲化了的人物，这也许揭示了城市生活中性欲望的某些任性的方面①。“当心你想要的东西”的警示响彻在下一章。在本章中，我们只会担心你所想得到的是谁。在这里，我认为吸血鬼能够让我们了解到城市生活的欲望倒错。为了达到这个目的，我将讨论一下新加坡的女性吸血鬼的故事（图3.3）。

① 亦可参见 Schopp，1997；以及 Williamson，2001。

图 3.3　乌节路上的《吸血鬼女王》(*Queen of the Damned*) 电影广告，新加坡。

新加坡的一个神话涉及到常常以马来人的名字庞蒂雅娜出现的吸血鬼①。如卡罗尔·富歇（Carole Faucher，2004）所表明的那样，这些故事非常流行，并且有各种各样的形式。我打算重点关注一个特别的庞蒂雅娜故事，因为这个故事在众多版本中是具有典型性的。这个故事出现在一部多卷本的恐怖故事选集中。这些故事被题名为“幽灵遍及新加坡”和“新加坡的幽灵”。这些选集既包括署名的著作，但大多数是无名作者，而有些人看起来像是由这个作品集的读者提交上来的。书中的许多故事都是主题化的，涉及到从士兵故事到驱魔人、伏都教到吸血鬼等各个方面。在大部分选集中，故事很短，只有几页或是几段。

事实上，让人感兴趣的是故事的数量之多。与通常类似恐怖故事相关的残酷为这些故事带来了一种力量。仅是卷帙之浩繁，足以让读者望而却步——不得不怀疑他们自己对这些恐怖事件之存在的怀疑。不仅如此，这些故事还常常是由世界上其他地方的人讲述的，所以，我们了解了加利福尼亚的吸血鬼、伦敦的幽灵、新奥尔良的伏都教等等。另外的一些故事没有明确的地点，不可能被放在世界任何地方的背景之下。总体的效果就是要把读者笼罩在神秘世界之中，一个在日

① 参见 Choon，2004。这个地区相关的故事还涉及“渴望男人”的寡妇幽灵：参见 Bell，1995。

常生活中只是隐隐约约地可以感觉到的王国。这些故事从不同的视角讲述，有些是以受害者的口吻，另一些则是从目击者的角度——许多故事都讲到了从吸血鬼那里死里逃生的情节，而且有时还讲到看见某个亲近的人变成吸血鬼的经验。鉴于有这么多各不相同的表述，让人觉得有大量的人亲眼见过吸血鬼。在故事的叙述某些口吻方面，有一些故事的表达可能会比其他的更好一些，但完全不讲究艺术性的大多数故事也同样讲得似乎是合情合理——这些故事不可能全都是由技巧娴熟的（鬼故事）作者编造的，是吗？

吸血鬼——或者不如说是庞蒂雅娜——几乎出现在每一部选集之中①。让我们来看一看一个典型的故事：《孤独的妇人》（*Lone Woman*，Anon.，2000a）。就像在许多这类故事中的情况一样，这则故事也是这样开始的：一个无名男子，放工之后，深夜驱车回家。在路上，他发现路旁好像有人：

> 这个妇人穿着长长的红色衣服，独自站在那里。如果想到一个孤独的妇人在这么晚的深夜独自站在这里并没有让他意识到这个有问题的女人有多么危险的话，他也本该驱车径直前行。但是相反，他放慢速度，并且为她停了下来。（page 30）

这个妇人未经邀请就坐进了前排的座位，这多少有些出乎意料。她对他笑了笑，他们就出发了。这个男人开始想弄清楚这个女人为什么一直未能叫上出租车，因为周围就有许多出租车。她神秘地笑了笑。并且，她很快就睡着了：

> 他禁不住地看着她，因为她太美了。她在睡梦中微笑着。（page 31）

---

① 参见例如，*True Ghost Stories*，2000a and 2000b；或者是 Moey，1990。

他注意到了她的黑发、她的洁白的皮肤和她的红唇①。他被对她的欲望搞得心烦意乱，突然，他感到她把手放在了他的大腿上。因为她还在酣睡中，必定是无心的，所以他决定不去移动她的胳膊，以防把她弄醒。男子越看这个女人，就越是觉得她身上有些令人不安的东西。然后，他开始记起

> 一些有关年轻妇人的故事，她们实际上是些妖物，并且捕食深夜在外打工的男人，这些故事在他的脑海里翻来覆去。这些妖物会诱惑这些男人，然后杀死他们并尽情享用他们的鲜血。（page 32）

男子更近地看了一眼妇人——利用他的后视镜——惊恐地看到了这个妇人有两颗剃须刀般尖利的牙齿从口中伸了出来。因为恐惧，他开始把车开得忽快忽慢的，那个妇人也打起了精神。她微笑着，把他的大腿抓得更紧了，然后又睡了起来。男子非常惊恐地停下车并跳了出来。妇人也不知所措地跳了下来，迅速地走到路的另一边。男子四周看了看，却再也看不见她了。她消失了。男子既感到安心也感到害怕，他发动汽车并掉头回家了。他开呀开呀，直到他诡异地又准确地停在了他让女人搭车的地方。当他意识到庞蒂雅娜还在那里，等待着再一次被没有疑心的汽车司机救助的时候，男人的后背感到了一阵惊恐的战栗。

在另一个庞蒂雅娜故事中，“孤独的妇人”穿的是白色的衣服，但她总是年轻和漂亮的，而且常常是男人看她的时间越长，她就越有诱惑力。她的相貌通常是与芳香的气味，尤其是与鸡蛋花（frangipani）的香气相连的。她通常会沉沉入睡，但她的梦并不是天真无邪的：实

① 对于红唇性感的一种解释是，它们与阴唇相像。一个可能更为相关——也可能更为不真实——的轶事：在罗马时代，妓女们会给她们嘴唇上涂上胭脂，表示她们愿意口交。

际上，她身体的运动和她发出的声音明显是——对于（潜在的、男性）受害者——具有色情的、性的意味的。为了求生，男人必须抗住严重的诱惑。庞蒂雅娜通常是在一座墓地附近或是老树下等待搭车的。在她受到激怒时，这个孤独的妇人常常会给司机扔下大量的纸币。后来，他会发现，这些纸币只是干树叶。通常，吸血鬼会显示它的真面目：变成一个年老的古怪妇人，威胁着要杀害这个男人并吸他的血。

然而，吸血鬼女人不只是在路边寻找猎物。她们也会出现在公寓楼、医院、古旧场所；当然也包括墓地。而且，会在停车场里出现：在一个故事中，乌节路停车场的服务人员，心无所思地坐在他的凉亭中，却受到了攻击（图 3.4）。庞蒂雅娜“居住”的传统的家是各种树木，可能是缘于根系与不死者的联系，尤其是接近墓地的树木。树木常常掩盖了墓地的面目；待到受害者意识到他身处何方的时候已经太迟了。有时，成功的遁逃者后来也会震惊地得知，庞蒂雅娜引诱他的那块长满青草的地面实际上是一块废弃的墓地。（图 3.5）

图 3.4　乌节路上一个停车场管理员的凉亭，新加坡。

图 3.5　青草覆盖的墓地，新加坡。

这些吸血鬼分明会捕食那些向（性的）诱惑开放的男人：屈服于她的诱惑，他就成了一个死人。在某种意义上说，我们可以把这些故事当成警示性的——甚至是当成一套明确的规则和禁忌。男人大多都知道有关危险妇人的故事，但他却记不住，或者说是不能履行这些很快就足以拯救自己的规则和禁忌。另外的一些故事似乎提供了忠告——如果……你发现了一个被你喜爱的人渴望喝（你的）血该怎么办，或者是，如果……你遇到了庞蒂雅娜。该怎么办？跑，并且不要回头看。

吸血鬼女人捕食粗心的男子的事不止发生在新加坡。在巴黎，你会想起波德莱尔也有自己心烦意乱的遭遇。与此同时，在《德库拉》中，乔纳森·哈克得到了满怀希望、却又令人不安地发现：

> 在月光中，我的对面是三位年轻的女性，服装艳丽、举止优雅的女士。我在看到她们的当时就想到，我一定是在做梦，因为，尽管月光照在她们的背后，她们却没有在地面上投下影子。她们走近我并看了我一会儿，然后一起低声耳语。两位是黑色的，长着鹰钩鼻，像是伯爵的鼻子……另外一位是美丽的，美丽得无与伦比……三人都长着白白的牙齿，在红色性感的嘴唇映衬下，闪着珍珠一样的光芒。她们身上有某种东西让我感到不舒服，某种渴望并且同时又有某种致命的恐惧。我在内心感觉到了一种邪恶的、燃烧着的欲望，她们也许会用那红色的嘴唇亲吻我。(Stoker，1897，page 51)

哈克是幸运的（或者说，是不幸的?），德库拉伯爵打断了这一幕：

> 你们怎么敢去碰他，你们任何一个？在我禁止你们看的时候，你们怎么敢把目光投在他的身上？回去，我告诉你们几个！这个男人是属于我的！(page 53)

实际上，男人们似乎确实是属于吸血鬼的。在没有影子的吸血鬼阴影中，男人们不断地接受考验，不断地遭到吸血鬼引诱的魅惑——这些诱惑几乎是难以计数的：美丽、色情、贵族气质、永生不朽——

我还需要继续说下去吗？男人们似乎必须对他们在深夜里遇到的美丽的年轻女性倍加提防。女性吸血鬼的形象可以被解释为对女性阉割男性能力的表现。① 这样的一系列论据与科蒲杰克的吸血鬼再现了婴儿期被压抑的焦虑的论据是相似的。然而，这一次，吸血鬼再现了男性对于阉割的焦虑（按照弗洛伊德的说法，参见 Freud，1926）。根据这一观点，吸血鬼的流行来自于它对（维多利亚时期和/或新加坡的）性禁忌的表现和僭越②。米格尔就此总结道：

> 吸血鬼的骇人听闻，并不是因为它是一种超自然的存在，威胁着要吸主人公血，并且还诅咒他们的灵魂，而是因为在某种“更深的层面”上，它象征着一种色情的威胁。（Mighall，1999，page 211）

当德库拉的追捕者意识到他的第一个受害者露西·韦斯特纳本人可能也变成了一个吸血鬼的时候，这种色情威胁的强度是明显的。吸血鬼猎杀者决定到韦斯特纳的墓冢检验一下墓地和尸体。然而，她的尸体并不在那里。为了寻找确定的证据，西沃德博士与冯·海尔辛博士当日返回。打开棺木，他们看到了一个白色的形象：

> 露西躺在那里，看起来正像我们昨夜在她的葬礼上见到的那样。假如可能的话，她比先前更加魅力四射；我不能相信她已经死了。嘴唇是红的，比以前更红；双颊上放着精致的花朵。（Stoker，1897，page 240）

冯·海尔辛揭开露西的嘴唇，露出了尖利的犬牙。吸血鬼猎杀者们现在才深信，露西本人也变成了一个吸血鬼。现在，他们的任务就

---

① 参见 Moretti，1978a，pages 100－101。

② 参见例如 Jackson，1981；Carter，1988。

是要将露西处理掉，尽管她有着死后的美丽。冯·海尔辛提醒西沃德，露西虽然已经死了，但她还处在一种未死的梦游状态，因为她是先被德库拉咬伤的。现在要是杀死她就像是在睡眠中杀死她一样。即使如此，这种想法让西沃德博士“血液变冷”（page 241）。处置尸体的详细过程几乎不能让他感觉有什么好转。露西的头部被割了下来，口中被填满了大蒜，而一根刑柱则打入了她的心脏。

后来，西沃德博士、哥德尔明勋爵、昆西·莫里斯以及阿布拉罕·冯·海尔辛博士回到了墓地，决定处理掉不死的露西·韦斯特纳。当他们在墓穴中看到了一具白色的形象时，他们的心都僵住了。西沃德博士描述了露西的容貌：

> 甜美变成了僵硬、无情的残酷，纯洁变成了性感的放荡。（Stoker，1897，pages 252-253）

在那一刻，四个男人目瞪口呆。最后，他们恢复过来，拒绝受到她色情的微笑、她邪恶的甜美的声音的诱惑。他们合伙制服了她，然后野蛮地毁坏了她的尸体。在这一情景中，很容易见到女性欲望在维多利亚时期的男人心中激起的虐待狂的幻想：露西的死亡比性感和放荡更好。事实上，更好的是去割下她的头颅，用木柱强暴她的尸体。吸血鬼并没有把欲望与恐惧分开，而是作为一种强烈的、几乎无法承受的矛盾心理将它们体现了出来。正如莫来迪指出的那样：

> 因此，德库拉解放并且提升了性欲望。这种欲望吸引人却又——同时——令人畏惧。露西是美丽的，可又是危险的。恐惧与吸引就是同一种东西。（Moretti，1978a，page 99）

这种观察是敏锐的，然而，值得指出的是，这种强烈的爱恨交织的情感的特定构成并没有完全描绘出新加坡的情境。在这些故事里，诱惑人的女吸血鬼总是逃走了。没有女性身体的毁损，没有最终的报应。她总是活着（死了?）再去实施诱惑。如果说绝大部分吸血鬼与它的色情威胁有关的话，那么，重要的是要注意到这些威胁是在哪里并且是怎样被缓和的，以及在哪里并且怎样没有得到缓和。维多利亚时期的男人们征服了德库拉和露西的性威胁。而相反，新加坡的男人们却必须一直保持着警觉。

到目前为止，你可能已经注意到了与德库拉的女人相关的色情与新加坡和马来西亚的女性吸血鬼的色情之间有某种相似性。这肯定不是偶然的。当弗雷林只不过是附带地认为，斯托克已注意到吸血鬼在马来西亚的存在时（Frayling，1991，page 298），我发现这完全可信。在多重意义上，这完成了一次吸血鬼的巡游。吸血鬼不仅从帝国的边缘——在东欧和美国——向其跳动的心脏伦敦和巴黎移动，它们也进行跨越帝国的旅行——环绕非洲，从马来西亚到伦敦并且再度返回原地。这些经由帝国城市的旅行不只是吸干了生者的血液；也还存在着诱惑。红红的嘴唇和尖利的白牙：女性吸血鬼像她死去时一样有诱惑力，她会夺去男人抵抗的真正勇气和意志力。事实上，我们的新加坡司机的遭遇在某种程度上要好于英国的律师乔纳森·哈克，因为，如果不是德库拉亲自为他说话的话，他可能早已屈服。

这些吸血鬼女性更好地阐明了现代城市中的欲望与恐惧这两个问题。首先，吸血鬼女性警告男人要留意他们遭受女性欺骗和欲望的可能性。聪明的人将会听取这些故事的教训，并且将能够应对这样的可能性，即有比“它”第一眼看上去更多的内容藏在背后：欲望能够把人引向某种完全恐怖的境地——一个走向了反面的逆转。对充满诱惑、令人惧怕的吸血鬼女人的追踪，也揭示出这些欲望和恐惧不死的循环，从马来西亚到斯托克的伦敦，再到波德莱尔的巴黎。在现代城市之中，异乡人、种族和性别都发现它们在这一环境里靠得很近，欲望和焦虑也在驾驶席上并排而坐。

提醒一句：做现代人也没有必要去驱逐吸血鬼。城市可能拆掉墓地，毁坏树木，但吸血鬼却越来越难灭绝。带着它们与大地的深深联系，它们能够学会利用现代城市匆忙搭建的各种设施：它的道路、汽车、停车场、医院、公寓楼等等。恐惧绝不会像墓地那样被轻易清除。因此，欲望也是不能被轻易清除的。吸血鬼揭示了肉体的快乐、欲望的快乐与美丽的吸血鬼女人同在。吸血鬼女性显示给我们的就是，吸血鬼在性的方面很受欢迎，而且，成为一个吸血鬼甚至可能让人称心如意：超越死亡，超越恐惧，却又强大，迷人。正是在这一点上，已故的新奥尔良居民路易斯将会为我们做出解释。

3.6 永远做一个吸血鬼：新奥尔良、血液与归属

1803 年法国把路易斯安那卖给了美国①。即使到今天，路易斯安那还令人尴尬地列席于构成了美国民族的国家联邦之中。至少借助想象，它是与其法兰西的克里奥尔人（Creole）的往昔联在一起的。它那段历史以及与现在爱恨交织的关系，养成了新奥尔良市一种独特和奇异性格。这种奇异性的一部分就是新奥尔良与吸血鬼神话长久的联系。新奥尔良与吸血鬼的这种密切联系引出了有关血缘与归属的问题——归属于一个种族，一个城市，一个国家，归属于现代性本身。这些问题在安妮·赖斯的吸血鬼小说《夜访吸血鬼》（1976）以及尼尔·乔丹的同名电影（1994）中都得到了明确的探究。

《夜访吸血鬼》与吸血鬼路易斯的故事有关，路易斯目前正在接受一位匿名的年轻记者的采访。电影对传记和历史中的众多问题做出了最明确的表达。路易斯开始了他的伤心故事：他 24 岁了，这一年是 1791 年，他非常活泼。在这一时期，路易斯是新奥尔良城外一个种植园的富有的主人。但在他所爱的人相继死去之后，他无法承受悲痛并且渴望结束他的悲惨生活。尽管小说与电影在路易斯死亡愿望的确切性质上表现不同，但两者都使他注定要失败的、忧郁的心境得到了充分的表达。尚处在悲痛之中的时候，路易斯就被吸血鬼莱斯泰特所吸引，莱斯泰特吸干了路易斯的血，几乎让他到了濒于死亡的境地。但

---

① 亦可参见第 2.4 节。

他没有死去。也许是出于对死亡的渴望，路易斯同意与莱斯泰特再见上一面。

我们可以推测，路易斯和莱斯泰特把约会地点定在了新奥尔良的圣路易斯公墓 1 号（图 3.6）。这座公墓位于法国街区的正北方，在 18 世纪末期，它被有意地正好放在城市的边界之外，离黑人的地方（刚果广场）仅一步之遥。[①] 事实上，这座公墓是因 1788 年的一场大火而被从圣彼得街附近迁移过来的，那场大火烧毁了全城的五分之四[②]。像布莱姆·斯托克一样，安妮·赖斯也做过她的功课。不止于此，安妮·赖斯很了解新奥尔良，因为公墓在城市风景中非常显眼[③]。这座公墓使新奥尔良成为一座死者的城市[④]。在赖斯的手里，这座城市变成了一个死者（幽灵）和不死者（吸血鬼）的基地，把新奥尔良变成了一座死者和不死者的城市[⑤]。因为，正是在这里，路易斯允许莱斯泰特把他变成了一个吸血鬼。

图 3.6　圣路易斯公墓 1 号，新奥尔良。

① 在奴隶的空间待遇与死者的空间待遇之间可以画出一条平行线，两者都被安置在指定的地点，并排坐落于城市的边界之外。参见第 2.4 节。

② Florence，1996，page 5。

③ 参见 Roach，1996。

④ 亦可参见第 4.1 节。

⑤ 亦可参见 Bartolini，2003。

18世纪的新奥尔良是一个猎杀像莱斯泰特那样的吸血鬼的理想之地：它简直是充满了死亡，偶然的和不被察觉的死亡。每一年中，黄热病都会杀死它的市民，但是，每20年左右，灾难将会带走几千人的生命。在暑热中，新奥尔良也容易起火。当德库拉在一个没有任何人比他更陌生的城市里向陌生人寻求庇护的时候，新奥尔良的吸血鬼们却让自己藏身于亲近的随处可见的死尸之中。村民们之所以找得到德库拉，是因为他丢弃的尸体。在新奥尔良，没有吸血鬼会有这样的问题：这里不仅有许多尸体，而且也没有人会过分关注他们是如何死亡的。完美的掩盖。即使如此，18世纪晚期和19世纪初期的新奥尔良也是一个繁忙的国际化港口城市，就像德库拉的伦敦一样。路易斯这样描述到：

> 在美国再没有像新奥尔良这样的城市了。那里不仅有各个阶层的法国人、西班牙人，他们中的一部分构成了这个城市的贵族阶层，而且，后来又来了各地的移民，尤以爱尔兰移民和德国移民居多。再之后，这个城市里不仅有了黑人奴隶，这些人异彩纷呈，各具特色，保留着来自不同部族特有的装束和礼仪。此外，还有增长迅速的自由的有色人种阶层，这是我们的混血儿以及孤立区中的那些杰出人物，他们中产生了一个令人印象深刻的、独一无二的工匠、画家、诗人和有声望的美女阶层。而在那之后，又有了印第安人，他们在夏日里坐满了河堤，卖些草药和手工艺品。流动于所有这各类人等之中、穿行于这个语言和肤色的大混合之中的，还有码头上的来客和船上的水手。他们巨浪般涌入这个城市，挥金如土，或是到卡巴莱餐馆，或去买美人过夜，这些美人中既有黑人，也有白人。他们吃的是最好的西班牙式和法式的美味佳肴，喝的是从世界各地进口来的美酒。（Rice，1976，pages 44－45）

路易斯接着说到：

这就是新奥尔良，一个神奇、华美的地方。在这样的地方，在由鳞次栉比的煤气灯形成的光影之中，在成百上千的其他富有异域情调的尤物中间，一个衣着华丽、姿态优雅的吸血鬼在夜晚的出没，是不可能引起人们注意的——如果它真的引起了别人的注意，如果真会有人停下脚步用扇子遮住脸低声私语：“那个人……那么苍白，那样闪闪发光……他行走的那步态。太不自然啦！’”在这样的一个城市里，甚至这番话尚未出口，吸血鬼可能早已无影无踪了。（Rice，1976，pages 45 - 46）

在城市紧张忙乱的运行中，吸血鬼能够不被察觉地自由活动。像在伦敦一样，吸血鬼在新奥尔良也可以藏身于明净的夜晚：肉眼可见，完全现身，却又在广大的人流中无法辨认。就像特兰西瓦尼亚的乔纳森·哈克一样，路易斯也被新奥尔良风景如画的特点所吸引。路易斯是有浪漫气质的，他对新奥尔良异国情调的美景赞叹不已。尽管是一个吸血鬼，他仍旧与人世间的拼搏和欲望相联系——这与他的制造者不同，莱斯泰特只会把人来当做捕杀对象、当做食物。

对路易斯来说，克里奥尔人的城市是一个万花筒般的城市，这表现在语言、人种、货物与活动、美丽建筑等各个方面，不论是在花园区，还是在法国区都是如此。然而，路易斯所热爱的法国城市必定要变成美国的城市，并在这个过程中失去克里奥尔人的风味。从殖民地向主权国家的转变，并没有令吸血鬼感到完全满意。在访谈中，说到1812年以后的那个时期，路易斯（在电影版中）以悲伤的语调说到：

岁月转眼间流逝，我们周围的城市变了，帆船被汽船代替，从中不断涌出巨大的陌生人群。一个新的世界在我们的身边拔地而起，我们如今都成了美国人。

在路易斯看来，巨大的陌生人群与他们的活力与变化有关。然而，这不符合莱斯泰特的口味。（在电影版中）路易斯记起了在乘客从纳齐兹（Natchez）号汽船上岸时他与莱斯泰特在码头旁边的一次对话(图 3.7)：

图 3.7　纳齐兹号汽船，新奥尔良。

莱斯泰特：肮脏疯狂的潮流。天啊，我半点也不会放弃旧式的克里奥尔人的血统！

路易斯：美国佬不合你的口味。

莱斯泰特：嘿！他们民主的风味不合我的胃口，路易斯。

有两种观念被卷入了这场对话，在某种程度上，两个人物都陶醉在“克里奥尔人”世界的混乱意义里了。在新奥尔良，克里奥尔人只能是指路易斯安那的殖民地时期，或者是生于那个时期的某个人。在这个意义上，克里奥尔人有可能是任何一种血统，或者说是任何一种混合的血统。然而，按照一般的当代使用习惯，克里奥尔人是指某人是欧洲人与非洲人后代的混血儿。在这个意义上，莱斯泰特同时含混地向纯种人和混血者主张权利。通过以这种方式提出血统的问题，“克里奥尔人”这个词实际上是为在新奥尔良的血统中净除它的民主成分而效力。替代它的主张是蓄奴制等级制度，具有反讽意味的是，在这种等级制度之中，奴隶主与奴隶的血统却是混合的。在这个例子中，被吸血鬼戏剧化了的是奴隶制凶猛的撕咬：它无情地榨取奴隶的血液，还露出一种令人作呕的餍足的暗示。

在伦敦和新奥尔良，血统问题在吸血鬼故事中成为生死攸关所在。明显存在着对于血液的焦虑：有关它的转让，有关它的混合，有关它的民主，有关它的循环，有关它的生与死的力量。然而，正如斯托克、安妮·赖斯和尼尔·乔丹所清楚表达的那样，在提及血液的时候，这些焦虑向不同的方向延伸。斯托克清楚地展现并缓和了一种恐惧，即外国吸血鬼将会不受惩罚地吃掉伦敦人。乔丹急于要强调吸血鬼的压榨性质：它们从活人的生命中取食。赖斯对吸血鬼的贵族化解释则为恐怖增加了诡异的色彩，如同美丽与残忍被折叠进了同一个形象。

然而，赖斯的贡献在于她对吸血鬼内心世界的表达：它们的生命没有良知，它们的意识中没有生命。在赖斯看来，吸血鬼是命中注定的，正是这一点使吸血鬼变得美丽：对赖斯而言，命中注定的部分是，吸血鬼超越了它们的时代，超越了空间。它们的命运就是要失去与它们时代和空间的联系，变得没有它们自己的时空。正是由于这相同的原因，它们是危险的。有趣的是，在赖斯的故事中，那些在这个世界有家、或是被给予了家园的吸血鬼既不是命中注定的，也不是美丽的——路易斯在欧洲遭遇到的吸血鬼就是例证。

（错误地）以为他们已经杀死了莱斯泰特，路易斯和克劳迪亚——一个儿童吸血鬼①——逃到了欧洲。他们开始了一次探索，要去找到

① 克劳迪娅是一个由路易斯制造的年幼的女吸血鬼。他们不正当的乱伦以及恋童癖的关系构成了小说的核心。在小说和电影中，性在这个儿童形象中上的诡异表现都得到了充分地展开。性也是赖斯小说的关键部分。吸血鬼是怪异的。（参见 Gelder，1994，pages 58 - 64；亦可参见 Dyer，1988）不断制造出反常的幽灵——但通常随之就消灭它们。

可以告诉他们身世的其他吸血鬼。它们受流行故事（如《德库拉》）的影响，在东欧展开了广泛的搜索。并没有找到与它们自己十分相像的吸血鬼，路易斯和克劳迪亚反而找到了长相似狼的生物。不幸的是，这个动物吸血鬼却向路易斯发起攻击，他无奈之下将之杀死。沮丧地年复一年的寻找，这一对吸血鬼最终来到了巴黎——多重意义上的首府。在巴黎，当路易斯认为这座城市是新奥尔良之母的时候，他也就在一定程度上获得了内心的平静。巴黎，路易斯声称，

> 正是她赋予新奥尔良以生命，给予它最初的民众，而这正是新奥尔良那么长时间以来一直极力想拥有的一切。可是，尽管新奥尔良很美丽而且活力四射，却也虚弱得不堪一击。那里有某种永远野蛮的东西，从里到外都威胁着具有异国情调的高雅时髦的生活……因此，新奥尔良从来都像是在那些正在奋力打拼的平民百姓想象中的一个梦，一个无时无刻不被一种虽然意识不到却很顽强的集体意志所操持的梦。（Rice，1976，pages 219－220）

新奥尔良对于路易斯很像是巴黎对于本雅明——是一个梦的集成：一个美丽的、绝望的、异国情调的、复杂的、脆弱的魅像①。尽管巴黎带给路易斯的是一种血缘和归属：一种母子间的明确关系，通过血缘与文化的脐带联系起来。但是巴黎也是一个衰退与死亡的舞台：众所周知，血液曾通过它的街道流淌②。在这种背景下，吸血鬼剧院（théâtre des Vampires）是欣欣向荣的。在这个令人毛骨悚然的剧院中，真正的吸血鬼假装是人装扮的吸血鬼，因而遵循着这个时代的黄金律令：隐藏在众目睽睽之下③。路易斯与这些吸血鬼的相遇还证明了另一种痛苦的绝望。路易斯并没有找到与他相像的吸血鬼的亲缘，

---

① 参见第 1.7 节，亦可参见 Caillois，1937。

② 参见 Corbin，1995。

③ 就像在爱伦·坡著名的《失窃的信》(1844) 中那样。

他意识到他们是衰落的，自我消耗的，险恶的。

尽管阿曼达，一个400岁的吸血鬼，与吸血鬼剧院有关联。路易斯还是被阿曼达所吸引，部分是着迷于他的年纪，但也被他古老的优雅所吸引。（在电影中）路易斯访问了阿曼达，表面上是要去寻找有关他的吸血鬼血缘的更多信息。阿曼达反而告诉路易斯的是最终致吸血鬼于死地的原因所在——它们与它们的时代精神失去了联系。

阿曼达：你知道很少有吸血鬼能获得永生的毅力——它们很快就自愿地埋葬了自己。世界改变了。其中的反讽最终杀死了我们。我希望你与这个时代保持联系。

路易斯：你明白吗？我不是时代的精神。我与所有的事情都无法协调。我一直如此。

阿曼达：但是，路易斯，那正是你的时代的实质。时代精神的核心。你的堕落就是一个世纪的堕落。

路易斯：那剧场中的吸血鬼呢？

阿曼达：颓废！无用！他们不能反映任何东西。但是你能。你反映了时代破碎的心。

此时此刻，在一个同性恋的时刻，阿曼达轻抚路易斯的脸，并说了声“你真美”。路易斯的伤心，路易斯的疏离，就是他的美丽。在某种意义上，路易斯所处位置的恐怖在于，他选择了成为——还不是真正地，还不能容忍这一想法——一个吸血鬼。（当心你想要得到的。）他感到应该受谴责，感到灵魂丧失。正如阿曼达所指出的那样，反讽就在于，这正是时代的状况：无情，可恶，美丽，残忍，疏离于一切事物。与其他吸血鬼不同，路易斯既与现代性——一个自身矛盾的时代——有关联，也与新奥尔良——一个自我矛盾的城市——有关联。然而，这种联系只给路易斯带来了情感上的疏离，既与现代性疏离，也与城市疏离。路易斯与他的时代和他的地方一样自相矛盾。

与此同时，巴黎的吸血鬼超越了时间，生存在一个他们自己制造

图 3.8　花园街拉法叶公墓 1 号，新奥尔良。

的世界之中。在赖斯看来，这些堕落的吸血鬼是怪诞的——因为它们生存在上帝的律法之外，自然的律法之外①。然而，这个被降格的吸血鬼世界也有它自己的法律。正像路易斯将会发现他要付出的代价一样，在这些法律中居于重要地位的，就是禁止杀死其他吸血鬼。在听了路易斯和克劳迪娅忏悔杀死了（他们相信是这样）莱斯泰特之后，吸血鬼剧院判处了他们死刑。然而，阿曼达救了路易斯：他们一起逃到了新世界。在一个多世纪之后，路易斯再次与莱斯泰特狭路相逢。莱斯泰特住在新奥尔良花园区普拉塔尼亚街上的一幢房子里，以老鼠和其他残余物为食，恰好临近拉法叶公墓 1 号（图 3.8）。路易斯注视着阿曼达和莱斯泰特，他意识到做不死者的真正恐怖就是永生本身——没有归属：不属于一个时间，不属于一个地点，甚至不属于一个种族。

在吸血鬼故事中，血液是与种族密切相连的。种族在纯种与混血

---

① 事实上，吸血鬼这个字眼儿在 19 世纪经常被用来指称罪犯。例如，大约是 1878 年的《博迪晚报》(*Bodie Evening News*) 用来指居住在加利福尼亚矿业城镇的“流浪汉和吸血鬼”。（我要感谢迪迪亚·黛莉瑟尔让我注意到这一资料。）相似的是，在应对德库拉对戈谭 (Gotham) 市造成的威胁时，蝙蝠侠观察到：“让我们这样说吧……对我来说……所有的罪犯都是在黑夜的掩护下捕食无辜者的‘吸血鬼’。”(Moench，1991，page 22)

的观念中得以体现，但也会通过吸血鬼与人类血脉相对比①，通过历史和谱系学，并且通过血缘和归属。吸血鬼唤起了种族仇恨的幽灵，并且利用了这个幽灵。吸血鬼销蚀了种族等级制或种族真相的一切意义：真相是简单的——所有的人类都是食物。吸血鬼吸血时的快感，使得一种特定的变了味的幽默可以进入种族仇恨或者种族概念化的领域，比如，把种族混合当作与鱼和薯片的混合相等的东西。如同吸血鬼一样，城市也不是展开对任何像“种族”那样不纯洁事物的纯洁性争论的地方：血液就像陌生人一样自由流动、混合。确实，对于吸血鬼和城市来说，真正的恐怖可能在于认为血液不会那么自由流动的想法。

吸血鬼似乎是自由的，不受必死命运的限制（除非不幸与刑柱和阳光相遇）。这种自由也是有代价的：归属于一个种族、一个地方、一个时间的代价。吸血鬼是命中注定的。然而，这已经证明是吸血鬼魅力的一部分。这个美丽、优雅、不朽和忧郁的吸血鬼形象已经证明是非常有诱惑力并非常受人喜爱；实际上，新奥尔良本身已经接受了这个形象。在某种程度上，新奥尔良与吸血鬼最终已不可分割地彼此联系在一起了。

3.7 新奥尔良与吸血鬼旅游：出售吸血鬼的恐怖与信心

法国街区中心的皇家路在许多有关新奥尔良的故事中有着非同寻常的意义。它是毁灭性大火初发的地方，是许多谋杀案发生的地方，是幽灵出没的地方，也是吸血鬼“筑巢”的地方（图 3.9）。

安妮·赖斯的吸血鬼不是第一个——甚至也不是最后一个——在新奥尔良永恒、神秘的氛围中找到家的。在小说《堕入地狱的亡魂》

① 人类与吸血鬼血脉的不同是吸血鬼故事中的一个常见主题。参看电影《刀锋战士》（*Blade*，1998）的第一部。男主人公刀锋战士既是一个人与吸血鬼的混血儿，也是一个黑人吸血鬼形象（由韦斯利·斯奈普斯扮演）。

图 3.9 新奥尔良的皇家路。这座建筑在电影《夜访吸血鬼》中被选来作为莱斯泰特、路易斯和克劳迪亚的家。

（*Lost Souls*，1992）中，鲍比·布莱特（Poppy Brite）这样描写到：

> 新奥尔良一直如此。基督徒住在其他地方，远远地隔着阳光照不到的大海，那些更古老和更黑暗而又陌生的地方，是属于大量的幽灵的。但是，在别的什么地方，奴隶精神确实还在虐待狂的拉劳里夫人皇家路的房子里哀叹，在别的什么地方，人们还能闻到一个毕生岁月都被用链条锁在火炉上的女奴经久不去的汗水？在别的什么地方，乌鸦纷乱地飞在圣路易斯公墓的废墟之上，并把墨黑的、凶恶的目光投在一座墓冢之上，那上面有成百上千个褪了色的红色粉笔留下的红色 X's-X's 印记，X's 依然清新闪亮，作为伏都教咒语的 X's，激起了永远年轻的伏都教女王玛丽·拉弗愤怒的 X's？（Brite，1992，page 63）

对幽灵来说，小说中的一个人物，

起初，这里似乎有太多的魔法，以至于它只能蒙蔽直觉，转移信念。在每一个街角都有另一个故事，在每个院落雅致的影子之下都有另一个徘徊的神灵。它们中的某一些是贪婪的，而且还把手伸向他敏感的大脑，低语声进来了，进入到我的身体，聆听我的故事吧。这些建筑物和人行道本身似乎也有一种耳语般的、潜意识的声音。(1992，page 307)

鲍比·布莱特的吸血鬼——尽管他们像安妮·赖斯的吸血鬼一样，几乎是与一切事物都无法协调的，包括命定的寿数——在新奥尔良则过得最舒服。而且新奥尔良也乐于接受他们。幽灵也许只能听得到出现在建筑物和人行道中的潜意识声音，但是，许多（声名狼藉/著名的）吸血鬼的旅行却在尽力使他们的故事绝对不容错过。日复一日，年复一年，新奥尔良诉说着它自己的吸血鬼故事（参见图 2.11）。在本节中，我愿意花一点时间来谈一下新奥尔良是怎么认真对待吸血鬼的。吸血鬼——以及事实上的伏都教和幽灵——确确实实是新奥尔良魅像的一部分（参见图 3.10）。只要在法国街区转上一圈就会让你对此深信不疑（图 3.11）。

图 3.10　万圣节前夜的吸血鬼，新奥尔良。

新奥尔良有各种各样的徒步旅行。鲍比·布莱特观察到，每个街角都有一个可讲的故事。好吧，同样真实的是，法国街区和花园街的每一个街角也都可能有一个 20 到 50 人的徒步旅游团体在聚精会神地聆听着一个人讲故事——每人都为这种特权付出了相当于 15 美元的代价。徒步旅行是新奥尔良旅行中引人注目的现象。最受人欢迎的旅行

图 3.11　吸血鬼服装店，新奥尔良。

涉及需要导游领队，沿途向游客讲解新奥尔良的建筑、历史和神话。主要的景点包括花园街的大厦、圣路易斯 1 号墓和杰克逊广场。伏都教、吸血鬼和幽灵旅游都特别令人难忘。事实上，皇家路夜晚的娱乐项目之一可能只有观看不同团体——我曾在一个街区的范围之内数出了 7 个——表演的一种复杂难懂的舞蹈剧目，而在此同时，那些导游们则在忙着协商到达、解说和启程之类的事情①。一个旅游团被称为魔鬼纠缠的历史，由西德尼·史密斯组织。若干年前，他们可以夸口说有一个真实的吸血鬼，大概是叫做威拉德·则别斯骑士（Vlad Tepes Knight），这是他们吸引人的妙招之一（图 3.12）。

我无意于对这些旅行项目涉及的许多吸血鬼景点做出详细的描述，打算只以两个为焦点：第一个是拉劳里的房子，第二个是乌尔苏拉修道院。这些景点将会让我们对新奥尔良的吸血鬼历史有所了解，这也

① 这是实际上这些旅游项目中的另一种娱乐形式：我当然愿意推荐它们！

是安妮·赖斯和鲍比·布莱特的小说编织的一个背景。值得一提的是，安妮·赖斯的小说以及电影中涉及的主要旅游景点常常被标示出来：导游所进行的血液运作就是去与文学、神话和吸血鬼的“事实”交互指涉，为新奥尔良创造了梦幻般的质地，在其中，几乎任何事情、一切事情都是可以想象的。

图 3.12　魔鬼纠缠的历史中的威拉德·则别斯骑士，2000 年 9 月。

新奥尔良吸血鬼历史“事实”的最好例证就是皇家路 1140 号的拉劳里的房子（图 3.13）。1831 年，这所房子被戴尔芬·马加蒂·拉劳里居住，她是附近的庄园主路易斯·德马加蒂爵士的女儿，他的第三任丈夫是（巴黎的）内科医生尼古拉斯·拉劳里。拉劳里夫人对待仆人的残酷是早已闻名的。她曾经追捕一名 12 岁的童仆利亚，直到她死去为止。她所接受的唯一惩罚是 300 美元的罚款。然而，这却是被当地报纸《蜜蜂报》（*The Bee*）报道过的事件，大多数有关这座房子的故事都依赖于这个报道。1834 年 4 月 10 日的夜晚，房子中起了一场火，消防队快

图 3.13　皇家路 1140 号的拉劳里的房子。

速赶到并扑灭了火灾。消防队员们能够听到来自房子内部的尖叫声，并且不得不撞开被锁上的门，进入声音发出的地方。他们的发现令他们脊背发凉，一些人因死亡的恶臭而呕吐。还是让魔鬼纠缠的历史旅游项目自己策划的图书来继续这个故事吧：

> 数不清的人被链子锁在墙上，伤痕累累并面容损毁，明显是残酷的医学实验的受害者。许多人已经死了，有些人还活着。几个人看起来面部已被毁损，使得（他们看起来）更像是滴水兽，而不像是人类。一个人看起来似乎是某种凶残的变性手术的受害者……另一个受害者明显是被切断了臂膀，皮肤也被以环形的图案剥落掉了，使她看起来毛虫人。然而，另一个人被锁在一个被报纸描述为只有适于一条中型大小的狗的笼子里。打开这个笼子，施救者发现，拉劳里夫妇已经割断她身体上所有的连接处，并且重新把它们从奇怪的角度装在一起，所以她看起来像一只螃蟹（Smith，1998，pages 18－19）。

这个版本像是《蜜蜂报》的版本，但又不是完全的重复。在1834年4月11日，《蜜蜂报》报道了几个奴隶从这座建筑中被解救出来，在长达几个月的时间里，他们的身体全部都被“或多或少地残酷伤害”。第二天，一群有2 000人的愤怒的群众搜索了拉劳里的家，但是，他们已经逃跑了，可能是回到了巴黎，或者也可能在国内的弗朗西斯维尔。从那时起，周期性地（事发当时、然后又在19世纪90年代、20世纪30年代和20世纪70年代），总会有一个带着铁链、满身血迹的小孩（利亚?）在阳台被发现，有时在奔跑着，常常跌落到下面的街道上。然而，发现于另一个房间的奇怪装备的故事，引出了有关拉劳里夫人是巴斯莉女伯爵的一个当代翻版的沉思。她吸血吗？她用血液沐浴吗？在拉劳里夫人与巴斯莉女伯爵夫人之间有联系吗？她们实际上是同样的人吗?

令我感兴趣的是讲述这些故事的方式。尽管故事在虐待“仆人”

（他们很少被描述为“奴隶”，更不要说是“非洲奴隶”）的具体的性质上有差别，但只是在相关细节上添油加醋。在某种意义上，这简直就是戏剧——一场吸血鬼的戏剧。在这些故事中，没有对于受害者的同情：事实上，受害者越多，伤害越可怕，暴行越残酷，流的血越多，也就越好。乌尔苏拉修道院的故事则有些微妙的差异。

这所修道院是新奥尔良最古老的建筑之一，1725 年，这个城市的创建者之一比安维尔邀请修女会的乌尔苏拉到新奥尔良来创建一所军事医院。十名修女在女修道院院长 M. 特兰其佩的带领下，于 1727 年到来并建立了一所孤儿院和北美的第一所女子学校（这所学校至今尚在）。乌尔苏拉修道院在灾病时期也全面参与了对病人的看护。有故事讲到，在这个时期，女性被鼓励去新奥尔良的新殖民地旅游。然而，无需为旅程付费，唯一的需要是随身带上一副棺材：大多数病人都因各种原因而被盼着快点死去，殖民地的棺材价格昂贵而且供应短缺。女人们只身带着棺材上岸的情景催生了谣言，所以，故事讲到，她们是吸血鬼。这些新来的女人最初都是被安置在修道院的房子里。旁观者开始注意到，修道院上层的窗户从来也没有被打开过。推测由此而起，吸血鬼女人就是被放在这些永远黑暗的楼层里的。推测认为，这些女人还在那里，被封锁和掩藏在顶层。（图 3.14）。

在这个故事中，对那些踏上新奥尔良危险旅程的女性有更多的同情，在 18 世纪，要居住在新奥尔良也一样冒险。这些随处可见的死亡的故事，随身携带棺材的故事，被永远锁在阁楼上的危险妇女的故事，为吸血鬼的想象提供了支持。这些易受攻击的女性与吸血鬼之间幻影般的联系是建立在死亡基础之上的，建立在生命丧失的基础之上的，正如科蒲杰克可能指出的那样，是建立在死一般的脱水的真正可能性之上的。而且，正如在庞蒂雅娜故事中讲到的那样，对于女性身体的恐惧通过女性吸血鬼的形象被朴素地表达了出来。然而，这一次，她们被远远地锁进了（安全地?）修道院——一个神秘女性的封闭的共同体。

重要的是，新奥尔良喜欢这样的血液丧失和死亡的故事。人们渴

图 3.14　乌尔苏拉修道院，新奥尔良。顶层百叶窗的背后有吸血鬼吗?

望听到过去的野蛮和虐待狂实践。也许，这里所表现出来的恐惧在现代的美国很容易被缓解：梦想的土地。另一方面，这些故事迫使新奥尔良与吸血鬼共处，带着对吸血鬼的渴望而生活。实际上，吸血鬼旅行必须为其他城市提供的教训正在于此：吸血鬼正在此地。更进一步说，吸血鬼还是很难捕捉到的，他们有超自然的速度，并且很容易比人类的寿命活得长久。这就引出了最后一点，我也将借此来结束本章——吸血鬼在某种意义上暴露了城市生活的不朽性以及城市吸取其居民生命的方式。

3.8　结语：血液、生命与城市生活不死的循环

从某种意义上说，我一直正在进行着城市的血液运作，对它们的情感生命的各个侧面做出诊断。首先，我们注意到围绕血液本身强烈的矛盾情感。这种矛盾情感的构成远不是超越历史或者是超越地理的。新的条件创造了矛盾情感的新形势：一个恰当的例子就是通过或是以

HIV/AIDS的名义进行的血液运作，以及它是如何重构的，接触传染、性与死亡是被如何理解的①。凝缩并且转移到吸血鬼这个形象之上的是对于性和死亡、血液和循环、纯洁和危险的欲望与恐惧。吸血鬼已经成为具有强烈的矛盾性的形象，它一直不去面对——如不死者也不愿去做的——一切可能绑架它们的东西。而且，正是吸血鬼的模糊性已经使得其他情感、意义和权力网络的轮廓被勾勒出来：那些亲缘、移动、流动、血脉、必死性的网络等等。

图 3.15　迪凯特街上的吸血鬼酒，新奥尔良。

在城市生活的魅像中，吸血鬼是有重要意义的形象：无论它们属于血液，或是属于不死者，甚或是属于梦幻和魔法。作为一个明显存在于许多城市的形象，吸血鬼能够使我们强烈地感受到在任何特定的城市中性、诱惑、必死性、死亡、甚至是快感之间的联系（图 3.15）。例如，匿名的庞蒂雅娜与比如拉劳里夫人这样的社会形象很不相同。相似的是，尽管《僵尸终结者》可能指示了一种（在美国）总会有一个救星出现的欲望，或是表达了（美国人）对把郊区建在地狱出口的怀疑，这两种观念都不是必然地会在其他地方、其他时代流行的。

从帝国的边缘而来，吸血鬼如今正生活在资产阶级大都市拥挤的街道之中，在这里，人们的活动，以及他们的死亡，已不可能得到完全的解释。与伏都教穿越大西洋一样，在伦敦、新加坡和新奥尔良之间，对吸血鬼的追踪已经揭示了事物到达、居住和离开城市所经过的

① 相关的著作是勃朗宁（Browning，1998）：勃朗宁也提出了诸如伏都教、伏都教经济，以及被我称为是伏都教的大西洋的问题。

特定的路径。我在第二章中曾指出，存在着以多种方式通过城市来运作的各类神秘学的全球化，它们也以不同的方式积极地制造着这些城市。在这里，我一直关注的是不死者的全球化：没有人类意义上的死亡——以及生命——的诸事物仍然可以构成人们的生活，并且通过人们的生活来循环。对吸血鬼的跟踪显示，一个地方（比方说，西方）的城市与其他地方（比方说，东南亚）的城市之间的联系并非总是存在于光天化日之下，也未必只存在于世俗的时代之内。吸血鬼跳过了时间与空间；事实上，它们自己创造了吸血鬼的时间与空间。城市对于这些吸血鬼的殖民地化和全球化是城门大开的。我们现在能够观察到是，面对由（不死者）的力量所推动的殖民化和全球化过程，城市是易受伤害的，因为这种力量似乎存在于远远地超越了它们的世界之中。

吸血鬼同时反映了城市的焦虑和欲望。我们曾经听说过现代吸血鬼对于血液的不知餍足的渴望。吸血鬼也曾是性感的尤物：催眠般的和美丽的，优雅的和有诱惑力的。在大城市的影响之下，吸血鬼已经变成温文尔雅的，精明老练的，有文化修养的，能够被与陌生人的联系而感动，陶醉于他们颓废的快乐，并且能够大悲大喜。吸血鬼已经把现代城市变成了它们的家。但是，在现代城市中吸血鬼是在家吗？似乎是这样。城市把异乡人带到了邻近的距离并将他们混合起来。城市里充满了陌生人，熟悉的和不熟悉的，不知名的和记不住的。城市是吸血鬼的天然哺育场——急切地从它多种多样的居住者身上汲取生命，因为有一种现成的受害者的供给，在这些受害者失踪之后，没有人会想念他们。也许，城市也会教给吸血鬼一些东西。在城市的影响之下，有可能吸血鬼可以学会在谈判中而不是在血液上庆贺人类的多样性——因此，有可能吸血鬼将会欣赏他人的生命，甚至为他们吸血的方式承担责任。这可能不是吸血鬼的选择：城市有责任辨别吸血鬼，并严肃地承担其行动后果。

吸血鬼总是威胁着要逃避人类驯养，这与它们的不死性有关，或者说是与他们不死的事实相关。吸血鬼表明了永生的视角如何能够导向对于生活的冷漠无情，把人当动物来对待（或者比动物还差）。从特定的修辞来说，吸血鬼与资本主义和货币经济的吸血方式相似。从这个角度观察，城市本身也变成了吸血鬼：以它的市民的呆板的劳动为生（正如马克思曾经指出的那样），这些市民只是隐约地知道它的吸血鬼的暂时性——即使当他们自己在全天候运行的城市中也变成了黑夜造物的时候。事实上，吸血鬼对利益和收益的计算方式不同于人类。吸血鬼是这样，城市也是这样。正如人类知道的那样，他们对财富很冷淡。人类可能在他们活着的时候积累大量财富，但吸血鬼和城市能够等待，让危急时刻过眼而去。吸血鬼和城市都会出现危机，当他们失掉了与它们时代、与生命本身的联系的时候——当他们不再有耐力去改变或适应的时候。

亡灵吸血鬼处在生与死之间。正像一个关于性和美丽、生命和死亡的故事一样，吸血鬼在直接地与生命和城市建立联系方面占有优势，即使当它扼住了生命的咽喉。吸血鬼是一个有充分代表性的社会形象，尽管有毒牙、催眠般的眼睛和红红的嘴唇。尽管死了，吸血鬼还有一条肉体的生命，尽管受到了一个冷酷、无情、吸血、没有灵魂的心的控制。尽管死了，幽灵还是与社会人物非常不同。是的，像吸血鬼一样，幽灵也处于生命与死亡之间。但是，幽灵与两个世界都没有充分的联系。幽灵是难以理解的，没有形体的，它受到了似乎难以辨认的命令的控制。与吸血鬼不同，幽灵关心生者，只是不以生者一向欣赏的方式罢了。与吸血鬼不同，幽灵难以对付，它甚至也不能拔营而去，幽灵盘踞作祟。

像魔法一样，幽灵初看上去与现代城市毫无关系，但他们常常在城市生活的魅像中反复出现——幽灵就像飘过城市的人物一样。尽管幽灵常常发现很难与生者交流，它们见闻广博。它们能够告诉我们缠绕住一个城市意味着什么，能够告诉我们贯穿城市生活的一系列不公现象，并且告诉我们离开是多么的困难。所以，我们最后将要转向被幽灵盘踞的城市。

第四章　幽灵之城

在这里，城市遭幽灵作祟且并且也作祟于他人。

一切已死的先辈们的传统，像梦魇一样纠缠着活人的头脑。（Karl Marx，1852，page 146）①

4.1　引言：城市生活的如幽灵作祟般的特质

幽灵不只是一个死去的人或一个下落不明的人，而是一个社会形象，对于幽灵的考察可能指向历史与主体性创造社会生活的密集地点。幽灵或者称为鬼魂，是某种业已丧失了的、或是用肉眼几乎看不见的、或是对于我们的据说是受过良好训练的眼睛来说似乎不存在的东西，让它自己被我们察觉或者向我们显形的一种形式，当然是以它自己的方式。幽灵的存在方式就是作祟，而作祟是一种非常特殊的了解已经发生或正在发生的事情的途径。被幽灵作祟使我们受到情感上的牵引，有时竟违背我们的意志，并且总有一点陷入了魔法般地进入一种我们即将体验到的现实的

① 中译文见《马克思恩格斯文集》第2卷，第471页，中共中央马克思恩格斯列宁斯大林著作编译局编译，人民出版社，2009年。——译者注

情感结构，不是作为冰冷的知识，而是作为一种有变革能力的确认。（Avery Gordon，1997，page 8）

根据社会学家艾弗里·戈登（Avery Gordon）的说法，幽灵是一个向我们诉说着丧失、灾难、不公的社会形象。而且，幽灵故事所能做的，就是引荐一种作祟的效果，它使那些丧失、灾难和不公获得了一种情感确认。幽灵故事可能悄悄从你心中爬出，令你毛骨悚然。它们可能是令人不安的，诡异的，可怕的。这当然是通过城市生活魅像去追查幽灵这个社会形象的一个原因。另一个原因与幽灵和时空的关系有关。通过作祟，幽灵在城市空间的生产中泄露了时间与记忆的意义。作祟是与地点密切相连的；幽灵作祟于地方、空间和场所。幽灵很少远离与死亡相关的地点，很少远离与丧失、灾难和不公相关的地点。尽管与地点紧密联系在一起，但幽灵也并非一直显现。

幽灵出现又消失。在这个过程中，幽灵使一个地方的时间流动失去了稳定性。它们改变了一个地方与时间进程的关系——因为幽灵似乎不是从任何地方跳出来的，而是以某种方式一直在那儿。当再次见到他父亲的幽灵时，（莎士比亚戏剧中的）哈姆莱特这样描述了这种不安的经验："时间脱节了（Scene V，Act I）①。"也许，他可以同样说，"空间脱节了"。随着对丧失、灾难和不公的理解，幽灵表达了城市的时空错位。

在戈登看来，幽灵透露了对于城市生活中的丧失、灾难和不公的一种令人毛骨悚然的、惶恐不安的确认。她认为，幽灵故事的情感特质可以引向"有变革能力的确认"。幽灵可以是启示性的、具有进步意义的。这不是马克思意义上的幽灵。根据马克思的说法，幽灵把活着的人捆绑在过去的传统之上，并且是极端反动的。幽灵紧紧抓住活人

---

① 许多人认为幽灵出现于"脱节"的时代。这主要来源于德里达对哈姆莱特的讨论：参见例如 Derrida，1993，pages xix，17 and *passim*；亦可参见 Laclau，1995；以及 Jameson，1999。

的心灵，就像一个醒来之后依旧盘桓不去的噩梦。这就是处在本章核心的政治问题——幽灵是有变革能力的还是反动的？接下去的问题是，我们该如何对待幽灵？

首先，我将讲述几个新加坡的幽灵故事。目的在于说明在城市的过去与灾难发生地点之间存在那种如幽灵作祟般的关系。[①] 第一组故事直接与新加坡历史上的创伤时期有关——第二次世界大战期间的日本占领期。尽管在英国和澳大利亚部队的抵抗之下，日本军队已感到精疲力竭，寡不敌众，但最终还是在 1942 年 2 月 15 日占领了具有战略意义的港口城市新加坡。由此开始了长达 3 年半时间的野蛮统治。这些战事中的幽灵今天依然尚存[②]。

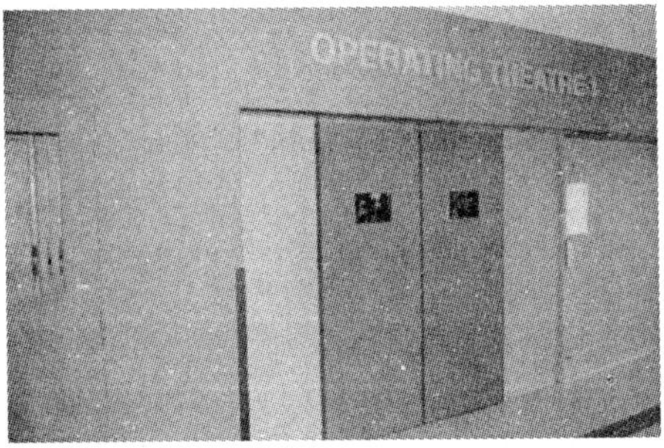

图 4.1　亚历山大医院 1 号手术室，新加坡。

1942 年 2 月 14 日的夜里，日军士兵闯进亚历山大医院，在此之后便不断为非作歹，并且开始用刺刀刺伤病人、医生和护士[③]，包括那些正在 1 号手术室中的医生和护士，那里有一台手术正在进行。那些幸存者都被赶进了狭小的、不通气的小房间。在令人窒息的高温中，没有水和食物，许多人都死去了。整个夜晚，幸存者们接二连三地被拖出来，并被杀害在医院里。英国受害者的幽灵经常被发现，尤其是在手术室（图 4.1）。当得知这一暴行之后，日本指挥官山下中将也感到震惊，他立即处死了几个涉事的士兵。他们的幽灵据说也一直在附近的山顶上出没。

① 亦可参见 Bell，1997。有关创伤与历史，参见 Hodgkin and Radstone，2003。

② 另参见 Lee，1995a，pages 46 - 64。

③ 参见《新加坡国家档案》，1996，page 48。

在新加坡城内，日本人对中国人心存戒备，并试图“净化”抗日情绪共同体。为了进行以肃清行动（Sook Ching）闻名的“筛查”，所有的中国男性都被迫向日本军方做汇报。日本军警把大约25 000名年轻的中国人带到各处的海滩，包括榜鹅和樟宜，以及岛内的其他地点，并将他们杀害[1]。今天，中国人去西乐索海滩过夜，希望能见到栖息于海滩上的幽灵（图4.2）。他们报告说他们看见了日本士兵拿着刺刀向他们走过来，看见了人们被大肆屠杀，甚至还亲自体验了屠杀的场面[2]。在许鞍华的《幽灵人间》（*Visible Secrets*，2001）上映的时候，这种年轻人对幽灵出没的海滩的探访也在香港出现。

图4.2　西乐索海滩，新加坡。

1942年的幽灵提示我们关注新加坡殖民地时期和日本占领期的可怕事件与特定地点之间的关系。然而，在新加坡还有比这更多的幽

---

① 参见《新加坡国家档案》，1996，pages，67-70。

② 有关西乐索海滩大屠杀的故事未经证实，但可以肯定的是，大屠杀的尸体被冲到了绝后岛（圣淘沙岛）的沙滩。

图 4.3　饿鬼节期间的牛车水（Chinatown），新加坡。

灵①。事实上，新加坡到处都有幽灵。在农历的7月更是如此，在这段时间里，根据道家传统，饿鬼与活人的世界全面接触②。在以饿鬼节（中元节）闻名的日子里，人们为了饥饿的幽灵而不吃饭不喝水，通常也包括某些甜食。他们还要烧香，烧纸，这些东西代表金、银和衣服，特别是还有各种面额的印有地狱钞票符号的纸币（参见图 4.3）。

我曾向一个人打听过饿鬼节的事。他一边继续把衣服（绿纸钱）放进街边的小火堆上，一边告诉我说，他并不相信这些东西。但是，他补充道，有些人死在不幸的环境之下，并且需要食物、衣服和钱去维持他们在地狱的生活。他觉得，如果他每年不在饿鬼节做些什么的话，他会感觉自己好像欠下了某人什么东西似的。他还再次告诉我，他不相信有饿鬼。然后，他给我讲述了他的一个朋友有一年假装饿鬼的事情。

---

① 参见 Choon，2004；Faucher，2004。

② 关于饿鬼节，参见 Goh，1997；另外还可参见 Lee，1995b；和 Ong，2001。佛教徒也过饿鬼节，只不过是以忠孝的名义，它以木莲的传说为本。遭遇饿鬼的例子，参见史蒂芬·方对他与他的兄弟相会的叙述（Jimmy，2001）；一个职员的故事（Anon.，1989）；或者是一个家庭主妇的故事（Anon.，2002）。

这个人站起身子，弓着腰，像是痛苦地缩着背。他解释说，他的朋友就是这个样子。你不必太当回事。

如果说幽灵没有受到恭敬对待的话，他们明显可能会捉弄活人，甚至伤害他们。在多重意义上，这样一种观念符合弗洛伊德对幽灵信仰的描述。弗洛伊德的观点就是这样表述的。生者害怕死者，因为生者中的某一部分人曾因他们的死去而感到高兴、安慰。这种因他人的死亡而产生的快乐情感使生者感到有罪和可耻。在弗洛伊德看来，生者把他们的罪感和耻感，以及他们对惩罚的期待和恐惧，转移到了幽灵的形象之上①。于是，幽灵试图让生者受伤，因为生者暗地里怀着对于死者的恶感。为了安抚幽灵并劝说他们别去为害，生者必须表明他们对于死者毫不含糊的哀伤，以及/或者他们对于亲人死去所遗留下来的一切的无上感激之情。

图 4.4　聚集起来焚烧饿鬼节献祭品的一小群人，新加坡乌节路。

然而，对于饿鬼节而言，还有比幽灵返回寻求为害的弗洛伊德式恐惧更多的内容。例如，人们相信，作为祖先，幽灵能够对生者世界的事件产生影响。给幽灵献上食物、金钱和衣物就是一种“投资”：你奉献的越多，作为回报，你得到的运气就好②。最终，许多人烧掉了大量的纸钱作为献祭（图 4.4）。然而，即使是最简陋的街边神龛受到的呵

---

① 参见 Freud，1913，pages 114 - 116；亦可参见 Stephen，1998 and Barrows，1999。

② 在许多人看来，这个节日是与“吉祥”用品的拍卖有关，通常是酒、或者微波炉、或者是扑满（piggy banks）等与日常家用有关的物件，这些物品被以高价出售，所得收益通常是捐给慈善机构。

护，也表明了对于死者的尊敬（图 4.5），就如同幽灵造访人间时，为了款待它们而上演的木偶戏和戏剧那样（图 4.6）。伴随着对于死者的预先警戒的态度，在这些行为中也存在着一种对于幽灵所处困境的深深同情，以及一种在精神上和施舍上的大度。

图 4.5　为死者祈祷，新加坡。

图 4.6　为死者上演的戏剧，新加坡。

我认为，这样的信仰并不仅仅是与现代性共存，它们也不是某种将会在一定意义上从现代城市中消失的残留的前现代迷信；它们是现代的新加坡的一部分。换句话说，新加坡的现代性和它的城市生活是被幽灵盘踞的，正如它具有魔法的和吸血鬼的特性一样。在这一点上，新加坡并非独一无二——这种与幽灵共在的经验，暴露了城市幽灵般的形象，它行进在现代城市生活的魅像队列之中，这就是现代性本身被幽灵附体的特性。因此，迈克尔·贝尔（Michael Bell）业已指出：

> 我们现代人，尽管有机械论和理性主义的气质，却是居住在充满幽灵的风景中。我们每天经过的这些风景，是被我们所看不到的、而且也无由见识其真相的神灵所居住、所占有的。（Michael Bell，1997，page 813）

幽灵作祟应当是与现代性互不相容的，然而，幽灵却似乎抓住了生者的脚踵，拖住了现代性的后腿。我倾向于认为，幽灵绝不代表进步的障碍，幽灵作祟正处于现代性的心脏和核心位置。[①] 幽灵是现代城市生活魅像中的一个熟悉的也许是令人感到困扰的形象。某些特定的吸血鬼主题早已出现，它们将增进我们对这些魅像的理解。这些主题与丧失、创伤和不公有关；与记忆和地点有关；与由幽灵创造和再现的时间和空间的紊乱有关；与死者对生者的要求有关；而且与生者如何对死者做出适当回应的问题有关。

我将从童年经验和无意识记忆对于地方造成萦绕的方式谈开去。这类情况表明，城市生活中列队而过的幽灵方阵与个人经验有关，与社会历史有关，也与城市的物质和社会生活有关。在第 4.2 节中，我将描述本雅明对他在柏林的童年生时代的叙述。这不只是一种自传叙述，也不仅仅是对他童年时代有重要意义的地点的描述。本雅明使柏

① 有关这一观点，可参见 Castle，1988。还可以参见 S. Marcus，1999，page 117。

林进入了一个魅像之中，在这里，他记忆中的形象，他周围的城市景观中的形象，他梦中的形象，都在眼前闪动起来。这种效果是令人不安的，就像昔日的幽灵重返，打破了生者生活的平静。

无意识记忆的经验可能非常令人困扰又令人惧怕。在第 4.3 节中，我考察了往事的出人意料的浮现所带来的那种效果——那种诡异的效果——如同在电影《第六感》（*The Sixth Sense*，1999）中传达出来的那样。在这部影片中，童年的经验和恐惧在一个心理严重失常小男孩形象中得以体现，他无法确定他能还是不能看到死去的人们。城市中的特定位置因为幽灵出没而为人所知。这些位置通常与它过去的不公相关，而幽灵似乎再现了这些不公。第 4.4 节以一个新奥尔良的幽灵故事开始，这个故事揭露了往昔的野蛮和无情——这个昔日的景象借助其在一幢古旧建筑中的位置而重新显现。但是，城市中更新的、现代的建筑也可能被幽灵作祟，正如以伦敦和新加坡的为背景的幽灵故事所显示的那样。而且，这些幽灵显示了现代城市生活中时间的异质性，它们是迅速流过城市空间的时间的魅像。

通过与特定地点（如建筑物）的联系，幽灵进入了当下——向生者提出它们（经常是不可理喻）的要求。生者可以用各种各样的方式做出回应。在第 4.5 节中，我探究了幽灵放在生者身上的感情负担，当它们在城市街道出没的时候。通过它们所拨动的情感和弦，幽灵也能作祟于城市的政治。政治问题在此后的两节中进行了讨论。第 4.6 节通过对一个奇怪事件的检讨介入了政治的讨论：一些不明来路的攻击者对于一幢表面看去是不具名的、却又夺人眼目的伦敦办公楼的一次攻击。而在第 4.7 节中，我将揭示，死者何以会像噩梦一样给生者的政治带来负担。在伦敦反资本主义抗议的余波中，幽灵再次出现并且登峰造极。其结果就是要改变政治论争的局面，这些论证涉及众多问题，从有关美好未来的问题到对上一代人所做出的牺牲缺少尊重的问题。在这两节中，我都表明，未来已被牢牢地束缚在政治的幽灵之上。这就提出了如何对待城市中这么多的幽灵这一至关重要的问题：也就是说，如果不以对于死者的永恒奴役状态为终结的话，城市如何能够恰当地给死者以荣誉。这是一个贯穿于本章的政治困境。

让我们先看一看本雅明对他柏林童年的记忆吧，也借此去探究一下城市是如何充当了一个无意识的恼人记忆的发生现场的。

4.2 对过去时代的回忆：记忆、魅像以及本雅明的柏林

记忆是人们城市经验和城市生活的一个恒定主题。根据本雅明的说法，当你走过城市的时候，记忆会在你的面前闪动。幽灵伴随着生者，甚至常常是在生者还不知道它出现的时候。然后突然之间，往事会让它自己的出现被人感觉到——幽灵出现了。这些记忆可能来自不同的源头，很像是梦的运作中的原料。它们可能是近期的，也可能是幻想的、几乎快被忘却的甚或是久已被人遗忘的。在这种情况下，童年记忆可能特别浓烈，特别令人困扰，特别让人挥之不去。童年时期被埋葬的恐惧和欲望可能会被突然记起，好像城市充当了一个播放闪回镜头的触发装置。

经验如同魅影一般，当许多混杂的记忆突然汹涌而过——恰如梦幻。观看这幕景象的最佳地方是在本雅明对他柏林童年的描述中。在《柏林纪事》（*A Berlin Chronicle*，1932a）中，本雅明开始通过一系列的回忆去重建柏林印象，关于地点，关于人物，关于柏林的时间与空间。不是要去重构一种对于城市和对于他自身经历的“真实”叙述，本雅明的纪事穿行在他记忆中的地点之间①。其结果便是一件在时空中漫游的迷宫式的作品，它借助的是对心理、物理和城市景观的同时展现。本雅明的写作有一种幽灵作祟的特质，这不是偶然的：他正是要去激活现代城市生活的特质②。

---

① 参见 Gilloch，1996；还有 Pile，2002；关于地方的记忆，参见 Nora，1989。

② 亦可参见 Hetherington，2001；以及 Gilloch，1996，Chapters 2 and 3。

首先，本雅明这样开始了他的柏林故事，他邀请读者去会见来自过去的人物，这些人物对他曾具有重要意义。确实如此，他构想了一幅柏林的地图，意义重大的关系都在这幅地图中被追寻出来。而且，本雅明还大略提供了为城市绘制地图的方法——通过沿街漫步，通过让自己迷失于城市，犹如在丛林之中迷失（page 298）。他相信，把自己交给城市，不只是要把自己沉浸于城市，还要能够留心城市生活的碎片①。在每一块碎片中，本雅明都追踪到了一种关系。如同梦的分析一样，每一种关系都导向更深的思路，导向其他的碎片②。然而，在某种意义上，本雅明的方法与其说是对梦的解释，毋宁说它更像是考古学。因此，他建议人们去小心地挖掘覆盖在碎片之上的土层。本雅明认为，让死去的城市重现，通常需要一次又一次地返回一个地点。重回柏林，他发现的正是它幽灵一般的特质：

> 喧闹的柏林，事实上的柏林，工作的城市和商业的都会，还有比其他一些城市更多而不是更少的那种地点和时刻，在这些时刻，它见证了死亡，它显示自身被死亡所充满；而且，对这些时刻、这些地方朦胧的认识，也许比其他任何事物都更多地赋予了童年记忆一种品质，这种品质立刻使它们变得倏忽即逝，而又令人着迷烦恼，犹如几乎已被忘却了的梦境。（1932a，page 316）

回想他的青年时代，本雅明记起了他与弗里兹·海恩勒（Fritz Heinle）之间的友谊（pages 306 - 309）。根据本雅明的说法，海恩勒是一个诗人，但他 19 岁就去世了。本雅明失去朋友的悲伤是显而易见的：他还记得他的生活和激情，他的革命狂热。不清楚的是，犹太人海恩勒是如何与他的基督徒女友同时死去的。然而，他们生活中的图腾（禁忌）关系在死亡中变得狭窄：亲人们无法找到一块可以安放两

① 亦可参见 Pile and Thrift，2000；以及 Pile，2002。

② 参见第 1.4 和 1.5 节。

个人的墓地。他们在死亡中也被隔离：事实上的柏林见证了生者对死者的残忍①。

正如我们在第一章中看到的那样，本雅明把梦当成了生活的一个真实部分和对隐秘的欲望与恐惧的证明。因此，他对柏林的回忆会把梦包括进去②，这并不让人吃惊。一个特殊的记忆是与一座房子相关的，布鲁姆绍夫街 10 号或是 12 号。本雅明说，他童年时代的许多快乐时光是在这所房子里度过的。他被允许听钢琴演奏、读书。因此，也许令人吃惊的是，本雅明还讲述了一段与这座建筑相关的诡异的情感经历：

> 我一开始就遇上了个噩梦。醒来时还没有感觉到有楼梯。但在我的记忆中，直到今天还保留着在那些快乐的日子里做过的一个梦中被幽灵作祟的情景。在这个梦里，楼梯似乎是被一个幽灵控制了，它在我爬楼梯的时候等在那里，尽管没有挡我的路，当我只剩下几层楼梯的时候，他让我感觉到了它的存在。在这最后几层楼梯上，它施用法术迷惑了我。(page 329)

从这段回忆开始，本雅明接着描述了这所房子里房间的空间布局。他还记得他的祖母，记得他自己如何不得不穿过一个大房间才能到达她那里。记忆似乎是脱节的：幽灵、祖母、楼梯、房间、攀爬、穿越距离。这所房子是一个记忆脱节之地，是昔日的幽灵现身之地，是他的道路被阻塞之地③。进一步说，这所房子被如梦如幻地展示出来了。

---

① 当代的柏林仍然在极力解决它与死者的关系：参见 Till，2005。值得注意的是，在这一背景下，圣路易斯 1 号公墓有一个死者隔离政策。其中有一个特别针对新教徒（即：该死的!）的被搁置的计划。

② 例如，在他看戏的记忆中，本雅明说："最后，我甚至再也分不清梦境与现实了。"(page 334)

③ 我怀疑这与弗洛伊德也梦见挡道的幽灵是一种巧合：参见他的"没有活下来"(non vixit) 之梦 (1900，initially pages 548 - 553)。

不止于此，本雅明还运用了双重的透视，重要的记忆持续出现在梦里，重要的梦的元素在醒时还存在。然而，这个特殊的梦是一个噩梦，意味着梦里包含着、或是揭露了纠缠着本雅明的某种灾难记忆：

> 担心关不上门，这是人们从梦里知道的事情。更具体的说法就是，有些门似乎是关着的，而不存在关不上的情况。通过进一步的认识，我才知道我是在一个梦里了解到这个现象的，在这个梦里，当我正和我的朋友在一起时，一个幽灵在我们右边一所房子的一层楼窗口对我显现了。并且，当我们继续散步的时候，这个幽灵在所有房子的内部伴随着我们。它越过所有的墙体，并且总是保持在与我们相同的高度。我看见了这一切，尽管我是无心的。我们穿过拱廊街的路线基本上就是这条幽灵漫步的路线，在这条道路上，大门和墙体皆可通行无阻。（Benjamin，1927－1940［L2，7］，page 409）

人们不只是在现代城市里梦游，他们还在其中做幽灵式的漫步。从这个角度看，如同被幽灵盘踞一样，城市也被有血有肉的人所盘踞。从梦中，本雅明了解到拱廊街作为一个特殊类型的空间的生产秘密，它被那些自由走动的人们所盘踞，好像是没有大门，没有院墙。幽灵使本雅明得以看到人们在现代城市空间里自由漂流、无拘无束的魅影似的运动。就此而言，我们可以考虑，当代的购物中心以何种方式创造了一个相似的去疆域化的空间——它也允许人们随意走动——也就是说，一旦你进入了内部之后。从这个角度来看，拱廊街创造了一个内部空间，它同时也是一个外部空间。幽灵的出现是一个临界标志：它在一个世界与另一个世界之间。确实如此，幽灵跨越两界，既不完全存在于任何一个世界，也无法找到一个适当的地方。尽管幽灵似乎是自由的，但它却标示了一个脱节的空间——一个两界颠倒、界限可以被跨越的空间。

幽灵站在个人性与社会性的临界地带，跨过一个永远也不清晰、并且永远也不会完全打开或关闭的疆界，非法贩卖着各种情感和记忆。在梦中，本雅明记得，他本来知道幽灵在那里，却又不能看见它。有意思的是，本雅明没有说他受到了惊吓，或者是竟至于被幽灵搞得惊慌失措。某种程度上说，恐惧的情绪在梦中已经被转移了，从幽灵的形象上被远远地移开了。梦的可怕变现（realisation）存在于别的什么地方。正如本雅明所暗示的那样，正是那些居住——作祟——于城市的人，才是幽灵，仿佛这些生者已经死去。而且，这种看法的必然结论可能是，这种对于梦的变现的恐惧被转移到了幽灵这个形象之上，以至于生者能够确认的事实仅在于，他们还活着，因为他们知道他们不是幽灵。他们不是，对吗？打消这种念头吧。

本雅明的幽灵畅通无阻地在空间游动，而且幽灵同样也自由地跨越时间而游动。即使如此，幽灵还是不能汇入历史的平稳流动，只能偶尔涉足于特定的瞬间或时代。它们打断了历史，跃出了时代，只存在于它们自己的历史之中。幽灵是打断了时间线性进程的形象，这个时间来自过去，经过现在，走向未来。因此，本雅明一定不明白拱廊街的幽灵来自什么时代，也不明白拱廊街本身处在什么时代。如果说幽灵打破了拱廊街的时空的话，那么，这是因为如今的拱廊街容纳了一种尚未公开的不公——一种死亡，一种幽灵作祟：一个尚无历史的悲剧。幽灵是丧失和创伤的见证，这些丧失和创伤可能已打断了时间的自由流动。正像克利（Paul Klee）的绘画“新的天使”（*Angelus Novus*）一样，幽灵已被进步的大灾难打垮。有关这幅画作，本雅明著名的评论是：

> 这就是一幅历史天使的画面。他的脸朝向过去。在我们看来是一连串事件的地方，他所见到的却是一场单一的大灾难，这场灾难持续地堆积着废墟残骸，并将它们抛掷到他的脚下。天使本打算停下来，唤醒死者，并把破碎的世界修补起来。可是，一场风暴自天堂吹来，它猛力地卷起天使的双翅，使得天使再也无法把它们收拢。这场风暴不可抗拒地把天使刮向他背对着的未来，

而他面前的残骸却堆得直冲天际，这场风暴就是我们所说的进步。(Benjamin，1940，page 249)

像“新的天使”一样，幽灵也是这一切灾难的合适见证。但是幽灵并没有绑在时间之流上。相反，幽灵依次存在于几个时代之中。它属于过去，向往着某种未来，却又作为一个同时既可见又不可见的幻影只与现在发生联系。对幽灵——以及幽灵的现身——的警示需要一种特殊类型的观看。在本雅明的作品中，童年提供了一睹诡异效果的机会，这不是偶然的，因为天真与残忍的悖论在童年观看的方式中具体化了。正是天真与知识、信仰与知识以及过去与未来之间的矛盾，体现在构成了电影《第六感》基石的那个心理失常的孩子身上。通过对《第六感》的讨论，有可能突出现代城市中生者对于死者的诡异情感。

4.3 看见死人：童年、诡异以及与丧失共存

由布鲁斯·威利斯（Bruce Willis，扮演马尔科姆·克洛博士，儿童心理学家）和海利·乔·奥斯蒙特（Haley Joel Osment，扮演柯尔·希尔，一个极为痛苦的小男孩）主演，《第六感》（由 M. 奈特·沙马兰编剧并导演）是 1999 年最成功的电影之一。这是一部情节曲折，能让你渴望再播放或者重新思考整个故事的那类电影。它的受欢迎与零售录像带背面的广告上谈到的“神秘和不可预知的剧情”有关。

这部影片是一部超自然的恐怖片，它以克洛博士试图了解小男孩痛苦的原因为中心。首先，克洛博士必须去赢得柯尔的信任，并在接下来的时间里去想出一种去除幽灵的办法。在最后的几幕中，真正的幽灵被揭露出来——既是对观众，也是对幽灵本身。在电影中有许多令人毛骨悚然的瞬间，通常是利用了轻而易举地与被幽灵纠缠的小男

孩以及这个小男孩的空间和时间相联系的诡异效果来完成的。① 这种观察支持了弗洛伊德对文学中诡异效果的一种解释。

弗洛伊德（1919）引人注目地把诡异定义为当某些熟悉的事物令人费解地变得奇异、惊悚、可怕、骇人的时候所激起的一种恐怖和畏惧的感情。弗洛伊德解释说：

> ……诡异是某种私下里熟悉的东西，它经受过压抑，然后又从中恢复，并且，一切诡异的东西都满足这个条件。（page 368）

这个定义无意于覆盖所有层次的恐怖，但它确实描述了许多这样的毛骨悚然的时刻。尽管弗洛伊德列出了各种各样产生诡异效果的经验——如复制、分解和交换人、重复、无望、对死者的否定、自我决定的动摇、罪恶与魔法等等（pages 339 - 363）——他认为，许多人都是“涉及到死者和尸体，涉及到死后复活，以及涉及到精灵和幽灵的时候”，最强烈地体验到了诡异的感情（page 364）。因此，在《第六感》中，亲切、甜美的孩子变成了不安的中介，通过他，令人困扰的诡异事件发生了——以幽灵般的表现形式。

在弗洛伊德看来，诡异的本质在于，它是因被压抑对象的回归而造成的。当创伤经验或者痛苦的想法通过各种手段远离意识的时候，压抑发生了。这种被压抑的观念和想法因此而在无意识之内隔离。然而，如果机会出现，这些想法将会突入意识——有时作为一种强烈的情感，有时作为一种心境，有时出现在梦中，但是很少作为一种明确的想法和记忆。回归，尽管是暂时的，但被压抑的一切充分利用了防范机制中的裂隙，这些防范机制是个体用来保护无意识记忆和情感免受困扰。根据弗洛伊德的说法，具有重要意义的是，这意味着诡异的

---

① 有关诡异，参见 Royle，2003。有关建筑实践中的诡异，参见 Vidler，1992。亦可参见 Castle，1995。有所不同却又相关的背景，参见Jacobs，1996，Chapter 5；Cohen，2000；以及 Gelder and Jacobs，1998。

经验仰赖于个体已知、却又未必意识到的恐惧与焦虑：

> ……这种诡异事实上不是什么新的或是可怕的东西，而是某种熟悉的和心中既存的东西，它只是通过被压抑的过程而变得怪异。（1919，pages 363－364）

在某种意义上，诡异有一种梦幻般的、或是噩梦般的性质。在诡异之中，被转移的情感突然发现了路径——经由现实世界的触动——进入意识，不是作为一种明确的思想，而是通过被转移和凝缩到有代表性的形象上的感觉。在《第六感》中，主要的有代表性的形象就是那个小男孩，柯尔·希尔。

小男孩这个形象凝缩了许多可能的恐惧。柯尔已经了解了超过他年龄的东西，他能够看见成人看不到的东西；但他不能够表达他的恐惧，并且是生在他自己的恐怖世界之中，他不能获得成人世界的援助，他实际上是孤立无援的。因此，柯尔体现了许多常见于童年经验的恐惧和焦虑：孤独、疏离于成人世界，一种交流的无能或是不能被严肃对待，被抛弃和与家人分离。柯尔本人变成了一个令人毛骨悚然的人物，既体现了强烈的童年焦虑，也体现了与死者的可怕关系。

从影片一开始，曲折的情节似乎就涉及到（那个小男孩）柯尔是不是幽灵的问题，因而也就是他是否受到了幻觉、妄想狂、精神分裂和其他类型的情感紊乱交互折磨的问题。尽管柯尔似乎患有天底下的各种心理紊乱疾病，准确诊断的可能性得到了克洛博士作为获奖的儿童心理学家这个身份的强调。因此，柯尔·希尔是不是有能力看见死人①的问题被解决了。即使如此，我们不仅在柯尔看见幽灵的时候也看见了幽灵，而且我们还目睹了幽灵对柯尔身体上所产生的物理影响。因此，如果柯尔能够看得见幽灵，那么，问题就变成了克洛本人是不是一个幽灵——而且这正是曲折情节的核心关切之所在。

---

① C. Sear：看见了吗？

令人称奇的是，这部影片搞清楚了这个幽灵确实是克洛博士。这个线索是清楚的（影片制作者担心的是，也许太清楚了）。于是，影片在医院中结束，饱受精神创伤的柯尔，选择把他黑暗的秘密告诉克洛博士。柯尔坦白，他看得到死去的人，并且看见这些幽灵像普通人一样四处游动，他并没有意识到他们是死人，因为他们只见到了他们想见到的东西。在柯尔的令人吃惊的真相披露过程中，镜头自始至终目不转睛地对准了克洛博士的面部。这个信息毫不含糊：克洛博士是一个幽灵，但是他（还）不知道这一点，因为他只见到了他想看到的东西。

让我们看一看《第六感》所展示给我们的城市的诡异面貌。首先，这部影片被颇为用心地设定在一个城市之中——不是随便的哪一座旧城，而是一个特定的美国旧城：费城。字幕告诉观众，这个故事将以一种尽量真实的空间定位，在费城的南部展开。我们看到克洛博士正在仔细查看一个有严重情感问题的病人的一些病例记录。街道是安静而且古旧的，周围几乎不见人迹。正如我们将会料到的那样，没有人注意到克洛博士。因此，当柯尔离开他的房子，惊恐万状地跑到一座教堂的时候，克洛博士也跟踪而来。人们丝毫没有理会这个男孩，也并不在意跟在他身后的医生，我们对此并不感到吃惊。街道既没有人，也没有车辆。教堂本身也是空的，即便是在克博士洛初次联系这个被幽灵附体的孩子时也是如此。

贯串整部影片，街头的景象似乎都是清冷和空旷的。在这个意义上，与简·雅各布斯（Jane Jacobs，1961）的愿望相反，不存在“街边有眼”的现象：当代的美国城市死了，并且陷入一片死寂。没有人去注意或是会留意到——更不要说是阻止——一个跟踪在受惊男孩后面的陌生人①；或者说，与影片中的现实更为契合的是，没有人去帮

---

① 当然，这个陌生人是一个具有高度模糊意义的形象——既让人信任又让人害怕的形象：参见 Jacobs，1961；Young，1990；Wilson，1991；还可参见 Pile，Brook and Mooney，1999。

助一个分明是在自言自语、似乎是沉浸在一场与另外某个人的交谈之中的小男孩。这些街道绝不是人与人之间融合和交汇的地方，人类的交往被从这里撤出了——被撤出，也就是说，只剩下了生者与死者之间的联系，这是具有讽刺意味的。

选择费城作为故事的发生地并不偶然。影片中的人物之一，小学教师“口吃的斯坦因”解释说：

> 费城是全国最古老的城市之一。一代又一代的人生于斯，死于斯。在这座城市中，你所到之处都会有一段历史和历史背后的故事。即使是这所学校和学校所处的这个范围，也有这样的故事。

他接着询问是否有人能够猜出这所学校的房子100年以前是个什么样子。柯尔回答说，他们在那里绞死过人。这位教师被激恼了。他反驳柯尔说：这是一个制定法律的地方，是法律制定者集会的地方，是美国的法治开始的地方。柯尔毫不让步：这是一座法院大楼，人们在大楼里受到审判并被施以绞刑。要点是清楚的：在这座城市里，你所到的任何地方的背后都会有许多故事——而且，其中的一些故事与暴力和死亡相关，即便在法律制定者的手中也是如此。① 因此，城市是一些有着浓重阴影的地方，并且，在城市的内部也有一些笼罩在阴影里的地方。从视觉效果上看，这部影片本身也充分利用了阴影去传达这种阴间的景象；这构成了弥漫城市生活的进程中——尚未被主动遗忘——的死亡、悲哀和创伤的基础。事实上，错误地确认克洛博士还活着的某些根据与失忆症有关系，它是与死气沉沉的城市交往状况联系在一起的。

并不令人吃惊的是，克洛博士能够乘汽车旅游或是参加葬礼，并且还不与任何人发生交往——因为城市里的未被察觉的、未被记住的、未被认出的陌生人比比皆是。相似的情况是，克洛博士还被放在了诸

① 有关暴力与城市生活，参见Sandercock，2002。

如柯尔的母亲以及克洛博士的伤心的妻子等活着的人物身边，以显示他也像她们一样是活着的。这有效地说明，仅仅是人物（以及其他事物）的并置就何以能够充分地传达出他们之间的相互关系——如同在梦中一样。① 这里所表明的是，城市生活是在人对人的日常的遗忘和日常的误认的背景之下被构造和重构的。这种事情如此习以为常，以至连克洛博士本人也没有意识到他与世界失去了联系。目前，很容易认为，相互交流的肤浅——城市居住者故意的冷漠和愤世嫉俗——是一件糟糕的事情，然而，在这个故事中变得明显的是，这一切也是人们对付他们自己生活中以及周围的那些人生活中的烦恼和悲伤的手段的一部分。因为，在任何城市中，能让人回想起死亡和冲突的东西无处不在，无时不在，这正是问题之所在。

在德里达看来，幽灵以返回开始（Derrida，1993，pages 10－11）。对他而言，这就是幽灵所要做的一切：它们（从过去）返回。他的分析以对《哈姆莱特》的阅读为基础。在这部戏剧中，哈姆莱特的父亲返回是为了结束他被谋杀这桩事情。在《第六感》这个例子中，幽灵也是为了请求生者的帮助而返回；帮助它们处置未完成的事务。然而，另一些幽灵并没有返回，它们盘踞或是占有（一个地点）。它们想从活人那里得到的东西，可能更多地与他们盘踞和占有一个地点的欲望相关，与盘踞和占有这一行为的意义有更大的关系，而不是为了返回来向活着的人提出要求。从这个角度来看，德里达的作祟模式和幽灵的模型完完全全以哈姆莱特的父亲为基础。幽灵对一个特定地点的盘踞和占有提出了“幽灵想要什么”的问题，正如我们在下一节将会看到的那样。

4.4 建筑地点：在新奥尔良、伦敦、新加坡一睹幽灵

在以上的两个小节中，人们感觉到，在现代城市生活的魅像中，

① 参见第1.6节。

幽灵是离奇地以熟悉的面貌现身的。城市的幽灵作祟——或者说幽灵对城市的盘踞——的独特之处只在于幽灵的数量、异质性和密度之超常。这意味着城市是无以计数的往事——悲剧、创伤或是其他方面——共存的地方。每一个幽灵、所有的幽灵都证明了这些不同事件的共同存在，各自都带着运行于自身的时间性。每一个地点都被这些时间所占有，所盘踞。幽灵不只体现了城市时间的异质性，它们还扰乱了地方的意义。某些特定的地点似乎比其他地点有更多的幽灵：例如，墓地、还有剧场、废弃建筑，以及与死亡相关的地点，尤其是医院、谋杀、自杀和枪杀犯人的地点。① 幽灵此外还占有一些地方，通常是占有家居空间，比如，著名的闹鬼的家宅。这样的故事既会揭示构成了地方的异质的时间性，也能说明对一个地方的占有或者盘踞意味着什么。

在本节中，我将要考察一下三个被盘踞的私家建筑——一所房子，一排公寓楼和一幢现代公寓——借助的是三个城市的幽灵故事：第一个是茱莉的家，位于新奥尔良；接下去一个涉及到伦敦的约翰·康斯坦丁②；最后一个是凯特·张在新加坡的经历。在其中的每一个故事中，过去都抓住了现在。幽灵向活着的人索取某种东西，在这一过程

---

① 坟场一般被认为是幽灵居住的地方。例如，爱丁堡的地下墓穴被人们普遍地认为是被幽灵盘踞的地方。这促使心理学家理查德·韦斯曼博士对这一现象进行了“科学的”研究（Scott，2001；亦可参见 Rankin，2001）。在为期 10 天的研究阶段，志愿者报告了从鬼魂到身体接触等一系列的幽灵事件。大约有一半位于特定墓穴的人报告了幽灵的活动，而其他墓穴则只有三分之一的人报告。通常幽灵多的墓穴的特征只是更冷、更黑和更小。韦斯曼博士认为，在这些类型的空间中，人们会感到更加焦虑，因此也更可能“体验到”幽灵的表现。尽管看上去提供了一份科学的、心理学的幽灵探究，但这些研究实际上是自己得出了相反的结论——幽灵确实是存在的：只不过是它们更愿意盘踞在更小、更黑、更冷的地方罢了！吊诡的是，这项研究使得到地下墓穴的旅游更加普及了。受欢迎的不只是幽灵，更常见的情况是，很难去证明幽灵的不存在。

② 康斯坦丁在第 1.3 节初次提到。

中，同时打破了生者与过去及现在的关系。首先，让我们听一听朱莉的故事吧。

在第三章中，我们已经听说过新奥尔良的吸血鬼旅行。与此相连的是幽灵旅游，最受人喜爱的一个景点是皇家街732号（见图4.7）。这个故事是这样的。从18世纪晚期到美国内战，年轻的白种克里奥尔（也就是法国后裔）男人通常以有色人种的女性作为情妇。这些男人通常会为这些女性提供属于她们自己的家，她们过着相对自由的生活。① 这种不受法律支配的制度意味着这些女仆所生的孩子，尽管不合法并被划为黑人阶层，却将承袭父亲的姓氏，并由他来供养。有时，男孩将会被送往巴黎接受教育，但女孩将最终成为下一代克里奥尔男人的女仆。在对血液的种族性和种族主义统计中，这些女性是以黑人血统占四分之一而闻名的。② 事实上，在1805年和美国内战之间，混血女孩的舞会——白种男人可以在这里公开选择一名混血女孩做情人——成为新奥尔良社会日程中一个重要时刻。皇家街732号的故事涉及的就是这样的一个混血女孩朱莉。在这个故事中，这一背景——以及它的种族的和性剥削的基础

图4.7 朱莉在皇家街732号顶层阳台被看到，新奥尔良。

① 参见 Gehman and Ries，1988，pages 12-15。

② 参见 Young，*Colonial Desire*，1995。特别是第六章对于白人权力与种族通婚的欲望的论述。

——从来没有被注意到。朱莉幽灵的故事是被当做一个悲惨的爱情故事来讲述的①。

在冰冷的12月的夜晚，在皇家街732号最高层的阳台上，目击者们看见了一个美丽、赤裸、“橄榄色皮肤”（原文如此）的女鬼形象，它在严寒中无声地颤抖，来回地走动着②。有时，对她“橄榄色的皮肤”也有其他的各种描述，有时，也说她“几乎赤裸着身体”，但是，你可以由此了解个大概。在此地旅游的人们通常会仔细察看这座建筑，希望（担心?）见到一个裸体的美人。有些人一想起这些就瑟瑟发抖。这个故事的一个流行版本接着讲到了下面的内容③。朱莉是一个富有的法国年轻人的情妇。这位不知姓名的法国人一直与朱莉保持着关系，并且两人深深地相爱着。但是，跨越种族划分的爱情是受到禁止的。一个夜晚，这对恋人因他的家人的来访而感到惊慌失措。“别担心，”他说，“我会把我们的事情告诉他们，并且，从此以后我们将幸福地生活在一起。”或者还说一些诸如此类的话。“看着吧，”他接着说道，“我会下去和他们解释一切，但你要躲在阳台上，直到我说安全了再出来。”朱莉尽管（几乎）是光着身子，并且（总是）那么美丽，她同意了。她走上了阳台，在一个冰冷刺骨的12月的夜晚，她此时的年龄大约在十七八岁的样子。她等啊等啊，一直地等着。从没有怀疑她所希望的一切将会成为真实。她不顾一切地证实她的爱，静静地等着，直

---

① 一个传统的“悲惨的黑白混血儿”的故事，参见Doane，1991，Chapter 11。

② 在里约热内卢也流传着相似的故事，参见Jaguaribe，2001。

③ 另一个版本可以在史密斯（Smith，1998，pages 22－26）的书中找到。在这个版本中，主人许诺娶朱莉为妻，但需要她整夜地赤身裸体待在阳台。他从未想到她真的会这么去做。一个夜晚，主人下楼去喝酒并和朋友们下棋。后来，到了凌晨，他终于上床睡觉了。但是却没有找到朱莉。在恐慌中，他冲向阳台，却发现她已经死去。在这里，过失从主人那里转到了情妇身上。不止于此，朱莉的性情也从忠贞和沉静向任性和暴躁转变。在这两方面，她的爱使她至少变得有勇无谋，最糟糕的是变得愚蠢。

到她静静地死去。

新奥尔良野蛮的种族历史在一种伤感的视角之下得以展现。朱莉之死的悲剧被归咎于一个富有的年轻的克里奥尔人的疏失之上。社会戏剧被改编成了家庭戏剧：情节剧被改编成了幽灵故事。在其他的新奥尔良幽灵故事中，奴隶们并非都会因她们对于白人的爱情而注定走向这样一种悲惨的结局。一个种植园主的家里有几个幽灵暗中盯上了一座大厦，它们的沉冤是遭人毒杀——据说——是被它们家的一个女奴。明显的是，奴隶体制的野蛮所造成的悲剧足以留下一串长长的幽灵的足迹，所有的幽灵都自愿地展示了——如果说还不够详细完整的话——创伤的确切性质①。

伦敦以它的幽灵而闻名。实际上，喧闹的、事实上的伦敦可能已几乎容不下它许多创伤的历史了。② 如你可以预料的那样，这些故事中的大部分指向过去的悲剧，通常涉及自杀的贵族、恐怖谋杀以及致命的灾祸。总而言之，伦敦呈现着一种鬼魅的气氛，仿佛依旧笼罩在它的声名狼藉的19世纪和20世纪初期的雾霭之中。在艺术家罗尼·霍恩（Roni Horn，2000）的眼里，泰晤士河有一种幽灵弥漫的特质（图4.8），因为它不可蠡测的深度令人想起在那里发现的尸体③。同样被幽灵盘踞的地方是伦敦的那些塔式大楼，包括其高耸的保障性住宅。在尼尔·盖曼的故事《拥抱我》（*Hold Me*，1995）中，约翰·康斯坦丁发现了问题的严重程度。

在故事中，约翰·康斯坦丁正踏上旅途，要去为他的朋友雷守灵。在路途中，他最后经过了伦敦的一个更为糟糕的贫民区。眼前的场景现实：这是一个醉汉、乞丐、污物、贫困和肮脏的廉租房所处的地方。

---

① 艾弗瑞·戈登（Avery Gordon，1997，Chapter 4）就托尼·莫里森（Toni Morrison）的小说《亲爱的》（*Beloved*，1987）提出了相似的观点。类似的观点，参见 Ware and Back，2002，Chapter 7。亦可参见 Sharpe，2003。

② 参见 Brooks，1982。

③ 亦可参见 Hooks，2003。

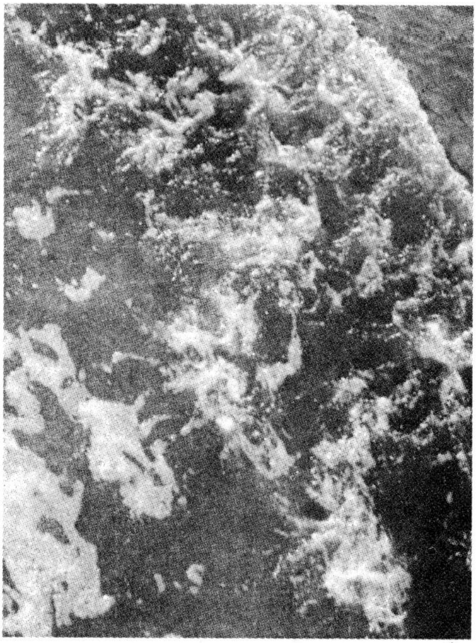
图 4.8　水之坟墓？伦敦泰晤士河。

在守夜的时候，约翰遇上了安西娅。安西娅告诉约翰，她感觉不舒服，所以，他护送她回到了她在附近一座塔式大楼中的公寓。这座塔楼是很常见的那种：电梯里散发着小便的味道，满墙都是糊涂乱摸的痕迹，这楼已经荒废，而且房租低廉。但今夜的气味更是非同寻常的糟糕，似乎有一只猫死在了隔壁的 512 号公寓里。到了安西娅的公寓不大一会，就有人敲门。一个哀伤的孩子告诉康斯坦丁，她的妈妈（mommie）死了。康斯坦丁伤心地应允去帮她查看一下。他闯入了 512 号公寓。他在屋里一眼就看到了一个肮脏、邋遢的老年——并且已死去的——男人。这个死去的男人对康斯坦丁嘟哝着“拥抱我”（page 20）。康斯坦丁厌恶地退缩了。他心里想：“哦，太好了。活人之夜的死亡。活死人之夜……随他去吧。想想吧。我这是在做什么呀？”（page 21）这个死去的男人不可思议地轻声低语，也许是与拥抱他有些关系？

起初，约翰不知道这个死去的男人想要什么，也无法决定该去做些什么。之后，康斯坦丁选择了去拥抱这个死去的男人，因为这似乎就是这个死去的男人想要的。“老兄，你浑身冰冷，闻起来像一个腐烂的屠宰场，”康斯坦丁说道，“肯定是死了”（page 22）。然后，幽灵就消失了。在这个故事里（与德里达的观点不同），这个幽灵开始于（对某种东西的）等待。然而，重要的是，这座塔楼是一个闹鬼的地方，因为，贫困本身就是一个悲剧，它能置人于死地——也就是说，因为贫困盘踞了伦敦——这个世界上最富有的城市之一。在可怕的环境之下，老城市的新建筑也能够变成一个闹鬼的地方。

图 4.9　一栋公寓楼，新加坡。

伦敦的真实，也是新加坡的真实，但又是有些不同（图 4.9）。有许多与塔楼有关的幽灵故事：例如，李（Lee）讲述了一个故事，这是声誉良好的《海峡时报》（*The Straits Times*）在 1985 年 3 月 10 日报道的，这个故事讲的是在武吉巴督（Bukit Batok）的一座公寓楼有人见到了幽灵（1989，pages 66－68）①。还有另一个故事涉及一个年轻的专业人士凯特·张（Anon，2000b）。这个故事是由一位朋友讲述的，它是这样开始的（page 119）：

"嘿，凯特·张！我听说你在新山（Johor Bahru）的右侧买了一套公寓房？"

"是呀，确实是便宜。在别的地方你怎么可能以这个价格买下一套房子？真是捡了个便宜。"

---

① 李本人与同一座公寓楼的另一个闹鬼的故事有关系，这个故事涉及一个醒来时发现一个幽灵正在收拾公寓楼的人。有关另外一个闹鬼的公寓楼的故事，参见 Chan，2001。

“是不错，不过我听说这个地块有点‘脏’，有人总是跟我说他们在那周围见过庞蒂雅娜和幽灵。你真的肯定你想住在那里吗?”

“恐怖小说你读得太多了。庞蒂雅娜和魔鬼一般都在老地方、老房子和墓地周围出没。新公寓不属于它们。”

凯特·张并不打算因迷信而推迟购房。在这一点上，凯特·张与许多新加坡人不同。在凯特·张的朋友看来，活人的世界并不是真实的世界。相反，西方人——典型的现代城市居民——所说的来世才是真实的世界。在他看来，真实的城市是属于来世的。因此，在不真实的生者的世界所做出的任何决定都应特别留意真实的来世。在新加坡，人们大多相信，这种观念也在房屋的价格上得到了反映。因此，房屋的价格在阴历的7月照理是要下跌的，这个时间饿鬼出没，因为这是一个买/卖房子注定要交霉运的时间。不管怎样，凯特·张还是不在意公寓的低价的原因。他已拿定了主意。

一天，凯特·张下班回家时见到了一个漂亮的妇人，长着性感的嘴唇，穿着一件白色的半透明的短裙，站在他的公寓楼旁边的花园里。她说，“你好，”他也友好地回应着，感觉到他的好运来临了。当他走到公寓电梯的时候，他发现她挡住了自己的路。她怎么这么快就到了那里，这让他感到有些吃惊，但他并没有留意到，他已径直地穿过她进入了电梯。过了一会，凯特·张吓呆了。之后，他惊恐地跑到公寓楼的第九层。她还是在哪里，而且已经在他的房间里了。“我漂亮吗?”，她用喉音问道。凯特·张惊恐地无法作答：意识到这个女人是一个幽灵，他已说不出话来。他闭上眼睛，企盼着得到解救。她大笑起来。之后，张感觉背上一阵剧痛，好像她在用爪子抓他。幸运的是，张的尖叫惊醒了他的父亲，他大胆地（用一把扫帚）把这个幽灵赶跑了。

在新奥尔良、伦敦和新加坡的这些建筑物里，这些幽灵在干什么呢？对这个问题的一个回答可以在莎伦·马尔库斯（Sharon Marcus，

1999）对维多利亚时期英国“闹鬼的房子”的故事的解释中找到，这些闹鬼的房子有许多位于伦敦①。她主要是通过财产关系的变化来解释闹鬼房子的故事的流行原因。在这个时期，许多房子过度拥挤，房子又被再度分割为更小的单位，这种居所的居住者短时期之后就会迁移。因为不知道谁住在隔壁，也不知道以前是谁住在这个房子里，而且不知道房子里可能发生过什么事情，这些恐惧被表现——并且，在驱鬼成功的地方，也被缓解——在闹鬼房子的故事中。

在马尔库斯看来，维多利亚时期城市的物质特点也使它们自身适于幽灵故事。诸如巴黎和伦敦这些城市都有狭窄的、昏暗的、迷宫似的街道，有隐秘的空间、废墟、地下墓穴和坟茔②。与此同时，维多利亚时期的房屋带有边缘的、秘密的空间，比如地下室、阁楼等。在这些地方，谁知道可能发生过什么事情？比如，在本杰明·富兰克林的旧居（伦敦克雷文街 36 号）修复工作进行期间，在地下室中发现了 1 200 块以上的人骨③。富兰克林旧居中有黑暗行为？抑或只是无辜的医学实践？到处都有不可告人的秘密。

在马尔库斯的解释中，幽灵承担“双重职责”。它们表达对于城市财产关系的焦虑，而与此同时也通过各种驱鬼形式缓和了这种焦虑。事实上，这就是约翰·康斯坦丁的故事中所发生的一切。你有可能居住在一个老酒鬼孤独地、不受关注地死去的地方，与这种可能性相关的焦虑，被康斯坦丁富有同情心的和通情达理的驱鬼行为缓解了。那个死去的人只是要寻求安慰，所需要的一切不过是对幽灵想要的东西的一种领会。

---

① 亦可参见 Mighall，1999，Chapter 3。

② 从这个角度看，本雅明的写作也有一种特定的鬼魅气质：例如 Benjamin，1925 - 1926。有关废墟的论述，亦可参见 Edensor，2001。

③ 参见 Kennedy，2003。对伦敦人骨的另一种解读，参见 Moorcock，2001。通过对人骨的追踪，默考克在伦敦、纽约和开罗之间建立了空间联系，并在过去、现在和未来之间建立了时间联系。或者另可参考 Garner，2003。

通过幽灵，往事重返以搅扰活人，这些活着的人常常傲慢地以为，他们是一个地方的唯一占有者。朱莉默默地让人想起仍然活在新奥尔良的殖民地和奴隶的往事，当人们既不了解一个地方的历史，或是他们打算忽略警示信号的时候，他们大多会被搞得措手不及。现在被过去所占有（附体）的后果可能是令人难以接受的。凯特·张狭路逃生。与此同时，约翰·康斯坦丁发现，妈妈（mommie）确实已经被一个老男人的幽灵所杀。

图 4.10　也是死者之城，新加坡的中国人墓地。

过去永远不会被轻易去除。朱莉依然出现在阳台，永远等待着被请进屋内——这是一种对于冷酷无情的奴隶制的无意识记忆。凯特·张尚不明白的是，许多新加坡的中国人墓地都被售出进行房屋开发。这就意味着，需要担心的不只是以前住在这所公寓的可能是谁，或是这里可能发生过什么的问题，而且还有对房屋的地基是否可能直接与死者有关的焦虑（见图 4.10）。这就是为什么在公寓楼之外的死者的空间里可能有幽灵等在那里的原因。马尔库斯指出，在维多利亚时期的伦敦和巴黎，幽灵提供了一个资产阶级生活的精确画面。相似的是，在具有历史意义的新奥尔良，在肮脏的伦敦和现代的新加坡，幽灵说出了当代生活的令人困扰的特质。

在新奥尔良、新加坡和伦敦的时空魅像中，幽灵是具有颠覆性的形象。在另外一个《驱魔神探》（*Hellblazer*）故事中，这一次是由沃伦·埃利斯（Warren Ellis，1999）撰写的，约翰·康斯坦丁对生活在伦敦这样被幽灵盘踞的城市究竟意味着什么进行了反思：

伦敦是建立在幽灵的基础之上的。你在伦敦行走不可能不行走在幽灵之上。河的下游，有成排的廉租房，在这里，剃须刀片在洗手间和起居室横飞……史密斯菲尔德鲜肉市场，他们曾在这里枪杀了威廉·华勒斯，因为他是一个苏格兰人，要让他臭名远扬。这一点也不夸张。他们还在17世纪初在这里生生煮死了一个厨师，因为他毒死了某位主教的伙伴。在一个美好的夜晚，你可以闻到他烹饪的饭菜的味道，闻到他本人以及其他被他们在这里烘烤的异端分子和不安分的牧师的味道。（Warren Ellis，1999，pages 98－99，100）

作为19世纪改革的结果①，肉类市场被统一安排在史密斯菲尔德这个地点，这是伦敦最血腥的地点之一。这当然也是一个充满血肉与白骨的地方。而且，正像旅游向导会告诉你的那样，它还是一个幽灵出没的地方。一种另类地图还会为你显示它的血肉与白骨以及幽灵的历史。伦敦的现在正是立足在这些过去的时光、这些异质的历史之上。每一个地点，每一所闹鬼的房子，都与异质的时间相关。不是单一历史的平滑流动，而是创伤事件的破碎的和分裂的时间在寻求对现在的占有和盘踞。

伦敦既是被幽灵（死者）盘踞的地方，它也被约翰·康斯坦丁（生者）所盘踞。盘踞具有双重意义：它意指一个地方既被死者也被生者所占领。因此，出现在城市生活魅像中的幽灵般的人物，既可以是死者，也可以是生者。可是，康斯坦丁做出了进一步的观察，他的脸上带着一丝苦笑："我的名字叫约翰·康斯坦丁，我待在这里：被伦敦盘踞。而伦敦也被我盘踞。"（page 142）感谢康斯坦丁的愤世嫉俗和痛苦的观察，我们现在可以明白，他本人也被伦敦所盘踞。城市也如幽灵般令人困扰。城市本身就是鬼魂的可怖呈现——是一个降临到自身的创伤。在下一节中，我将展开城市的这一侧面。

---

① 亦可参见本书第3.4节。

4.5 纽约的死亡与埋葬：城市与悲伤运作

在大多数幽灵故事中，死者的死亡方式都至关重要。有时，生者被与死者相关的自责所盘踞：幽灵，是生者对死者情感的幽灵化的体现（参见上文）。在弗洛伊德看来，死亡将如何适当地表达悲伤的难题呈现给了生者。弗洛伊德认为，有两种可供选择的悲伤运作（grief-work）形式：悲悼或者忧郁。在悲悼中，生者确认死者已经离去。慢慢地，生者学会带着丧失和他们对于死者的被打断了的情感依恋去生活。然而，在忧郁中，好像是自我的一部分已经死去。根据弗洛伊德的说法，忧郁体验到了

> 一种深深的痛苦的沮丧，中断了对外部世界的兴趣，丧失了爱的能力，抑制了所有的活动，并且把利己主义的感情降低到了这样的一个程度：它只能在自我责备和自我憎恨得到表达，并在对惩罚的不切实际的期盼中达到顶点。（Freud，1917b，page 252）

为了说明这种形式的忧郁，并且为它牢固地在城市中定位，我将仔细研讨一下乔·康奈利（Joe Connelly）的小说《穿梭阴阳界》（*Bringing out the Dead*，1998）[①]。在这部小说中，康奈利生动地描述了死者出现于城市的两个瞬间。这些经验以他自身的体验为基础，当时，康奈利花了 9 个月的时间在纽约的圣克莱尔医院工作。他在书中所讲的故事涉及到弗兰克·皮尔斯，他当时正在纽约地狱厨房的慈祥的圣母（Our Lady Mercy）急救室当一名急救员。弗兰克处在崩溃的边缘，靠酒精和药片来抵御悲痛、死亡、恐惧、创伤、悔恨的情感；他也刚看见了幽灵。而且，弗兰克乐于向幽灵认输，正是因为他已经

---

① 这部小说被马丁·斯科西斯（Martin Scorsese）在 1999 年改编成为同名电影。

被幽灵盘踞；尤其是被罗斯所盘踞，他相信这是他所杀害的一个人的幽灵。在小说的开头部分，弗兰克与死者的关系得到了形象的展示。他和他的搭档拉里参加了一次紧急救护，找到了一个年老的男人，他分明已经死了，周边围着他痛苦的家人。这两个救护员立即着手去抢救伯克先生。当弗兰克打开伯克先生嘴的时候，他手指上感到了一阵冰冷的气息：

> 我敢肯定这是做心肺复苏术时沉积在腹部的麻醉气，但在过去的一年中，我开始相信这些东西标志着灵魂离开了身体，并且不想再被放回原处，灵魂对于死者给它们留下来的令人尴尬的地方感到气愤，尽管我明白我这么想是多么的疯狂，我还是坚信，如果我此时抬头仰望，我会看到这个死去的男子正站在窗户上，盯着他出生地的沥青地面和灰色的壕沟。（Joe Connelly，1998，page 3）

这里的意思是说，死者对生者的盘踞贯穿着整个故事。最后，弗兰克将会解除伯克先生灵魂与身体分裂的痛苦，以便让他的灵魂在重症监护的剧烈疼痛中不再愤怒和怨恨。然而，弗兰克对于灵魂的信仰开始于对罗斯的施救失败。她的死亡盘踞了所有其他的死亡：它盘踞了弗兰克参与的所有急救活动；罗斯盘踞了弗兰克，而且她还盘踞了这座城市；这座城市也盘踞着弗兰克。正像他所说的那样：

> 这些灵魂是工作的一部分。我向来就明白这一点。我曾在地狱厨房工作过很多年，要想经过一栋不存有某物灵魂的建筑是不可能的：缺少爱的尸体上的眼睛，呼叫着某一位被爱的人。在死后生命的强烈爆发中，所有的尸体都留下了标记。你不可能靠近一个新的死者而感觉不到它。我甚至已经看到最平静的夜晚在眼前飘逝，第二天早晨生命残骸的浓雾仍充满了整个房间，在浓雾散尽之后，标记仍旧存在，在一个永远不会恢复形状的枕头里，

或是在一个永远清除不掉的墙上的斑点中。(page 54)

死者的灵魂变成了城市组织结构的一部分，它已被编织进了城市的外部形象之中，因此，人行道和楼梯井都变成了鬼魂，它在某种意义上附属于灵魂的灵魂——就像是一个投在现实身体上的阴影。不止于此，生者本身也带有的被幽灵作祟的性质：因为他们既是未亡人，却又一直与死亡保持着联系。真正的恐怖在于，在幽灵般的城市生活魅像中，生者最终无法区别于死者。随着故事的展开，我们在弗兰克的破碎世界中见证了来自城市的这种（绝不会少于）两面性——物质的和幽灵的；生者与死者；在场与缺席；创伤与麻木；恐惧与冷漠——的折磨。在驱车去寻找一个病人的时候，弗兰克瞥见了一个幽灵：

我不能看见她的面孔，但我认识她所穿的黄色雨衣，知道黑色的长袜在膝盖处有一个洞，这个洞是在她因无法呼吸而跌倒时磕破的。这就是罗斯，是我帮忙杀掉的姑娘。我们都犯了错误，但有些事情不可能得到原谅的……罗斯走得更近了。也许这不是罗斯……我在方向盘上交叉着双手，屏住呼吸，我把额头压在方向盘的手上，直到它们麻木。在工作上需要学习的最初的事情之一就是如何可以忘掉坏兆头。采用与警察用栅栏隔开谋杀现场相同的方式，你把这些记忆封锁在你大脑的最深层洞穴里。我过去很专业，可后来我发现了一些大的漏洞。(page 53)

在大脑的洞穴里也远不能确保安全，记忆——不好的记忆——是完全可能越过警戒线，找到进入光天化日的路径。然而，它们也必须有逃跑的路线。看到一件黄色的雨衣；一个没有脸的女孩；一个街头场景；听见一个声音——几乎所有的事情都可能使灵魂得以安全地走出那深处的、封闭的洞穴。灵魂怒气冲冲，保留着返回的可能，因为返回正是幽灵最确定无疑要去做的事情。道歉不能平息这些幽灵：它们不可能挡得住灵魂的返回。

不可能抹去的是，城市承载着创伤的痕迹。在弗洛伊德看来，记忆痕迹是不可磨灭的，它沉入大脑的最深区域①。在这个故事中，这座城市就像是大脑一样：永远承载着对于死者的记忆痕迹②。而且，城市不可能把死者的遗迹清洗出去。如果说留下了标记的并不是尸体的话，那么，正是逃跑的幽灵占据了一个空间，回望着业已逝去的生命，而且：

> 现在盘踞我的是更野蛮的东西：尚未演化成型的、杀人的、自杀的、用药过量的以及其他类型的受害者的幽灵，无论其是否清白，都还在紧紧抓住那些突然逃走了的生命。罗斯的幽灵只是众多幽灵中在最近时段出现的并且最显眼的一个，这众多幽灵的返回似乎只是为了指责我——他们死亡时在场的生者和知情者，仿佛我看到了一种令人憎恶的屈辱，他们为此永远也不会饶恕我。(page 55)

弗兰克被幽灵所盘踞，不只是罗斯的幽灵，而且也受到了幽灵对于生者愤怒指控的困扰。在弗洛伊德对幽灵的讨论中，他描述了一种幽灵信仰是如何与下述这种观念联系在一起的，即死者之所以愤怒，是因为他们已不再活着。在弗洛伊德看来，幽灵表现了生者对死者的爱恨交织的关系。他描述了（主要与尸体的处置和哀悼相关的）各种仪式实践，这些仪式实践包括与死者保持一定距离，以及抚慰死者等，只是为了让他们不再回来作祟生者。③ 对弗兰克而言，在忧郁的状态下，他无法与死者和解。在纽约城里，死亡的基础设施已经到了极限：

---

① 参见比如 Freud，1925b。

② 当帕克认为城市是“一种精神状态”(Park，1925a，page 1) 的时候，他可能不是指城市以与人被幽灵附体的相同的方式，也被它的过去所纠缠。

③ 参见 Freud，1913，pages 92 - 93 and 107 - 122；对于这个主题的进一步讨论，参见 Freud，1917b。

死者的幽灵无处不在指控着生者，死亡无处不是一种令人憎恶的屈辱，一种不公。尽管弗兰克知道他的感觉不对，但是，某种认为幽灵只是心理错觉的现代知识，并不足以驱走创伤和痛苦：

> 当然，这是一种疾患，是心理在作怪。那就是我要告诉我自己的，因为那是唯一的出路。以前我总是情绪低落，并且总是反反复复，但是却从没有与某个人的死发生过这么紧密的关系。有好多次，对我来说，罗斯可能会看上去像拉里一样真切。（page 55）

因而，《第六感》中的柯尔并不是唯一一个看到了死人如同普通人一样在城市中游荡的人。如同柯尔一样，弗兰克也见到了站在窗前的死人——津津有味地探头观望着生者。但是，弗兰克也被城市本身所盘踞：被装满了城市道理的心灵所盘踞；被它的精神创伤所盘踞；被它对过去时代的纪念所盘踞。不过，在柯尔和弗兰克看来，城市之所以被幽灵盘踞，是因为它把太多的幽灵集结在一起了：有这么多被幽灵作祟的理由，有这么多对于生者的指控。在这些有关幽灵和城市的故事中，悲痛犹如炸弹爆炸，它把碎片直接迸射到了城市的肌体，它把冲击波传递给了活着的人，它还在城市最柔软和最坚硬的部分留下了尸体的痕迹：在它的枕垫上，在它的建筑物里。因此，幽灵问题不只是死者鬼魂复返的问题，更关涉到历史创伤和不公的治愈与矫正的问题。然而，面对着如此之多的幽灵，生者——以及他们所面临的创伤和不公也同样应该受到关注。

所以，艾弗里·戈登（本章开头的引述）准确地表明，幽灵是一个社会形象，借助这个形象，某些业已丧失了的或是凭肉眼无法看到的东西，可以被展现在我们眼前。而且，从这个角度来阅读《穿梭阴阳界》是可能的：借助于城市里一种对于爱、或是对于关心、对于理解、对于认可、对于补偿、对于宽恕的失落感；借助于街道上虽生犹死的生命；借助于（齐美尔曾说到的）城市生活中司空见惯的冷漠。

戈登还正确地指出，幽灵的特质指向一种认识论：一种认识创伤与暴力的路径，这些创伤和暴力与生活形影相伴，即使在它们还没有被承认（受到压抑或是受到压迫）的时候也是如此。最后，幽灵自然是把这些故事重新召回的一种路径，这些故事让人生的不公行走在活着的人们中间——这是一种呼唤正义的方式。然而，幽灵也呈现了生者面临的问题。因为，如果说死者给生者的生活蒙上了阴影，如果说生者永远只能偿还对于死者的债务，那么，只根据死者幽灵所做出的规划行事，就有一种生存的危险——在一种永恒的忧郁状态中，对于生存的唯一正确的关怀只能围绕死亡来运转。

4.6 伦敦的幽灵：忧郁与反殖民斗争

根据反恐机构官员的说法，在2000年9月20日，星期三夜间10点46分，曾接到过一份在临近泰晤士河南岸沃克斯豪尔十字街的一座大型办公楼爆炸案的报告①。其他的警方消息表明，这次爆炸（只有一次）可能是一枚炸弹。从非正式的渠道，多名普通警员则指出，这次爆炸危及到了一座高耸的重要建筑物（图4.11），而且，不无道理的是，推测认为，它一定是遭到了射击，并且被击中了。

图4.11　2000年9月20日，火箭助推榴弹大约从这里击中了这座建筑。

新闻媒体（新闻报道和电视节目）对于所发生的一切及其原因的报道远没有那么谨慎，在官方声明之后，它们还报道了目击者的陈述。尽管在时间上有不一致的

① 对于这座引人注目的建筑物的描述，参见Powell，1992；或者，Pile，2001。

地方——有的人把时间指定为最早在晚上的 9 点 45 分，其他的人则确定大约是在 9 点 55 分——但他们都认同发生过两次爆炸：一次爆炸的声音紧接着另一次。楼体受损的图片显示：在这幢建筑物第十八层的一间办公室的窗户下面可以清楚地看到一个小洞。这座建筑如今已被明白无误地确认为沃克斯豪尔十字街的阿尔伯特堤岸 85 号。结论是明确的：这座建筑物曾经受到一次恐怖袭击。据推测，恐怖袭击使用了一种“兵营破坏者”迫击炮发射了两枚飞弹。还有补充说，目标其实是英国秘密情报局陆军军情六处的总部（MI6）①。普遍的结论是，“真正的爱尔兰共和军”（ Real IRA）攻击了军情六处的总部：一个明显的目标（见图 4. 12）。

图 4. 12　位于沃克斯豪尔十字街阿尔伯特堤岸 85 号的“秘密情报局”军情六处总部。

秘密情报局受到攻击自然事关重大。攻击的目标可能原本是军情五处。军情五处的职责是应对危及国家安全的威胁：自冷战结束以后，他们的职责范围已经被扩大，越出了反间谍界限，进而包括打击“恐

① MI 是 Military Intelligence 的缩写。

怖主义”（主要是爱尔兰共和军）、毒品交易和其他国内威胁。可是，这里并非他们的总部。这座建筑事实上是军情六处的本部。目前，如果说军情五处是旨在抓捕间谍和反恐的话，那么，军情六处就是从事间谍活动的——这不是政府通常会承认的事情，英国政府也不例外。军情六处特工是用于潜入到外国政府和被认为是危及到了英国国家安全的组织中去的（包括像基地组织［Al-Qaeda］这样的恐怖团体）。意味深长的是，新闻报道只提到了军情六处的作用，它与军情五处在反爱尔兰恐怖主义中并肩作战——因此也给军情六处在英国之外的间谍活动蒙上了一层阴影。

这次令人震惊的攻击在短时间内让两个秘密组织（爱尔兰共和军和军情六处）大白于天下，两者都牵涉到鲜为人知的暴力冲突。走出阴影之后，如今可以被清楚看到的是，两个幽灵的死后生命仍在奋力挣扎。一场已死的并且是致命的殖民战争正在打响——在伦敦的腹地，在国会大厦的视野之内。是幽灵？发起了一场死亡之战？冷战之后，在北爱尔兰的和平进程启动之后，我们可以想象得到，这场特殊的反殖民战争是一件不合时宜的事件。在这个意义上说，这次攻击实际上是导源于过去年代的一次爆炸。所以，我们在此——在过去、现在和未来的交汇点上——面对着两个幽灵似的人物：第一个体现于笼罩着阴影的爱尔兰共和军（无论是暂定的还是真实的）；第二个则以广为人知的“幽灵”之名出现①。首先，让我们来看一看爱尔兰共和军的出现（和消失）。

不管是暂定的还是真实的，通过媒体的报道，尚无法确定这次袭击是否是爱尔兰共和军所为，因为并无官方消息的确认，是爱尔兰共和军抑或不是爱尔兰共和军，它的幽灵袭击了集中在沃克斯豪尔十字街的过去、现在与未来。最近发生在伦敦之内的一些攻击都被看做是

① BBC一部涉及军情五处的流行系列谍战剧就是以“幽灵”命名的。有意思的是，泰晤士大楼（Thames House）（军情五处伦敦总部的名称）的外观看起来不像是泰晤士大楼，倒是像另一个秘密组织共济会的总部。

爱尔兰持不同政见者活动的“证据”。比如，2000年6月在哈默史密斯桥（成功引爆）的爆炸案和2000年7月19日在伊林百老汇地铁站（没有爆炸的）炸弹（它扰乱了皇太后百年诞辰的庆祝活动）。意料之中的是，恐惧表明了这一切标志着一轮新的本土爆炸活动开始了，尤其是在圣诞节的前夕。所以说，不只是爱尔兰共和军的幽灵出现在爆炸的现场——各式各类的能够引发爆炸却又永远见不到、自然也永远不会被捉住的幽灵——而且还有爱尔兰共和军的受害者也在开始集结。因为伦敦常常成为恐怖行动所造成的痛苦和悲伤的见证。而且，伦敦还被那些死去了的、受伤的人所纠缠，正像在近期发生的那些最恐怖的袭击中的情形一样。

- 1982年7月20日海德公园爆炸案，11名士兵死亡，另有50人受伤；
- 哈洛德百货公司爆炸案，6人死亡，90人受伤；
- 1992年4月10日，震惊伦敦城的巨大爆炸案，致死3人；
- 1993年4月24日，主教门（Bishopsgate）袭击案，使用了一辆大卡车，致死1人，致伤44人；
- 1996年2月6日，在伦敦著名的码头区金丝雀码头上的一次爆炸，杀死两人，终结了爱尔兰共和军的停战协议。

23人的死亡为（真正的）爱尔兰共和军增添了活生生的幽灵色彩：“幽灵”，还因为和平进程被假定为剿灭北爱尔兰对英国殖民主义的武装抵抗力量。只要这些幽灵还存在，过去的历史就不会被埋葬（哪怕是通过曲折的和平进程）。活着的和死去的幽灵讲述了那些城市——像伦敦一样的城市——的痛苦和悲伤，它们紧紧地抓住了这些城市的心脏。但是，这个事件也揭示了有关城市生活方式的更多问题。因为，与恐怖和悲伤相伴的，还有一个故事，讲述的是司空见惯的冷漠，见怪不怪的心态，以及只会考虑个人生活的人们。因此，那些现场目击者似乎并不怎么感到困扰：他们的讲述是平静的，许多人只是热切地要知道发生了些什么，并且要了解是什么导致了他们所听到的两声巨响①。

到那一年的11月中旬为止，对于另一场爱尔兰共和军圣诞节爆炸行动的强烈恐惧逐渐流露出来。反讽的是，正在此时，从安全机构传来了更好的消息。根据警方消息，11月12日星期日，一个（在某地）引爆一枚500磅炸弹的阴谋已被挫败。炸弹是用螺母和螺栓捆扎固定的一个由化肥制成的炸药内核。爱尔兰共和军的鬼魂又一次返回了伦敦。这枚炸弹在规模上与震动了金丝雀码头的那颗相当，并且——尽管它也与被用在爱尔兰奥马区的那颗炸弹大小相似，这颗炸弹在1998年致使29人死亡——立即有推测说，这颗炸弹是预定指向伦敦的一个著名的目标，而且，因为它规模巨大，爱尔兰共和军的企图就是要尽可能地杀死更多的人。如此一来，便出现了一阵对于伦敦幽灵的躁动：当前对事件的调查正在围绕着假定的动机、方法和过去行为的后果来进行——并且，由这一切也可以推见到令人担忧的未来。

11月25日星期六，在既证实又缓解了恐惧的新闻中，公布了在伦敦德里发现的一个武器库。星期日的报纸发布了恐怖袭击的警示。至星期一为止，电视新闻节目一直在播报着警方的信息——惧怕。与此同时，伦敦人更加担忧的是列车脱轨、地铁晚点和最贫困住宅区的残暴行为（尤其是随之而来的连环儿童谋杀案）。伦敦对于它的幽灵已经习惯了，因为，它本是更多幽灵的老家，而不只有爱尔兰殖民历史的幽灵。伦敦已经目睹了太多的杀戮，这些杀戮行为已经用帝国的遗产养育了许多其他的幽灵。近年来，发生在巴基斯坦和印度之间、库尔德和土耳其之间、巴勒斯坦和以色列之间、穆斯林世界和西方世界之间的冲突，已经把暴力引向了伦敦的街道——尤其是在纽约世贸中心遇袭和阿富汗与伊拉克战争之后。

真正的爱尔兰共和军袭击了军情六处，这一事实还远不明朗，伦敦可能聚集着许多希望把伦敦作为一个为死者讨回公义之地的其他的

---

① 他们实际上只是听觉的见证者，因为几乎没有人真正看到了什么！

团体。或许，其他的那些团体已经让幽灵受到了惊吓？总之，军情六处的间谍盘踞了泰晤士岸边壮观的办公大楼，这是最糟糕的被保守的秘密之一。因此，比如为了应付英国政府对在沃克斯豪尔十字街拍摄影片的禁令，在影片《黑日危机》（*The World Is Not Enough*，1999）中，人们看到了詹姆斯·邦德从军情六处总部精确的仿制品中放出一条机动船。与此同时，真正的沃克斯豪尔十字街却出现在了帕特里克·凯勒的影片《伦敦》（1994）①，以及稍早一些的一部邦德系列影片《黄金眼》（*Goldeneye*，1995）中。事实上，在当初的建造过程中，沃克斯豪尔十字街就引发过论战：不只是因为作为英国的秘密情报机构，它成了一个过于显眼的地方，而且是因为它高昂的建造费用。据推测，这些费用的大部分是用于军情六处的高保密设备的，包括反监视和防爆系统。秘密安全之外，它既不能阻止真正的爱尔兰共和军，又无助于抓捕袭击者。邦德也不过如此。

实际上，只要邦德的故事继续讲下去，这一方面就不会获得成功：没有英雄，也没有世界级的坏蛋，会最终得到应有的惩罚。相反，两只幽灵队伍似乎各有他们成功的经历，彼此均无大碍。这两股幽灵事实上似乎对彼此较量的实际胜负并不计较，而更关心的是自己的公共形象。因为从逻辑上说，军情五处才是更合适的军事目标。总而言之，军情五处才是最直接地从事与爱尔兰共和军相对抗的反恐活动的组织。然而，他们的办公地址更分散且很不易被发现，因而也更加隐秘，并因此之故而不可能为公众所知晓。军情六处的大楼则豁然挺立，引人注目。它是一个显眼的宣传目标——一个不可能错过的办公大厦，在夜晚灯光明亮，犹如一个精心制作的圣诞蛋糕。他们又怎么可能错过呢？正如我们所知，幽灵的真意在于显现。幽灵也会隐没：在这个故事中，幽灵从没真正出现过。军情六处也没有直接显影，所以说，这

① 参见导言部分。

次袭击只是乌有之人对乌有之乡的袭击①。突然，真实的主体（不管是官方的，还是爱尔兰共和军的，或是自然界的）请求恕罪，宛如一个幽灵飘过城市，浮现在众目睽睽之下。

一系列幽灵般的人物——既未充分显现，也未完全消失的人物——经历了这次火箭弹袭击的风波。他们中有恐怖主义者、自由战士、受害者与旁观者、“外国人”、本地人和伦敦人、间谍、警察和“官方人士”、往返上下班的人、目击者和居民、新闻记者、电视摄像机和摄影师——通过他们，还有更多的观察者。在这一片喧闹声中，实事求是地说，这些幽灵式人物中的大部分是被推测的，其中有一些是有根据的，有一些已得到澄清，另外一些则是无中生有。恐怖分子仍在保持沉默，不祥地浮动在那座建筑物的墙体和整个事件中。就在这些幽灵出出进进的过程中，沃克斯豪尔十字街正在受到多种因素的制约——既受到意义的制约，也受到情感的制约：警报与惊恐，迷惑与猜测，笑声与冷漠②；阿尔伯特堤岸 85 号带着浓烈的意义和情感在颤动，仿佛是有人踩踏了它的墓穴。

对阿尔伯特堤岸 85 号的袭击暴露出城市何以成为一个历史与主观性密集的地点，人们在这里公开表达他们的政治诉求，有时是象征性的，有时则是激烈的。这也让我们明白了幽灵的某种意义：暴力事件已轰然出世，以及幽灵强化意义和情感的方式，这为我们理解这些事件提供了基础。进一步说，这些幽灵在灾难过后并未须臾离去：他们左右彷徨，盘踞在他们显形的地方。因此，幽灵在死后一直没有离开

---

① 电话号码簿上列有军情五处的电话（还附上了一个米尔班克路 12 号的地址，正是军情六处的河对岸），却没有把军情六处的电话列上。电话簿曾经标出过政府电信局（被认为是军情六处的假名）的地址为阿尔伯特堤岸 85 号。如今，电信局只剩下一个邮箱号码。即便如此，这个局也没有座机号码，交换台号码为：7582，是沃克斯豪尔地区的号码。我猜测幽灵依旧盘踞在阿尔伯特堤岸 85 号。

② 在迪根（Degen，2001）看来，地方的这种“操演”与身体、感官和幽灵出现之间的关系有关。

过我们。从这个角度说，只要一有机会，城市就是各种幽灵大规模集结的地方。

在城市中，悲伤运作——不管是哀悼还是忧郁——都在不间断地进行着。伦敦不只是容纳了死者，它的亡灵还挤满了街道。令人惊异的是，城市竟诡异地成了幽灵可以集结的地方。它们也是哀悼和忘却的地方，日常生活中的寻常暴力比比皆是，几乎没有人会给予幽灵太多的关注，即使关注，也不会持久。齐美尔在他对于城市及其冷漠心态的研究（1903）中多少捕捉到了这一问题。① 然而，我们在对军情六处袭击的叙述中仍然可以感知到这一问题。报纸上满是旁观者的道听途说，暴露出人们对于灾难经历的无动于衷以及他们的安全感；暴露出人们的好奇心，他们乐意见到不可能被看见的事情；也暴露出渴望见到无须承担后果的创痛事件的幸灾乐祸的心理。令人不安的事件被目击，被合理化，然后被遗忘。

即使如此，显现于军情六处袭击中的幽灵——如果你愿意的话，也可称之为暂时的冲突——表明，忧郁是城市生活幻影和情感生活的一个部分。亡灵——丧失、创伤和不公的幽灵标志——有时几乎是不可能被去除的。或者说，这次袭击的教训在于，死者必须被安葬。生者还要继续生活，继续寻找与他人相处的新途径，来代替彼此间的相互纷争。去除幽灵的存在似乎是一件不错的事情。去除他们！正如有的人说的，让死者掩埋死者。可是，这是应对幽灵的最好办法吗？

4.7 生者的梦魇：伦敦的幽灵对抗反资本主义的抗议者

在马克思看来，

> 19 世纪的社会革命不能从过去，而只能从未来汲取自己的诗情。它在破除一切对过去的事物的迷信以前，是不能开始实现

① 参见导言部分。

自身的任务的。从前的革命需要回忆过去的世界历史事件，为的是向自己隐瞒自己的内容。19世纪的革命一定要让死者去埋葬他们自己的死者，为的是自己能弄清自己的内容。(1852，page 149)①

在德里达看来，

谈论幽灵是必要的，事实上是对幽灵说话，是和幽灵交谈，从那一刻起，伦理学、政治学，无论其是革命的还是不革命的，似乎都是不可能的和不可想象的，而正义根据其原则不会承认对那些已不复存在或者是那些尚未在那里获得当下生命的他者的尊敬，不论他们是已经死去还是尚未出生。(1993，page xix)

政治学，无论是革命的还是不革命的，无论是19世纪的还是不是19世纪的，似乎都必须面对死者，面对幽灵——是的，这是根据马克思和德里达的说法。如果我们打算相信他们的话，那么，我们可能希望去讲的关于自由和美好城市的许多故事都不得不涉及到它的幽灵。一方面，马克思将会在那儿告诉我们，我们必须从过去的幽灵中解放出来；我们革命者必须让亡灵埋葬亡灵。另一方面，德里达反驳说，去除我们的幽灵并非那么容易；相反，以正义的名义，为了那些已死者，未死者，以及尚未出生者，我们必须对幽灵说话，和幽灵交谈。如果说城市是一个自由、公正和民主的地方的话，那么，就会有一个令人烦恼的问题：对于死去的世代在城市栖居者的生活中留下重大影响的传统，该如何对待？我将通过2000年5月1日（英国的非官方劳动节）发生在议会广场和特拉法加广场周围的有关反资本主义抗议活

① 中译文见《马克思恩格斯文集》第2卷，473页。中共中央马克思恩格斯列宁斯大林著作编译局编译，人民出版社，2009年。——译者注

动来探讨这个问题。[1] 通过显示幽灵如何附着于政治行动和政治反应，我尽量展现了与这些抗议相关联的情感强度。

图 4.13　伦敦，议会广场。2000 年 5 月 1 日，抗议者在这里聚集。

2000 年 5 月 1 日，有 4 000[2] 人聚集在议会广场（图 4.13），抗议当代资本主义体系的不公。在许多观察家看来，这是大众抗议活动日渐激进（和激烈）的又一例证。它带有前一年 6 月 18 日发生在伦敦金融区骚乱的回响（以 J18 闻名），也是对如（特别是）西雅图等世界上其他城市骚乱的回应[3]。估计警方不希望自己被搞得措手不及（如他们在 J18 示威时那样），以首都三十年来最大的军事行动调动起了其军事作风。事件中有 5 500 警员到场，另有 9 000 警察预备待命：因此，总共动用了 14 500 名警察[4]。即使承认抗议者的统计数字有可能被低估（通常是官方估计的双倍），也就意味着警察和抗议者一样多。让我们想一想吧：这样一来，就成了一个比 20 世纪 70 年代和 80 年代（以及 90 年代）的反核武器、反战争、工会、女权主义、反种族主义和反种族隔离示威期间更大的警方行动。不知何故，短暂而又具有爆炸性的 J18 抗议的暴力行为，已经让警方——

① 有关特拉法加广场作为一个抗议的地点，参见 Pile，2003。

② 此处根据的是一些报纸的报道：比如，可参见《卫报》2000 年 5 月 2 日头版。

③ 参见 St Clair，1999。

④ 有人估计，那一天有 30 000 名之多的警察在现场或是在伦敦市中心待命。

以及当局——进入了戒备状态。这是一种什么类型的革命行动？

从上午10点钟起，抗议者已经被集结到议会广场周围。也许并不让人感到意外，几百个自行车手率先到达（伦敦的公共交通就是如此）。其他人则跟在后面。许多（政治）团体开始聚集：从无政府主义者和共产主义者，到环境主义者，到生态保护论者和园艺爱好者，甚至是一些旅游者。尽管示威核心的主要“无序状态”在于其收复街道活动（Reclaim the Streets）的特征，从挂满街头的旗帜和标语中可以看出团体的多样性。但是，在新闻报道中，对于以“园艺游击队”闻名的直接行动被放在了特别显著的位置：有些报道将之描写为一场典型的英国游园会，只不过没有茶！

截至上午11点钟，精通园艺的活动分子一直忙碌地在议会大厦外面的绿地上挖掘，并将之迅速地变成了一个花园——播下种子，种上蔬菜和花木——并且配有几个水塘和临时制作的土地神雕像。挖开了的草皮被运走，并铺在了路面上。广场、道路和街道正在被收复。即使是城市的气味也在发生变化：从一氧化碳和柏油碎石路面的气味，到泥土、草皮和肥料的气味。还有音乐：一支桑巴乐队演奏着，鼓手们敲击着鼓点，口哨声吹出的曲调像是在诺丁山的狂欢节上似的，而且，街头上还跳起了舞。一切都显得有一点凌乱，有一点混沌，也许还有一点偏激或是荒唐，但无论如何也没有那么糟糕。

“没有那么糟糕”即将变得糟糕。大约是在下午1点40分的样子，一些抗议者开始攻击特拉法尔加广场边缘的白厅街道上的多处商家。监控画面显示一群年轻人打破了麦当劳的前窗（图4.14）；一个人戴着黑色的面具、手套，并且挥动着一把椅子。很快，招牌中的M标志就被拆下来毁坏掉了；“麦当劳剥削”备用红色液体喷写在了墙上；“麦当劳垃圾”用的是黑色。隔壁的一处外币交易所也被破门，和附近的一家纪念品商店一样。园艺游击队正在一步一步地变成对于各种财产的一系列的攻击，这些财产在某种意义上标示着资本主义（以它的全球化伪装）的全部罪恶。

财富如今受到了威胁，警察干预了。大约在下午2点30分，警察

图 4.14　白厅街上的麦当劳店，2000 年 5 月 1 日遭到抗议者的袭击。

行动起来，捍卫法律、秩序，而且还需加上资本主义的各种形式。带着充足的准军事装备，挥舞着警棍，穿着防弹衣的警察开始冲向没有武装、没有保护的抗议者的身体。不管是打碎门窗的无政府主义者，还是舞动着植物的园艺爱好者，几乎都无关紧要。无论如何，警察似乎是无法把他们区分开来的。园艺游击队迅速变成了战争游击队。短兵相接发生在特拉法尔加广场周围，持续了差不多四个小时。从一开始起，警察就封堵了所有可能的逃跑路径，并且开始把抗议者挤进特拉法尔加广场。到下午 6 点钟为止，警方（用他们的话来说）夺回了特拉法尔加广场。尽管零星的街头战持续到了晚间（此时警察把一小股示威者逼上了斯特兰德大街），文明与这座城市最终还是获救并且安全了。如今正是做出政治评论的时机。

托尼·布莱尔首相以如下方式表达了意见：

> 对于今日伦敦这次损失负有责任的人是绝对不光彩的。他们的行动与信念或信仰丝毫无关，而是彻头彻尾的愚昧无知的粗暴罪行。①

可以预料的是，国会议员一方在看待抗议者的体面和善念的问题上是存在过失的。而且，不只是政客、自由主义的政治评论者哀叹示威活动缺乏适当的政治议程：重量级的新闻记者雨果·扬把这次行动

---

① 引自《卫报》2000 年 5 月 2 日头版。

解释为对“一种带有反政治色彩的冒牌的爱情传奇”的遏止（《卫报》2000年5月2日，pape 18)。雨果·扬甚至通过与西雅图和华盛顿的示威活动的不适当的对比，来强调5月1日的抗议行动是徒劳无益的，他坚持认为，这两次示威活动加剧了对全球资本主义后果的论争——他断定，这符合消费者的利益！

如今，这类争议可能会出现在任何像伦敦所发生的这样的事件之中。十多年以前，没有人会说人头税骚乱的好话。然而，在对当日事件的公开论辩中，红色与绿色的革命者恰是在他们五一劳动节的抗议游行中，愈加被幽灵兵团所遮蔽。从这些伦敦街道的残骸中，走出成千上万的亡灵，纠缠着生者的心魂。让我们看一下这些幽灵从他们没有标记的墓穴爬出来，并且加入到政治的魅影之中的情景吧（纵然我们尚不可能如德里达所希望的那样，轻易地与他们交谈）。

在下午2点至4点之间的某个时刻，白厅的和平纪念碑已被污损。白厅街的这座纪念英国战争亡灵的纪念碑，它主要与两次世界大战——1914-1918和1939-1945——有关，尽管它实际的意图是要纪念所有的“阵亡者”，包括直至今日的那些阵亡者。每年11月初的那个星期日，有王室成员、政治领袖、武装部队、退伍军人和家属参加纪念活动，他们在那一天聚集在纪念碑前，向逝者献花，致敬。举行一分钟的默哀，之后被号手们吹响的安息号打断，代替了J18和五月一日示威活动中的鼓点、口哨和舞蹈，一曲静默的国歌在伦敦被压抑的街道上演奏。这座纪念碑本身是只用白色的石头建造而成的，具有一种质朴的外观，这本身就令人想起阵亡者临终的凄惨（图4.15)。也许，这正是亡灵纪念碑得以盘踞城市原因。它们使得死者有能力紧紧抓住城市，确保他们的时代不被忘记，不会逝去。① 即使如此，纪念碑如何确切地强行进入生者的记忆可能难以预料，是有争议并且令人震惊的②。

---

① 如列斐伏尔（1974）所指出的那样。

② 例证参见Johnson，1994，1995。

图 4.15 “我们无上光荣的英灵”，和平纪念碑，伦敦。

在许多人看来，这是对祭祀和哀悼的国家性标志的亵渎，这最明确地表明了游行示威者的“愚昧无知”。这种糊涂乱抹行为最令人反感的是：战争纪念碑的一面有两只绿箭，一支标有“男人”，另一支是“女人”，指示着卫生间的位置。对成千上万年轻的（主要是）男人和（许多）女人的最高献祭遭到了亵渎。在电视台当晚的新闻节目中，两次世界大战的生还者和阵亡者家属激烈而又痛切地表达了对于抗议者的公然蔑视，这也暗含着对于抗议活动的态度——他们的言辞（正如你可以预见的那样）中夹杂着在第一次世界大战中“爬出战壕”的年轻士兵亲切却又是幽灵般的影像，代替亡灵埋葬亡灵，死者正在将一个没能实现其前景的冰冷尘世的生者埋葬；这是那些男人和女人为之赴死的前景。幽灵改变了现实：如今，抗议活动被一种理想化了的过去*以及*一种理想化了的未来所缠绕。这让每一个人都感到不寒而栗。对于这些幽灵，人们不可能视而不见，尤其是在他们的死亡受到轻慢对待的时候，如同他们在生时受到的虐待一样。

生者的想象唤起了逝去时代的生命，他们在照片和往日的新闻纪录片中，或是在那些还记住他们的人的证言中闪现①。在这些影像和记忆中，有一个致命的问题纠缠着英国的政治：除了“我们”，还有谁能让这些人去为他们而死？对于这些年轻无畏的死者的慷慨捐躯，生者所欠下的债务，绝对无法偿还。当然不是由那些玷污了纪念碑的抗议者来偿还。一旦幽灵站在了当局和传统一方，先前的政治视野就已经给抗议者尚未诞生的政治愿景罩上了一层阴影，逝去的那一代人的传统极大地影响了生者对于民主、自由和公正的革命传统的尝试。突然之间，另一种历史潮流已被阻断：过去的历史岿然屹立，强烈地谴责当下行动对未来梦想的辜负。

在上述故事中，幽灵采取了多种伪装：我们有大批的军人，身穿制服，满身血迹；我们有逝去了的思想的幽灵——革命的或不革命的，军国主义的或非军国主义的，民主的或不民主的；甚至还有英国绿色的和宜人的土地的幽灵，以及伦敦显然没能达到的理想城市模型“耶路撒冷”的幽灵。这些幽灵唤起了各种思想，还有各种情感。死者受到的侮辱和不公（再次）返回，盘踞了生者。生者（再次）被卷入昔日的创伤和丧失。伦敦的幽灵地理学如今已被毫无掩饰地暴露出来：同时被过去、现在和将来的幽灵所纠缠。如瓦尔特·本雅明可能注意到的那样，在这单一事件中，我们可以见到幽灵化的种种手段，借助于它们，历史的辩证法——过去现在与未来的辩证法——被带到了令人窒息的静止状态②，正像死者瘦骨嶙血的手指令人恐惧地紧紧抓住了生者。

然而，问题不在于我们是否只能从生活中驱逐死者的影响，而在于如何更好地接受死者及其遗产（当然，这将包括马克思和马克思主义）。在评论德里达《马克思的幽灵》（*Spectres of Marx*）时，弗里德里克·杰姆逊（Fredric Jameson）这样说道：

---

① 有关摄影与幽灵的问题，参见 Durant，2003；Kaplan，2003；以及 Schoonover，2003。

② 参见 Benjamin，1935，以及 1940。

以准备接受报应的方式去忘记死者显然是不敬的，但记住死者则是神经质和强迫症式的，并且只能导致一种缺乏新意的重复。不存在与死者和过去相关联的“恰当”方式。（1999，pages 58－59）

因此：要创造一个公正、公平和民主的城市，我们必须重视死者，却不能被他们绑架。也许，对于幽灵的这种并不恰当的反应会平息马克思和德里达的纷争。我们不能忽略死者的存在，否则，我们可能永远不会从死者那里学到什么，也不会以他们为荣。然而，我们也不能无休无止且又阴沉忧郁地回到死者的世界，以免我们不健康地依附于他们，以免我们落入其历史的无情的灭顶激流。伦敦的幽灵有时会被证明是一笔债务。伦敦是这样，新奥尔良、柏林、新加坡、巴黎和纽约也是这样，而且，其他的每一个城市可能也都是如此。① 城市总是无法除掉幽灵。即使是其物质结构本身——或者是他们“去世”时留下的裂隙——也可能变成幽灵②。听一听弗吉尼亚·伍尔夫（Virginia Woolf）的说法吧（但也不要忘记瓦尔特·本雅明）：

那么，在伦敦人们在哪里才能找到安宁，并且确保死者安睡并得以长眠呢？伦敦毕竟是一座满是坟墓的城市。然而，伦敦也是一座处在人类生活的高潮和激流之中的城市。（1932，pages 125－126）

有这么多的机会让幽灵在城市里骤然现身，很容易明白生者为什么可能需要不断地去安慰自己说，死者已经安息。在生者与死者以及未来世代之间，依旧难以达成和解。死者与生者一样，都需要成为充

① 关于新奥尔良的情况，参见 Roach，1996。有关柏林，参见本书第4.2节；Ladd，1997；以及 Till，1999。

② 参见 Kuftinec，1998；以及 DeLyser，1999；2001。

满了生命激流的革命历史的一部分。如果我们要让城市发生革命，那么，我们就必须正视一系列的困境。让我们随便挑出两个吧。我们必须把自己从死者的掌控中解放出来，但是，我们必须在这样做的时候又不否定死者的生命价值：他们的梦想和他们的梦魇。我们必须允许死者来解放我们，但是，我们必须在这样做的同时，又不至于把自己捆绑到他们那飘逝已久的梦境之中，或者更糟糕的是与他们的噩梦连在了一起。无论如何，在城市生活的幻影中，死者都是一个麻烦的存在：哪里能够确保死者可以不受惊扰地安息长眠？

最后，公正与自由的城市将需要寻找接纳它的（不管是来自过去、现在还是未来，不管是个人还是集体，不管是死去的还是活着的）幽灵的途径——正如纽约人也都明白的，在 9.11 之后，处理世贸中心的旧址并且决定根据丹尼尔·李博斯金（Daniel Libeskind）① 的设计方案进行重建，是带着强烈的感情冲突的。解决幽灵问题可能需要对城市的有形结构（physicality）有一种果断、灵活而又具有包容性的态度，包括它的空间形式，它的纪念碑和公墓，它的圣地，它的灾难和不公的发生现场。城市似乎可能是这种类型的不太具有精神性的地方：时髦、新锐、世俗、实在真切。实际上，城市远不（只）是如此，理性的计划和资本主义积累战略通常只是极少考虑到这类事情。也许，在这种超尘脱俗的精神背景下，还有机会重新纪念死者，并与死者达成和解。

在当今的大都市伦敦，和平纪念杯也许只是暂时延长了它的效用。尽管它也许会被重新设计，作为曾在军事冲突中死亡的其他人的纪念碑：也许纪念在帝国冒险中被英国杀害的那些人；或者，它也许可能庆祝反殖民斗争的胜利。同样，值得纪念的是，在据说被埋在世贸中心废墟之下的 19 000 具尸体（有待确认）中也会有基地组织的成员，没有对反殖民主义斗争的记忆，对 9.11 的纪念是不可能的，它们永远

---

① 李博斯金还设计了柏林的犹太人博物馆，这绝不是偶然的：一条令人不安的链条把 9.11 与犹太人大屠杀联系起来，亦可参见 Sorkin，2003。

是被联系在一起的①。

为了自由和公正，城市在对待幽灵方面必须具有包容性和灵活性，它们必须准备好去增加和减少亡灵。它们必须能够在与旧的梦想和旧的希望的关系中去看待自己，可是，它们不应该让这种对死后生命的关怀挡住了对新的梦想和新的希望的创造。为了创造未来的可供选择的历史，城市必须小心地炸毁历史的连续性。在城市还包含着不同的过去和未来的时候，它也许还有可能用一个幽灵去对抗另外一个幽灵，以显示不同的前进路向。拥有这么多幽灵的城市也许会被证明是一个优势。

4.8 结语：埋葬死者，而不是埋葬真相

在本章中，我已讲述了许多幽灵故事，每一个故事都说明了被纠缠的和令人迷惑的城市情感生活的某个侧面。自始至终，幽灵都给城市生活的分析设置了问题，尤其突出的困难在于让他们开口说出有连贯性的内容。因此，这成了我的第一个发现。幽灵是不连贯的。他们没有一个要诉说的故事，或者说，没有一种与生者的关系。也许，除了死亡本身以外，没有丧失，或是创伤，或是不公。每一个幽灵都有它自己未完成的工作，并且也不见得能说得清楚这工作是什么。幽灵处于人生的经营与死亡的终结之间。他们是跨界人物，存在于生者的世界与死者的世界之间，在显现与消失之间，在他们自己的时空之中，既不显形，也不离场。然而，这个描述也同样可以用于生者。幽灵很可能融入城市生活的魅像，因为它们在许多方面与生者没有区别。也许正是这个原因，人们有时会说，你在城市里见到的人中，有半数是幽灵。

因此，城市是因其众多的幽灵、异质性的幽灵、密集的幽灵而闻

① 此处的反殖民主义斗争似乎是一个反西方、反美国、反基督教和反资本主义地理政治逻辑的特殊组合。

名的——沃斯的城市生活定义（Wirth，1938）的死亡面具。不过，情况还不止于此。城市还会借助纪念死者的活动来作祟，部分情况下是通过把幽灵持久地保存在有形的建筑中。于是，如同其他城市一样，伦敦在现实中也拥有相当数量的纪念馆、纪念碑（一直在不断地增多①），但每一次新的灾难都会创造出一座能够唤起死者的当地风格的神圣建筑。幽灵是穿过城市生活魅像的人物队列的一个部分。在这个行列中，死者是被并置的，放入彼此的相互关系中——纵然是无声的——这是一种对于时空的幽灵式的干扰，是由丧失、灾难和不公的并置而造成的。不只是地标性建筑物的主要活动承担了这样的功能，伦敦的街角路旁（如其他地方一样）也时时生发出衰败花木忧伤的枝条——于是，路人们知道又有某人过世了。城市作祟，它们迫使我们——也许是违逆了我们的意志，也许仅仅是出于偶然——去承认那些（早已）逝去的生命的价值。从这个角度上说，城市的有形结构本身，在它成为一种易变而又持久的记忆之地时，闪动着幽灵的光焰。②

尽管可能有些令人费解，但幽灵有充足的理由去在它们所盘踞的地方作祟。幽灵常常提起某类灾难和不公。朱莉站立在新奥尔良阳台被冻死，引起人们对她悲剧命运的关注，可是，她的出现还揭示了奴隶制的不公以及殖民环境下恐怖的心理剧。③ 幽灵也处于生活焦虑的边缘。幽灵出现于一个来源并不确定、或是潜在地具有不安定成分，或是已出现了危机的地方。这样的例子可以在盘踞现代公寓楼的幽灵中找到。因于人群的流动或是与死者的神秘联系，要想知道一套公寓楼是否可能有幽灵作祟是不可能的。因此，幽灵故事揭示了城市——诸如柏林、新奥尔良、纽约、伦敦和新加坡——接纳它们过往的历史，以及这些过去的历史获取的对于现在和未来控制方式的关键信息。这种关键信息就是受到了痛苦、丧失、不公和失败的碎片影响的破碎的

① 亦可参见 Kerr，2001。

② 亦可参见 Curtis，2001。

③ 亦可参见 Gelder and Jacobs，1999。

情感地理学；一个幽灵象征性栖居的精神世界。不止于此，纽约和伦敦的街道——如同其他城市幽灵的所做所为一样——控制了想象力：它们公然反抗我们对希望的寻找，因为它们已没有了希望；它们公然反对我们去做出补偿，因为找不到它们所需的补偿；它们公然反对我们允许它们去自我埋葬；因为我们早已将它们埋葬；它们公然反对我们去寻找新的传统，却又偏离过去世世代代的人所向往的未来，始终存在着把它们最终托付于不可逆转的历史的期待。

我已经表明，幽灵显示了情感状态的两种类型：第一，它们引发了城市生活的神秘效应；第二，它们使得我们看到了城市的悲伤运作——它的悲悼，它的忧郁。与作祟场所联系在一起的是，幽灵可以在某些时刻掠过城市，以达到神秘的效果，提醒人们记住那个地方早先的丧失和灾难。在某些人看来，这些主要是个人的焦虑和创伤。但是，在城市里看到幽灵使得社会的焦虑和创伤也被人们收入视野。因此，幽灵在此完成了双重使命：它们同时既是个人的戏剧也是社会的戏剧。相似的是，幽灵作祟现象本身也需要一种双重的辩证想象：把人看成是（过去事件）作祟的对象，也把人看做是作祟于（场所）的主体；把城市视为（被它们的过去，被不管是活着的还是死去的人）作祟的对象，也把城市视为作祟于人的主体。因此，幽灵和作祟是空间性的，也是时间性的：处于允许情感与经验彼此跨越的临界地带，幽灵与作祟在一刹那间就扰乱了平淡无奇的时间感受和地方感受。通常来说，这种干扰是受到防范的：保护历史的平稳流动。幽灵的返回是受到抑制的：它们不应该出现，它们一旦出现，就会产生诸多后果。

幽灵充当的是浓缩意义的角色，在这个角色之上可以完成许多情感的置换。如同梦中的一个元素一样，幽灵的形象也是由多重因素决定的——同时指向了多个不同的方向。也许，这并非偶然。[①] 在城市里，与幽灵联系在一起的悲伤运作与梦的运作是完全一致的：情感围

① 在弗洛伊德看来，忧郁和梦非常相像（1917b，page 251），既然它们都与自恋性的精神障碍密切相关：有关自恋，参见 Freud，1914。

绕浓密的意义和权力网络转换。因此，一方面，幽灵的难题已经被认为是它们所渴望的对象。然而，另一方面，如何在埋葬死者的时候不把他们所不得不说的一切也一同埋葬，还存在两难困境（图 4.16）。那种认为城市可能被卷入悲伤运作的想法凸显了生者的困难，他们不仅要处理与死者的关系，而且还要考虑与他们很少予以充分体现的那些真相的关系。在如何处理与死者的关系方面，城市有选择的余地。然而，悲伤运作的教训就在于，有关纪念与驱魔、铭记与遗忘的决定，绝不可能一经做出，便一劳永逸。

图 4.16 “埋葬死者，而不是埋葬真相。”

幽灵打破了现行的时空观念：通过返回，它们既改变了时间也改变了空间，将时间与空间放在了一个它们原本不在的位置。我们可以说，幽灵在城市脱节的地方作祟——脱节既指向时间也指向空间。它们通过众多裂隙来串起生者的世界，有时这种裂隙被称为“时空错乱”，有时又被称为“崩溃”：城市充满了这种裂隙。它们攫住了想象，向着它们不得不承受的灾难和痛苦尖叫，为降临在它们头上的不公而哀叹。这类痛苦和不公的故事在城市里司空见惯，经常获得同情，尽管也许还带着对自己生命脆弱意识的颤栗，人们倾听着这些失落与痛苦的故事。即使如此，这也并非总是导向对变革的认可。甚至也不会带来对多样的社会历史的承认，这些历史就藏在幽灵故事的背后（尤其是在那些社会戏剧被转变成个人戏剧的幽灵故事中）。幽灵可能是城市生活魅像中令人震撼的一幕，但也并非总是足以令人震撼。

结论　城市生活的真实梦想

引言

正如弗吉尼亚·伍尔夫曾指出的那样，真实的城市是以“人类生活的高潮和激流”为特征——它同样也是以持续的运动、热情、喧闹声、低语声，以不间断的感官刺激，以永不停歇的破坏性的创造力为特征①。根据本雅明的说法，所有这一切的后果，可能会如魅影一般变幻不定。城市是一个充满魅像的风景。（各式各类的）事物充斥于城市居住者的生活，制造了一种直接的经验，它使整个世界看起来就像是一连串梦幻一般和幽灵一般的影像。据本雅明的理解，这种经验与做梦相似。魅像是由相互对立的元素构成的，它给人以这样的印象：它是由一系列看上去被奇怪地放在了一起的元素所构成，然而，城市居住者却常常对之漠不关心；它是由众多并置的形象和人物构成的，它们的历史和地理打破了时空的平滑流动，然而，在这魅像之中，历史却似乎是线性的和单数的，而其中的地理形貌则似乎仅仅是展现事件后果的被动的幕布；它还是由一系列的意义和强烈情感所构成，然

① 参见 Woolf，1932，page 126. 更全面的引述可见于第 4.7 节。

而，它们却从来也没有与城市场景完全相通相融——一切东西都似乎是在别处被制造出来的。在本雅明看来，魅像的涡流与回旋可以迷惑现代城市居住者的心智，使他们……受到催眠，使他们陶醉，使他们目瞪口呆，使他们做梦，使他们睡眠。

在现代性的不醒长梦之中，城市睡得并不安宁，它辗转反侧，恍如噩梦并幻梦丛生，城市总是在惊吓中醒来。但是，惊魂之梦又从不会将它完全惊醒。现代人似乎热爱他们的睡眠：梦的意象在他们眼前舞动，让他们感到晕眩，让他们感到陶醉。为什么不可以呢？城市生活的魅像令人陶醉和着迷。① 在本雅明看来，紧迫且又必要的任务不仅在于深入探察这些魅像，而且要弄清楚从事这些魅像制作的工作机制——也就是说，要去发现城市空间生产的魅像化制造手段。对本雅明来说，真实的城市既是由机器制造出来的，也是由观念制造出来的，既是由理性的计划制造出来的，也是由幻想制造出来，既是由城市的政治经济制造出来的，也是由它们的心理戏剧制造出来的。

沿着本雅明以及齐美尔和弗洛伊德的路径，从许多地方都有可能开启城市生活魅像的探察任务：城市毕竟充满了人生的高潮与激流，充满了无数的魅像。尽管从逻辑上说，最好是从魅像这个观念本身入手。如果说作为一种视觉经验，魅像是被其梦幻性质和幽灵性质（从字面上说就是“被现形”在一个“集会的场所”）所界定的话，那么，一个明显的出发点便是梦幻和幽灵。通过实证考察，我业已发现，梦幻与幽灵被引向了与魔法和吸血鬼的密切关联和交互指涉之中。实际上，这类形象和人物出现于许多城市的魅像之中，包括新奥尔良、纽约、柏林、伦敦、巴黎、约翰内斯堡和新加坡。梦、魔法、吸血鬼和幽灵的魅像流传在这些城市里，每一个城市都有其独特的魅像传播模式，都有其与魅像的独特关联。在这种形象与事件的流动中，与最初在我们眼前呈现的一切相比，似乎更多的事情正在发生。在这些魅

---

① 亦可参见 Bennett，2001。有些人会争辩说，现代生活还不够让人陶醉：参见 Moore，1997。

像之中——正如在其他任何地方一样——有可能发现现代城市的真实生活。

运用弗洛伊德所开启的梦的解析手段，我相信，要描述和解释城市魅像的运作机制是可能的。梦幻运作的观念启示了一种分析方式，它一方面能够使城市生活的情感特质得以激活，而在另一方面，它也能让城市魅像的元素被（从空间和时间上）追踪到情感、意义和权力网络。所以，在以下的两节中，我将首先探讨情感运作，其次是探讨从事城市生活魅像生产的空间运作。如同梦一样，魅像常常是边缘性的，似乎是城市生活微不足道的方面，但它却带来了最强有力的信息。还有一点就是，在本雅明和弗洛伊德看来，梦具有某种救赎功能——因为所有的梦都预示着醒。他们希望，梦将会提供走出昔日灾难和不公的坦途，能够让人们挣脱目前纠缠着他们的幽灵，这些幽灵既阻止了人们对新的生活形式的想象，也阻止了这些生活形式的出现。本书中有一种乌托邦的律令，在本结论结束之时，我将对之予以回应。然而，在我们进入正题之前，有必要搞清楚涉及城市生活魅像生产的两种不同的情感运作。

现代城市生活的运作

在本书中，受弗洛伊德与本雅明的鼓舞，我利用了梦和做梦的观念，将之作为探究现代城市生活以及从个人与社会的角度阐明其“无意识”情感过程的起始点。采用梦的模型去思考城市生活，我在城市生活魅像中识别出四种可供解释的元素。它们是梦（本身）、魔法、吸血鬼和幽灵。从弗洛伊德的视角来看，这些元素可以假定是由多种原因造成的；也就是说，它们是由多种意义和情感经过多次反复而决定的。城市魅像中的每一种元素也都是反复运作的结果：意义被凝缩在每一个形象和人物之上，当它们同时既作为途经之地又作为承载之地的时候，情感就被转移了。从多重意义上说，这与本雅明的想法一致，魅像也带有强烈的技术色彩：当它们可能看上去毫无深度的时候，其中却既隐藏了它们被制造的手段，也隐藏了进行这种制造活动的辛劳，包括情感上的操劳。

在本节中，我将集中剖析城市社会过程的几个方面，这些方面在对真实的城市生活的分析中几乎总是被忽略。我将会探讨我认为塑造了城市生活情感运作的不同类型：也就是梦的运作、魔法运作、血液运作和悲伤运作。明显的是，在任何一个特定的城市，这些过程不可能具有同等的重要性（尽管据我的推测在某些地方可能是相似的）。它们既不是在对城市进行梦的解析时可以被确认的仅有的对象，也未必是理解特定城市情感生活的不二之选——正如我在导言部分已经指出的那样。即使如此，在我已经讨论过的城市中，明显的是，梦想、愿望的满足与失落，在血液与道德问题上的焦虑与渴望，以及与死者和死亡的混乱而棘手的关系，都是社会过程与情感动力的主要方面，它们创造了城市生活与城市空间。而且，它们在其他一些城市众多的魅像中也具有重要意义。现在，让我从梦的运作开始来依次展开情感运作的各种形式。

弗洛伊德用梦的运作这个表述来描述从事梦的制作这项工作。①换句话来说，弗洛伊德坚持认为，有一系列的运作过程展开在众多的元素之上，从记忆和经验，直至产生出被称为“梦”的短暂经历。这一运作过程是极为复杂和十分微妙的：复杂和微妙到让做梦者也受骗的地步，他们通常甚至在最离奇、或是最恐怖的情况下也是酣睡着的。不仅如此，梦还以各种各样的方式创作了让情感与意义得以伪装的种种剧情。在所有的梦中，多种元素同时指向多个方向，每一个方向都寓示着别一种意义。在弗洛伊德看来，每一个梦的元素都是由多种因素决定的：由意义，由情感，由感觉，由思想。在本雅明那里，对梦的这种分析被置放在了历史、记忆、场所和权力的社会背景之下。②梦既是个体性的也是社会性的现象：实际上，它们破坏了两个王国之

① 参见1.4节和1.5节。

② 参见1.6节，1.7节和4.2节。

间界限清晰的划分。从这个角度来看，城市具有梦的属性：城市景观中的每一元素都是由多种因素决定的，并且存在着构成城市生活基础的对于欲望和焦虑的压抑和伪装，包括（或者说尤其是）那些与资本主义和其他权力关系相关联的欲望和焦虑。

梦是城市中日常、世俗生活的一部分。正如我们在第 1.2 节中所看到的那样，人们每一天都会与梦遭遇：以梦的抵押换来的梦想的家，为了梦想假日的梦的贷款，与梦想发型相配的梦的女式睡衣，以及理解这一切的梦的书籍。当梦的修辞最明确地说出了城市栖居者对更美好生活的渴望的时候，梦的文化表达也受到了多种因素决定。从一个方向上说，它们可能指向由商品文化派生出来的需求；从另一方向说，它们也可能喻示了一种欲望得不到满足的整体的城市状况——可以说是商品文化所捕获的一种满足感的匮乏。如此等等。从这个角度看，城市是欲望机器的一部分：它们是梦被铸成、被容纳、被传播的现场。在梦中，梦想的城市既暴露了它的欲望，也暴露了它的焦虑。这是严肃的问题。梦不只是失意时的幻想，它也是个人与社会真实欲望复杂的情感运作的场所。

不管是弗洛伊德还是本雅明，都没有错误地将梦放在它们的个人和社会背景之外。把城市看做是经由梦的运作构造而成的对象，有可能发现个人的和社会的假想、个人的与社会的欲望和焦虑被集中起来加以表达的方式——尽管是以乔装改扮、带有欺骗性的方式。梦的分析还揭示了城市情感传播的路径：比如说，不同的情绪和氛围与城市不同地区发生关联的方式；还比如，城市生活的某些侧面何以可能看上去不为人们所感知（通常与人们应该感受到的结果相反）；或者还有，矛盾的情感如何与某些特定地点和城市相联系。城市的情感地图布满了情感上的曲折、起伏，就在它穿过和移动在城市生活的不同面相之间的时候。

正是通过对“万千物事”以及与之相关的情感的追踪①，证明了

① 亦即沿着联想链进行回溯追踪。

对城市生活情感特质的探究意义重大。这些情感特质通常是犹豫不决的，有时又带有反讽意味。就此而言，比如说梦通常被用于表达内心最隐秘的愿望，而这些愿望几乎是不可能得到适当表达的，并且也常常无法得到满足。虽然如此，梦却显示了一系列的感情机制，借助它们，城市生活的魅像得以生成。这些机制包括凝缩和转移、联想网络、对立逆转、犹豫不决、妥协和不断修正等。而且，有时也包括被压抑对象的神秘返回。

当梦的运作显示了在城市中欲望和焦虑如何通过梦意象的广泛传播而获得（被伪装了的）表达的时候，魔法运作则指向了城市生活中愿望实际的和充满希望的满足。如同梦一样，魔法也产生于未能满足的愿望和未被消除的焦虑。与梦不同的是，魔法——为了强调魔法的"实干性"——则试图使愿望成真（或使焦虑走开），它利用其对神秘世界的认识去干预现实世界，最著名的就是使用类似符咒、仪式，甚至是伏都教的木偶。比如，符咒由多种截然不同的元素构造而成：从一个想要实现的愿望，到多种多样的魔幻元素，它因此而被用来作为一种理解构成表象世界基础的真实（神秘）进程的工具。而且，魔法经常参与仪式的生产，诸如念咒（祈祷），或是音乐（鼓与舞），或是特殊装置（五星、十字架、蛇）的使用，此外还有既是被制造出来的（例如通过建造教堂或对事物的特定排序）也是本身就具有魔法特性的（诸如山顶或是方位线的交汇点等）特定地点。

借助魔法运作的实践，某些信仰活跃在神秘社会中。神秘关系为愿望与焦虑、信仰与仪式如何结合在一起以达到愿望成真的企图提供了基础，面对城市生活苦涩和平庸的失望，魔法提供了愿望可借之以成真的别样世界：某一些是请神灵代表他们去做出干预，而另外一些则寻求利用大地的能量，等等。甚至在某些叙述中，城市本身也似乎成了一种魔法的力量，部分原因在于，它集合并汇聚了多种元素，这些元素具有多种多样的性能，尤其是具有密集交织的模式。

与此同时，对魔法信仰的追踪显示了观念在城市内部循环、互动的方式。魔法——如同伏都教的情形一样——也显示了城市能够集合起一系列的信仰，并且把它们以极其独特的方式加以综合。然而，城市并没有把神秘关系融入一个前后连贯的、一体化的、理性的城市信仰系统之中（这个系统可能以文明或科学为特征）。相反，分歧的存在可能会孕育出新的仪式和符咒，不论其是好是坏，人们发明这些仪式和符咒的目的就是让城市为他们服务。此外，魔法运作还显示了城市中人们如何试图借助各种不同的方式来满足他们的愿望。城市的日常劳作也常常因这样一种意识而得到补充，即城市生活可能获得其他方式的回报：或是通过运气，或是通过愿望的强化，常常是带着更大的专注和不间断的重复（如同在祈祷中一样）。

认为魔法运作从事着城市空间与城市生活的“实干”工作，这一观念使得不同的魔法影响和目的得到了进一步的查证。魔法运作在道德上并非中立。在诸种魔法之间也不存在一致性。魔法信仰与实践并非时刻把每一个人的利益放在心上，这是魔法运作的根本逻辑。换言之，魔法运作凸显了城市生活中一种折中可能性的缺失——这导致了人们对自身利益的无情追逐——这一点提醒我们，某些人会在这个过程中受到伤害，正如在（被仪式谋杀的那个年轻男孩）亚当的案例中那样。愿望的表达必须带有健康的警示：当心，当心你想要得到的东西，而且，可能的话，也要当心别人的愿望。

最后，魔法的魅像给人留下了这样的印象，城市在它的市民头上布下了一道魔咒——因为城市被认为是人们（或许是对于一种更美好生活）的愿望可以被满足的地方。城市本身似乎就是人类梦想实现的结果：它们是文明的辉煌成就，帕克就坚持这一观点。尽管出于这种原因，魔法信仰与实践据预计不会在城市中兴盛，更多是自生自灭。突出城市的魔法运作，也让那些据说是与魔法针锋相对的信仰和实践暴露了原形，尤其是科学和世俗主义。然而，城市理性最终却在许多方面变得与魔法情投意合。事实上，科学、魔法和宗教常常是共存的、密切相关的世界观和实践活动。

城市——如同魅像一样——从来都不仅仅是一个展开幻想、享受视觉快感或者是耍弄花招的地方。作为魅像的城市还是一个身体所寄、血液所寄和道德所寄之地。因此，在许多魔法信仰和仪式中，血液都是一种生死攸关的基本要素。生死体现于血液之中，并且带着血液的气味和吸血鬼外貌的形象。实际上，与血液和吸血鬼相关的情感也紧密地联系在一起。通过吸血鬼这个社会形象，我把城市至关重要的血液运作暴露在日光之下了。作为一个城市元素，血液充当了一系列情感、意义与权力的一个抢占要点，或说是一个关注焦点。吸血鬼所显示的正是血液意义的多种决定关系在城市之内和城市之间紧张到何种程度。进行城市的血液运作把一系列与城市情感生活的最重要元素相关的问题叠加在一起了：这就是对于运动和归属、恐怖和情色、必死与不朽的渴望与焦虑。

吸血鬼城市试图通过吸取受害者的生命之血以维持它的不死本质，这是一种永难熄灭的不知餍足的渴望。血液是问题的核心。进行城市的血液运作暴露出了与血液的循环和流淌息息相关的种种快感与恐怖。因此，许多城市明文控制了诸如屠宰场以及对人类身体处理之类的职业和行为。清洗血液也凸显了城市在使死亡和必死的事实边缘化、模糊化和地方化方面所付出的努力。吸血鬼这个形象使我们能够看到，城市所做的这一切只是为了确保它们继续拥有一个死后的生命。从这个角度看，城市成了不死者：血液运作通常不会针对赋予生命的城市社会进程，而是指向作为在城市中生存代价而付出的血液。①

吸血鬼的不死性、不可识别性和流动性，引发了对某种类城市形象的质疑，它们比生命更长久，它们是非连续循环的，它们作为不可辨识的危险的陌生人而到来，而且它们还可能是想从血液中提取价值。魔法运作是通过把城市的各种元素集结起来，以一种特殊的方式进行合并和安排，并且在这个基础上运筹，去制造想要得到的效果。吸血鬼运作则是通过迷惑受害者，变换形象，从现世时间中消失，在许多年之后再度出现，或者仅仅只通过对人类的眼睛来说是极速运动

---

① 这是一个可以向许多方向展开的分析，包括比如献血在内：参见Titmuss，1997。

的方式。吸血鬼城市有一种不同于魔法城市的特质。除了对死后生命的向往，吸血鬼城市不提供任何愿望的满足。尽管，伴随着对成为不死的吸血鬼的渴望，也会存在某种恐怖。

在类似新奥尔良和伦敦这样的大都市，那些不受人关注的逝去的生命的不停歇的流动——如德库拉所争辩的那样，还有无时不在的异乡人和陌生感——对于吸血鬼来说真是完美的去处。而且，对于吸血鬼城市来说也是如此，因为它是以其居住人口的各种不同的生命血液为食粮的，是以与之相互冲突的时代的生命血液为食粮的：也就是说，它是以现代性来喂养自己的。吸血鬼的出现是隐蔽的，诡秘的，它总是处在城市生活魅像奇特暗影的掩盖之下。然而，现代性有其对抗不死的吸血鬼的手段。吸血鬼总是有被驱散、被赶出城市的危险。在现代性的符号之下，集结着大量的技术和技艺（比如从统计学到电子邮件之类为生命做记录的技术），还有顺势疗法、知识和体制（从圣水到输血，再到医生的国际共同体）。把这些排列在一起，在与吸血鬼作战时常常获得成功。即便如此，吸血鬼也总是威胁着要死而复生。

不死的吸血鬼处在生与死的临界地带。在这方面，吸血鬼并不孤独。某种意义上说，城市也是处在生与死之间，处在已经死亡的过去和充满活力的未来之间：被进步和现代性永远稳固的力量所延展。吸血鬼时间——如城市时间一样——可能（几乎）是永恒的，但它不是线性的。吸血鬼并不生活在一种从起始平稳行进到结束的时间里，这是从摇篮到坟墓的生命连续过程。吸血鬼的时间是前后跳跃的：有时是故意的，有时不是。在这个意义上，吸血鬼是城市生活魅像不连续循环和时间多质性（heterotemporalities）的象征。吸血鬼揭示了城市自身所包含的异质性历史和地理。对吸血鬼和城市而言，真正的危险在于，它们失掉了与它们的时代和空间的联系，或是已被它们的时代和空间搞得筋疲力尽。

如同吸血鬼一样，幽灵也处在生与死的临界地带——但幽灵却以不同的方式作祟于这个临界空间。幽灵表明了生命与死亡的情感力量。与吸血鬼不同的是，幽灵都能说出一个来自坟墓的故事，这些故事可能难于理解，但幽灵与记忆、地点和往昔的联系却表明了一件未了事宜——无论其是丧失、悲惨事件、报复、不公，还是其他——这些都与吸血鬼无关。幽灵最鲜明地凸显了城市的**悲伤运作**。弗洛伊德业已指出，悲伤运作与梦的运作有关联。因为这个原因，幽灵有时会出现在梦中，并且，幽灵使城市生活具有了一种梦一般的特质：事实上，使它具有了魅像的性质。这一切都不应该让人感到太吃惊。

悲伤运作的证据可以在每一个城市里找到，但这并不意味着所有的城市都以同样的方式哀悼（当然，也不意味着一个城市里的所有的人都以同样的方式哀悼）。然而，所有的城市都不得不去处理它们与死者的关系：悲伤运作所指明的问题，正是处理与死者关系策略的选择至关重要，因为当死者返回向生者提出要求的时候，会产生很多后果。死者可能以看似毫无恶意的形式返回，或是来回游荡——在纪念碑和纪念仪式中，在公墓和医院中，在建筑物和街道的名称中，在对那些久已逝去的人的个体性纪念活动中。正如许多人已经注意到的那样，城市是一个记忆之地：是记忆重叠着记忆的地方，甚至是对记忆之记忆的地方。对于某些事件会有反复举行的纪念活动，而另一些则会被遗忘或是被抹除，这是一个标志：是什么，是谁盘踞了这座城市，以及如何盘踞了城市。我们可以从许多单个的幽灵故事中看到这一点，比如新奥尔良的朱莉的命运，以及新加坡的饿鬼节和伦敦的和平纪念碑被污损之后的事件。

幽灵凸显了哀悼的强烈的情感作用，这是城市对待死者一个必不可少的部分，无论公平还是不公平，无论是出于羞愧还是出于负罪感，无论是举行典礼或是借助遗忘。为了理解这种悲伤运作，我采用了弗洛伊德对于诡异的描述，以及他对悲悼和忧郁过程的分析。这些情感表达表明死者仍然会在生活中出现，甚至是在他们明显缺席的时候。与死者相关的欲望与恐惧游荡在生者的周围，盘踞着他们，不管是出于敌意还是纯属偶然。死者总是如幽灵一样威胁着要返回来向生者提出要求。然而，城市既被人盘踞，也被幽灵盘踞——而且，他们的共存设置了一系列道德问题：城市如何处置死者的基本的不公问题？生者如何与受到侵害的死者共存？谁将实际上主宰幽灵以及幽灵应该由什么来掌握？什么时候是放弃幽灵的最佳时机？

在多重意义上，现代城市似乎是与幽灵格格不入的。生活充满了新的和进步的高潮与激流，它们应该对那些已被交付给逝去的往昔、理应消逝和被埋葬的悲剧和灾难无动于衷。然而，个人和集体对死者的尊重感——或是羞耻感与负罪感——并不会只因为现代城市人要生活而必然消失。实际上，这些对于死者的感情甚至会随着时间的流逝而更加强烈。困扰了前面数代人的对于死者贡献或是不公的承认，提供了一种社会变革的潜在动力，这与艾弗里·戈登所期望的结果非常相像。尽管如此，不公正感和悲剧感的持续存在并不会必然导向对具有变革能力的承认和社会的转变。幽灵可以迷惑人，它们可以作祟，但它们并非总是能传递出它们的意图。在城市生活的魅像中，幽灵可能是一个令人困扰的形象，但这并不意味着它们始终能得到适当的关注。

在思考城市空间与城市生活的生产的时候，我所辨认出来的（梦的、魔法的、血液的以及悲伤的）情感运作的形式，很少（如果说有的话）被考虑在内。按照齐美尔的看法，要适应于城市理解中的这些过程，有一种方法就是，要在城市的政治经济——连同它资本的循环、它的劳动过程、它的商品关系、它的消费形式——之下建立起一种心理逻辑基础。事实上，我认为马克思也有意识地采用了一种梦、幽灵和吸血鬼的修辞，既作为一种政治工具，也作为传达政治经济学情感特质的一种手段。即使如此，《真实城市》这部著作也确实已经改变了观察城市经济过程的既有方式。它（重新）确立了对于政治经济学的一种情感的——甚至是心理的——评价方式，这意味着如今已经有可能对劳动过程中幽灵一般逝去的劳工，对于资本积累中的吸血鬼一般永恒循环和贪得无厌，对于商品的魔法特性，以及对于消费文化的梦幻一般的品质做出评估。还有另外一些情感运作的形式也可能被带到这面（海盗）旗帜之下。在本书的导言部分，我已经做出了这样的暗示。我的观点是，诸如梦的运作之类的情感运作形式，是与人们所推定的城市社会过程的实际运作分不开的，而且它毫无疑问是其中的一个部分。换言之，城市与城市生活的生产和再生产的社会过程也与情感运作的形式不可分割地联系在一起。

这就提出了这样的问题：所有城市的幽灵是否都是基本相同的（如同被一种具有普遍意义的梦的运作所生产出来的一样）。我已经指出，梦的运作和悲伤运作是理解城市生活情感特质的方式，它们已经显示出它们在城市生产过程中是如何运作的。这也就意味着，一个具体城市的情感特质可以被描述和评价，也就是：城市 1 具有情感 A，而城市 2 则具有情感 B；或者是，城市 3 的基本情感类型是 A，并带有一点 B，……我这么说旨在冒险，有可能被认为是我似乎坚持主张有一种衡量一切特定城市情感生活的通用标准。与此相反，我相信我的分析会证明情况恰恰不是这样：它已经揭示了不同城市之间（生产方面）的差异，甚至在有的时候，它还清楚地显示了城市之间的异质性和通常被隐藏起来的联系。正是在这种情况下，“空间”在论争中就显得重要了：它不仅阻止了这样一种观念，即认为可能存在一种通用的标准，这种标准可以用来判断和衡量所有的城市，它还提示了一系列探寻情感运作的途径，这些情感运作都是在城市内部和城市之间进行的。在下一节中，我将要探讨作为城市生活一部分的空间运作。

神秘的空间性与城市生活：纽约、新奥尔良、伦敦和新加坡

通过使用空间运作这个术语，我试图凸显种种空间手段的作用，多种多样的城市生活魅像的显现及其后果正是通过它们而被制造和体验的。从梦这个现象中，我们了解到空间运作对于城市生活的魅像至关重要，它不仅仅是作为幽灵般和梦幻般人物投射的被动屏幕，而且也作为城市景观封闭性生产的不可或缺的因素——正像在梦的显现和体验中的空间生产过程一样。不同的元素不仅被以特定的方式集中在一起，而且，它们还在空间上反复多次地运作，大多是以凝缩和转移

的机制进行。从这个角度来说，城市在空间的意义上说是由多种因素决定的；取决于多种空间因素的反复运作。我发现，空间运作包含着网络和联想链的制造、转移和凝缩（把各种各样的“事物”向一个空间集中）；排序、移动和循环（尽管在时空上是非线性的）；临近和并置；临界、在场与缺席；萦绕（包括以多种形式栖居和占有的“在那儿”）；形式和形态的相似性和易变性，等等。

如同梦的运作在梦中的作用一样，空间运作着重于意义和情感的增加和移除，减弱和增强，因为个人和社会的各种元素通过情感和意义的网络被转移。在城市生活中，这些运作对于权力关系的建构从来都不是清白无辜的。重要的是，这一切依赖的是以特定的方式构造出来的、服务于特定目的的“空间的制造”，它们通常掩饰了自己这么做的原因。因此，魅像似乎是以自然的空间形式而存在。“制造空间”这样的一个方面是被嵌套的空间规模的后果：一种领土和疆域的炼金术，从身体到家园，直至跨国化和全球化。另一个方面则是普通空间的创造，魅影般的事物通常被习惯性地安置在其中：从火车站到博物馆，从展览馆到橱窗的各种各样的事物。如同最初在梦的分析中发展出来方法一样，对于空间运作的评价让人们想到的问题是，这些看起来像是自然的城市空间，何以变成被制造的空间——仿佛是在问：一个魅像的投射和屏幕是如何工作的？

然而，空间考察的主导方式倾向于认为，只有某些事物才是重要的和有意义的。如同梦的分析一样，空间运作内含着某种禁令，不许关注那些惯常的不被理会的空间，不去关注那些城市生活碎片。梦的解析则打开了这种可能性，一切微不足道的或是看起来明显的梦的元素，通过分析都可能变得极为重要。实际上，在梦中看似毫无意义的元素，也有可能被证明与具有明显的戏剧性或是离奇成分的元素同样重要。我们（也）可以寄望于借助未受关注的生活空间去发现城市空间生产——以及城市生活生产的社会过程。从这个角度上说，也许是因为吸血鬼和幽灵太过令人熟悉——且又太过奇怪——以至于它们在对城市的分析中很少被人提起。然而，城市分析显然失察，因为吸血鬼和幽灵占据并且在城市中制造了非常不同的空间：正像吸血鬼弥漫（于空间），正像幽灵作祟（于空间）。

对城市中吸血鬼、幽灵之类事物的探讨，需要有对空间生产的这种梦幻般的、幻影般的感知：它们既与可见的建筑物和基础设施（无论它们是遁入地下还是高耸云端）有关，也与制造了城市空间的神秘空间（occult spatialities）有关。或者换一种说法，城市生活的魅像不仅与展布在城市的“万千物事”有关，不仅与城市生活的梦幻般的、幽灵般的特质有关，它也同样与视觉、空间技术和体验有关。这些神秘的空间呈现为多种形态并产生了众多的后果。因此，魔法揭示了城市间错综复杂的神秘循环：从纽约到海地，从新奥尔良到西非，从伦敦到约翰内斯堡。与此同时，伏都教也明显地既（重新）建构了刚果广场的空间，又（重新）建构了新奥尔良空间的神秘空间。

对于制造了城市空间魅像的神秘空间的理解，使得我们能够看到处于辛劳之中的地理运作，它创造了城市生活中似乎不被人注意的空间。这些空间非常特殊：它们几乎不导向任何地方，它们也不是一个一般性的空间，它们也并不都是彼此相交的，实际上，明确地说，空间本身并非一个一般性的概念，它不像时间那样更具普遍性。在这里，我并不只是在表达这样的主张，即为诸如循环或连接性之类的空间形式分析赋予特权，将会在某种程度上导致对城市空间的异质性生产分析的失败。相反，我希望去激励对其他类型的空间（也就是生活经验的空间）和空间生产进行探索，说不定它们可以帮助我们看到、或是有望看到不同于那些已经被识别出来的内容。

例如，全球化通常被认为是根据人、货物、金钱之类的流动来说的。它基于一种空间的联系：世界已变得越来越联系在一起了，这些联系主要集中在纽约、伦敦和东京这样一些特定的城市。[1] 然而，对于这些联系可能是什么样子，吸血鬼给了我们完全不同的感觉。与所

① 参见 Sassen，2001；和 Taylor，2003。相反的论点，参见 Robinson，2002，以及即将出版的著作。

谓的网络社会假定的那种平滑和瞬间的连接不同①，存在着一种对迁徙、飞行、追逐、逃避、异化、流言、废墟、死亡、古代货币的感受，以及保持良好记录的需求。意味深长的是，对于吸血鬼的追踪让我们感受到“万千物事”在时空中的跳跃：从特兰西瓦尼亚和马来西亚到巴黎和伦敦；从古代到现代。与此同时，吸血鬼最有效的武器有时竟是等待——等待有关它的知识逐渐变成神话，以至于它不再被认为是一种威胁。因此，循环的空间运作像一个纤维化的心脏，不规则地推动着社会的生命血液流过它的血管，但并不总是在你期待的——或者确切地说，是你想要的——时间和地点。从吸血鬼的视角来看，全球化是一个有关神秘循环的故事，它超越了人类对时空的感觉，它是关于世界如何被咬住并被吸干的故事。

在业已全球化了的网络社会，对于人和资本从一个地方到另一个地方的流动似乎没有限制。即便是全球化大都市的精英似乎也是在世界各地自由流动——就像德库拉那样——这样的运动处处都贯通了特定的动脉。而且，吸血鬼的血液运作揭露了这些流动并非总是成功的，甚或是可以欲求的。比如，尽管最初有望成功，在露西·韦斯特娜与她的那些勇敢地男人之间的血液流动却最终失败了。流动的空间运作——人、信息和资本到处移动——并非总会达到欲求的目的。除此之外，当这些东西的自由流动超出预期时，还存在着额外的许多焦虑、危险和恐怖。吸血鬼猎杀者表明，城市对来自其他世界的陌生人的开放并非总是令人愉快的——而且它实际上还可能是灾难性的。同时，也还存在许多不断增强的防御措施，阻止了可怕的陌生人（如同吸血鬼所假扮的那样）意外地出现。

乞灵于“神秘”这个术语，暗示着有一些空间生产从某种角度上说是秘密的，或是隐藏的，或者是（最糟糕的方式）魔法式的。我确实也在某种程度上表达了这个意思。发生于（被谋杀的男孩）亚当身

① 我在这里想到的是Castells，1996，1997a，1997b。

上的一切必须被牢记心中。地方之间的神秘联络未必产生出现代人可能欢呼的那类世界主义。正如我已经描述的那样，伏都教标志着对于文化表达新的融合形式的一种强烈的社会矛盾心理。对于某些人来说，这是一种可怕的、渎神的崇拜。在另外一些人看来，它是生命的救星。无论如何，伏都教都表明了神秘关系如何能够产生新的融合形式，以及这些形式可以被用于何种目的——而且，就伏都教而言，它远不止是棒偶与鼓点舞而已。从这个意义上说，伏都教在空间上是反复运作的：它不只是作为意义和情感被凝缩和转移于其中的一套信仰和实践，而且还借助了它在地方之间——比如，通过一个环绕着纽约和海地、贝宁城和伦敦的伏都教的大西洋地区——的神秘联系、循环和传播。作为一种对移动和循环的体验，不管是出于对游动于城市之间的魔法还是吸血鬼的信仰，城市生活的魅像都明显地充满了人生的高潮与激流——正像流贯城市间的那些神秘“事物”一样，无论其如何不连贯，都如同是纵横交织于城市内外的联系网络。

循环的神秘地理学浸入了城市生活的所有方面，但这些空间特征可以在某种程度上被理解为历史的缺失。幽灵使得对不同的往事和时间的联想链能够被追溯。幽灵出现在阳台，出现在公寓楼，出现在墓地，都与特定的空间紧密地联系在一起。这些魅像创造了异质“事物”穿越时空的一个似乎是无止境的过程，它们彼此相互交织，似乎没有深度——如同在梦中一样。把这一切合起来看，城市就成了一个组合的形象——也许是一个拼贴的形象——个人的与集体的经验和记忆的拼贴：这个魅像中的人物持续地激起对其他地点和时间的联想。比如，幽灵揭示了一个地方昔日的灾难和悲剧。城市就是一个异质的时间与空间共存的地方。幽灵就是印证。

情况还不止于此，对于梦境和幽灵这样一些贯串在城市生活魅像之中的形象的追踪，需要在每一地方或是每一时间里都能跟得上它们。这些人物也揭示了临界空间——位于不同世界之间的交汇点——使得如情感和意义等其他的事物可以跨越的临界状态。这些临界点不独是开放的，而且是易渗透的。只有特定的事物才被允许跨越临界状态。

而且，如同交叉路口一样，临界空间与其说是一个交汇点或是途经之地的话，它也是一个分离点。

每一种魅像都有其自己对于交汇、经过、跨越两个世界的形式。比如，德库拉可以跨过特兰西瓦尼亚和伦敦，跨过古代与现代，跨过生与死。幽灵处在生与死之间，处在隐没和返回之间，处在物质性和非物质性之间，处在在场和缺席之间。而且，在城市的临界空间中，主体性和联想的新形式有可能出现。因此，伏都教具体地说是出现在刚果广场这个交融的空间，总体上说是出现在新奥尔良。城市魅像中的许多形象都充当了两个不同世界之间的连接点或是断裂点。这就给我们带来了对城市的非常不同的感受。从这一角度来看，城市在时空上是“脱节”的：来自其他背景的故事（总是威胁着）要阻止它的出场。因此，幽灵带有昔日的回响，而且，这些回响还会回荡在未来。当受到幽灵盘踞时，城市瑟缩发抖。

幽灵在不同的地点和时间里，分别留下了不同的影响和后果。尽管幽灵、魔法和吸血鬼向我们预告了新的神秘的城市生活的出现，但这并不意味着它们可以被当作一种金科玉律，城市生活的质量通过它——它的隐秘的愿望和焦虑——就可以得到验证。正像我们已经看到的那样，纽约不是伦敦；新加坡不是新奥尔良。请记住，比如纽约的伏都教和新奥尔良的伏都教；比如新加坡的幽灵显现和伦敦的幽灵显现；或者是巴黎和柏林的梦幻般的世界。在其他城市生活的魅像中，其他的幻想元素也许会更重要，比如说，隆德（Lund）的巨人，或是布达佩斯的天使。

对于城市生活魅像的分析，显示了梦、或是幽灵、或是狼人、或是天使是如何被人理解的，以及这种理解对于别的城市生活的特殊性质的理解所产生的后果。比如说，一些人相信梦是信息；而在另外一些人看来，梦却是卸掉无用信息的一种方法。无论持什么样的观点，都会在现实生活的行动中，在城市的现实生活中产生后果。魔法、吸血鬼和幽灵也同样如此。而且，天使、圣人、龙、狼人、巨人、克隆人等等①，也是如此。

正是有选择性、审慎的，也许是具有欺骗性的和诡诈的空间运作，把这些元素组合进了城市生活的魅像：也就是说，空间运作是所有城市生活魅像生产的一部分。重要的是，正是在城市生活的魅像中，人们寻到了改善他们的生活、实施他们的计划，并且满足他们的愿望的路径。每一座城市都必须面对它自己的空间运作问题：组合起来制造其有差别的空间的社会和心理过程。

在对城市生活幻象的分析中，梦发挥了三重作用：作为一个分析模型；作为一种研究对象；作为一种愿望表达。而且，在弗洛伊德看来，梦提供了一条抵达人们隐秘欲望和焦虑的康庄大道。沿着这条康庄大道，弗洛伊德希望梦会把人们从他们最隐秘的欲望中解放出来（也会把他们与这些愿望联系起来）。也许正是这一点启示了本雅明，可能有一种梦的乌托邦。在本雅明看来，梦的可能性在将醒的那一刻是最生动的（处于梦与醒之间的某种状态）。对他而言，这是一个革命性的观念：本雅明呼吁人们严肃地对待梦——梦是人们学习的某种对象。而且，现代人将必须学会做梦；学会亦梦亦醒；学会从新的历史的梦中醒来。梦本身是乌托邦计划的一部分。②

梦想城市新的未来

直觉上说，梦似乎是一个不受社会和文化规范限制的领域。许多

---

① 某些可以被追溯的“社会人物”是宗教性的，通过对这类人物和城市生活有趣的方法的思考——尤其是以救赎的名义，参见 Ward，2000。

② 人们在为城市的理性计划中做梦的观念已经被广泛地接受：参见 Boyer，1983。例证包括勒·柯布西耶为阳光城所做的设计：参见 Le Corbusier，1927 和 1933。他对光与运动的城市的设计也同样暴露了他对一种有序城市、对一种洁净的白色城市的渴望（这也是他对城市可能走向相反方向的焦虑）：参见 Wilson，1998。然而，人们的梦常常比能够考虑得到的理性计划产生更加混乱、更加阴暗、更加难于控制的后果。

人都曾用梦故事去想象脱离了传统和历史负累的生活可能是什么样子。在梦的内部，完美社会的计划可以被制定——似乎是不会受到真正带来自由和正义这个问题所阻碍。在这些乌托邦的梦想之内，城市常常被证明是完美社会的地理背景，也许因为城市似乎是纯粹人类努力的结晶。同样，马克思主义地理学家戴维·哈维也闭上了眼睛去梦想他自己的乌托邦时空，哈维提出了这样一个至关重要的问题：该怎样应对城市的社会问题？以巴尔的摩为例，哈维概括了当代社会生活的梦魇。他的分析非常具有魅像特质：一个几乎无休止的腐朽、衰落、死亡的过程——然而，最终，救赎可能就在梦里。（或许，也可能不是。）

在《希望的空间》（*Spaces of Hope*，2000）一书中，戴维·哈维想要为思考一个更美好的乌托邦的未来阐明希望的源泉。应该注意到，此书的标题本身就参考了雷蒙·威廉姆斯的最后一部著作《希望的源泉》（*Resources of Hope*，1989）。并且，因此而稳定地处于一个长期的对于城市的乌托邦思考的传统之中，这个传统至少可以追溯到埃比尼泽·霍华德（Ebenezer Howard）《明日的花园城市》（*Garden Cities of Tomorrow*，1902）①。然而，哈维拒绝让自己受到既存在于城市规划内部、也存在于当代城市批评中的论争的限制。他还利用了一种小说家和科幻小说作者常用的想象性的乌托邦写作的文类，把他的想法毫不隐晦地与爱德华·贝拉米（Edward Bellamy）的乌托邦小说《回顾》（*Looking Backward*，*2000－1887*，1887）联系在一起。哈维的愿望——也许与那些“五一节”（May Day）抗议者的愿望一样（在4.7节中已述及）——就是要去革历史的命，去翻新乌托邦的昔日梦想。

在哈维看来，恢复乌托邦梦想是一个紧迫的问题——乌托邦思想本身的衰落就是如今正弥漫于当代美国城市的一个绝望的症候（并且据说也弥漫于所有地方的城市）：

---

① 对于这种解放城市的方案的评论，参见Lees，2004。

> 乌托邦渴望已让位于失业、歧视、绝望和异化。压迫与愤怒如今处处引人注目。没有思想或者美学能够对抗它们。符号在任何功能性的意义上甚至也不再具有什么重要性。城市禁闭了弱势群体，并使他们在与更广大的社会的联系中进一步边缘化了。(Harvey，2000，page 11)

哈维在他的家乡巴尔的摩的城市生活中发现了明显的不平等和不公正的证据：这是一个他在其经典著作《社会正义与城市》（*Social Justice and the City*，1973）中仔细研究过的城市。从 2000 年回顾 1973 年，情况几乎不能被说是变得更好了：而且还不及 1973 年好！根据哈维的判断，巴尔的摩在大多数情况下是一团糟的。不是那种把城市开发为一个有趣的地方，一种让人着迷的混乱，而是一种糟糕透顶的混乱（Harvey，2000，page 133）。这种混乱的程度令人沮丧：这在以下的各种现象中都得到了证明：空置的房屋、无家可归的人口、失业、接受福利发放的人口百分比、贫民救济处、慈善使团、不平等现状、贫困人口就业（包含报酬相对良好的替代岗位、低薪酬的全职企业岗位、兼职和临时性的服务岗位）、贫民学校、低等教育人口培训、社会困境、不良健康状况、郊区蔓延（带来了它的循规蹈矩和环境不友好）、去工业化过程，以及一个巨大而丑陋的市中心。

在这种情况下，要找到希望的空间是困难的；在很大程度上，希望似乎已经死去。从 2000 年回顾 19 世纪 80 年代，似乎也没有往好的方面变化。可以参考汤姆森（Thomson）在同时代写的有关维多利亚时期城市糟糕状态的诗篇（1880）。《夜色可怖的城市》（*The City of Dreadful Night*）的第一部分以城市作为一个与那一天一起散去的梦开篇，但是——夜复一夜——这个梦魇般的梦最终变成了真实（page 29，lines 8－21）：

> 消逝如夜之梦；
>
> 　尽管出现在思想的紊乱的忧郁中

而内心终日感到致命的疲惫
　可是，当一个梦夜复一夜来临
整整一周，这样的一周或多或少
每年复现，已连续多年，什么人能够
　明白，来自真实人生的梦想有何意义？

因为生命不过是一个形状复原的梦
　有些人频繁做梦，有些人少梦，有些人夜间做梦
而有些人白日做梦，有些人日夜做梦：我们知道
　一切均已改变，许多东西早已消失，在此时
在它们的重现中，带着回归的变化
某种表面上的秩序；在这个范围内
　我们计数着真实的事物，这就是记忆的力量

在汤姆森看来，希望、仁慈和信念之死已经把维多利亚时代的伦敦投入了永恒的暗夜；一种“内心终日感到致命的疲惫”的状态。哈维同样关注希望、仁慈和信念的凄惨命运。在哈维看来，更给人希望的是，这三姐妹似乎都在当代的巴尔的摩并肩奋斗：在它的贫民施粥所，在它的教会使团，在它的工会会议和社区行动中。汤姆森沮丧的希望就在于这样一种可能性：一个新的社会将会在城市生活的真实梦想中出现。但是，哈维还在某种程度上对这种乌托邦的白日梦持怀疑态度。当那里的人们对市中心贫民区赤贫无助的生活极端绝望，或是过分地被没有灵魂的中产阶级的创业城市闪闪发光的魅力所吸引时，乌托邦思想似乎就是绝望的希望中徒劳的演练。因此，尽管信念、希望和仁慈会极尽努力，乌托邦似乎早已无疾而终。

不错，哈维希望让乌托邦起死回生，作为未来行动的向导。首先，哈维着手建立了一个死后的乌托邦。它显示了两个死亡原因：每一个

都处在另一个的（辩证）对立面。① 一方面，乌托邦理想已经参与了对完美地方的想象——他称之为空间形式乌托邦：比如，一个具有完美空间形式秩序的城市。这类思想可以在许多地方见到，但最明显的是在埃比尼泽·霍华德和勒·柯布西耶的城市设计中。在哈维看来，这是空间形式对社会过程的胜利——一个完美的社会被一种完美的城市空间秩序稳定下来。坚持！不（再）需要变化。哈维认为，这种观念已与独裁主义和极权主义紧密地联系在一起了。所以，创造一个空间形式的乌托邦版图，对于任何对自由、正义和民主感兴趣的人来说，都已经成为一种重要的操练。

另一方面，哈维识别出一种社会过程的乌托邦，它与马克思和黑格尔等思想家有关。正如他们常常坚持的那样，社会过程必须进行革命。然而，要预先决定哪一类的空间形式可能适合或是满足社会关系新的革命化形式的需要是不可能的。在哈维看来，既然这些革命性的变化仍然在无休止地展开，对于业已存在的空间生产的干预就不可能。在这种乌托邦公式中，社会过程决定了空间形式。乌托邦的消失是因为，直至完美的革命已经发生，而且其后果也已产生，它却只有在“无地方”（no place）实际现身。

哈维对这一致命困境的解决方案就是暗示一种新型的乌托邦理想被探索到了：时空乌托邦（spatiotemporal utopianism）。这种乌托邦辩证地涉及空间形式乌托邦和时间进程乌托邦，创造了把自由与正义的城市既想象为在时空上是变化的，又想象为在时空上得到了改变。预言性的思想将会同时受到社会过程和空间形式的压力。因此，其目的应该是为人们赋权，去创造一个由变化的物质形式和社会化的管理与经济形式所构成的乌托邦城市。逃离城市的每一个阶段——在形式和过程方面——都会需要形式与过程的进一步变革。哈维一开始就暗示，赋权可能实现对以下三个领域的干预：政府管理、经济和普遍人权的创造。在稍后的分析中，哈维确认政治干预可能被实施的八个前沿问

① 相关的评价，参见 Mooney，Pile and Brook，1999。

题：从自我到共同体、从体制到现存环境、从生态到人类行为的普遍原则的全面变革。

哈维认为，明显的是，这样的干预携带着独裁主义和排他主义的风险，然而，不做出干预的话，更大的风险在于城市生活将陷入依然故我的灾难。现在恰是构想乌托邦城市的良机：

> 当另外的视角提供了对塑造变革的强大政治力量有利的条件时，不论其如何异想天开，都在人类持续不断地改变世界的努力中创造了一种时空。我相信，我们适逢这样的关头。乌托邦梦想在任何情况下都绝不会完全消失。它们如我们欲望中隐藏的能指一样无所不在。（Harvey，2000，page 195，着重号为引者所加）

他对乌托邦梦想是慎重的——在《希望的空间》的一则附录中，哈维使用了梦的巧妙比喻，畅叙了另一种城市未来的可能性。如其他的乌托邦梦想家一样，他的幻想开始于当下的噩梦之中。最终，哈维梦见了乌托帮之梦。哈维的乌托邦梦想开始于2005年，这是一个全球化警示已无法拒绝的时点。随着财富与权力不平等的持续增长，全球体系处在日渐紧张的格局之中。大约是在2010年和2013年前后，肇始于俄罗斯的股票市场的一次崩盘，把世界金融系统带到了崩溃的边缘。全球资本主义体系走向崩溃，激起了2014年世界范围的军事接管。军事方式是暴力的和强迫性的，而且，为了维持他们的统治，还安装了一个极其先进的大众监控系统。同样，他们也制造了一个管理、通讯及其他领域的全球标准。然而，直至2019年，各类性质不同、形式多样的反抗运动因某种机缘地走到了一起，发起了一场全球性革命。

哈维所谈论的这种反抗政治可以在诸如伦敦抗议这样的一些近年来发生于世界各地的抗议运动中见到，例如，在2003年5月1日，各式各样不同的反资本主义团体开始在伦敦的各处举行抗议，尤其是那些与伴随着反伊拉克战争而兴起的军事工业有关的地点（图C.1）。正如哈维可能注意到的那样，这些事件尚不能构成一场全球革命——然而，将来的情形，谁又知道呢？直到那天抗议的结束，警方才把许多抗议团体驱赶到了特拉法加广场。然后警察开始穿上防暴装备，以防万一（图 C. 2），太阳落山时，防暴警察强行疏散了性情平和的人群，用盾牌和警棍突出了他们制止在前一个五一节抗议中留下痕迹的暴力行为的（超级）决心。①

图 C. 1　行行色色的抗议群体集合在军备制造商洛克希德马丁公司办公楼对面，2003 年 5 月 1 日，伦敦。

图 C. 2　特拉法加广场附近的防暴警察，2003 年 5 月 1 日，伦敦。

在哈维的梦里，全球性革命被狂暴和无情地镇压了——对于那些

---

①　参见导言以及第 4.7 节。

目击了世界各地军事化的警察部队或者说是世界军事警察（巡航导弹外交）行动的人来说，这并不令人震惊。在哈维看来，尽管是此时此刻，工人阶级妇女也创造了一支全球化的反军事文化运动不可阻挡的力量。这个组织兴起于布宜诺斯艾利斯，并且以“尚未降生的孩子之母”（The Mothers of Those NotYet Born）而闻名：这是非暴力的，并且把消极抵抗与大众行动结合在一起了。① 这个组织从根本上来说是成功的。而且，（在哈维梦想的第二个部分中）一种全球化空间组织的乌托邦形式已被设定。

也许最好是把哈维梦想的乌托邦空间形式看做是一种全球化的中心地理论——这事实上也多少保持了克里斯塔勒（Christaller）本人思想的精神实质，其中包含着它的乌托邦（或者说也许是反乌托邦）元素！② 空间与地方的嵌套层次在其最低层级拥有“家庭生活”（有 20 到 30 个成人与孩子）和/或“普拉达夏斯”（pradashas，家长集体）；之后是“邻里社区”（包含 10 个家庭）；艾迪利亚（edilias，包含 200 邻里社区）；莱金纳（regiona，包含 20 到 50 艾迪利亚）；纳修纳（nationa，作为一个莱金纳的联盟）。尽管这不是那么简单，因为没有固定的空间规模，没有确定的政治组织，特别是因为梦的体系允许人与货物自由流向莱金纳。在这里，空间与时间的辩证法是最明显的。

然而，没有具体规模，人与商品的自由流动，以及持续动荡的政治局面，也许是过于如梦似幻，过于混乱和无序了——对于哈维梦想计划的时空辩证法的逻辑运演来说。从细节上说，我们看到规模是固定的，流动是可控的，人与人之间的交易得到了透明的管理，这使得那些军事监控系统不再有效，并且，代议制民主的政治体系也是完全稳定的。最终，这个模式看上去有点“乌托邦性质”，因为，一切都是

---

① 这里也有幽灵存在：比如萨拉·拉德克里夫（Sarah Radcliffe，1993）曾经谈到那些消失在阿根廷的母亲们，以及她们对军事独裁统治的政治抵抗那种难以应付的作祟手段。

② 参见 Barnes，2004。

集体化的：从性和婴儿到商品和服务。甚至是心智结构也是集体化的：如果他们的激情和欲望占了上风，个体就得到了心理治疗。鬼神附体和着魔是以可能的最好的方式被禁止的。

从乌托邦幻想中醒悟过来，哈维警示道，这种梦想不切实际，无可容忍，甚至如噩梦一般——也许是因为这个梦想看上去如此独断、专制，如此死气沉沉。他的“醒悟的自我”是含糊不清的——他已放弃了梦想，还是没有？无论如何，哈维幡然悔悟的自我仍旧有兴趣去想象一个没有钱的世界，只有自由的工人，没有不断加快的生活节奏，只有相互尊重而没有彼此竞争（也就是只有集体协作），这些都是过程的乌托邦理想，但在哈维看来，从梦幻世界觉醒的教训在于，这些理想必定会发生在某个地方：也就是说，那种乌托邦理想不可能始终只是一个幻想的梦（或是噩梦）。除非梦想导向行动，巴尔的摩将依然如故，当代城市生活的灾难也将长此以往。提供给未来的教训是明确的：要建立公正与自由的城市，现在就需要下手了。

哈维绝望地从城市生活的真正噩梦中醒来：警钟长鸣，醒来吧！但是，让我们记住本雅明和弗洛伊德，以及对城市生活魅像的分析。哈维的训谕是，世界必须从现代生活梦幻般的——噩梦般的——性质中醒来，进入一个新的乌托邦城市生活的坦诚的、光明的白昼。另外，按照弗洛伊德和本雅明的说法，我们反倒可能希望和期许被包含在城市生活的魅像之内：带着它们的情感动力、它们的梦想和灵感、它们的消遣和娱乐、它们的泪水和笑声。让我们不必匆忙地抛弃梦想，把我们最富于幻想的渴望投入历史的垃圾箱，而苦涩地抱怨地狱中的人生。相反，对于魅像的批评性探究正是着手规划未来城市生活形式的一个好的切入点：带着它对事物表象和直接经验的怀疑；带着它对情感运作固有的强调；带着它对空间运作（及其协同者：时间运作）重要性的确认。如果我们打算为现代城市生活的噩梦真正做些什么的话，那么，它的诸多魅像就必须予以讨论。

城市的真实与魅像的生命

要讨论真实城市——城市实际之所是——并非只是要叙述它的物质和社会结构，而且还要描述它的精神生活。齐美尔期望在历史唯物主义之下建造一个地下室，它将收藏精神文化的记录；一种能够解释经济生活的价值评估，以及经济生活形而上学与心理学前提的记录。我关心的不是在城市理论——以及对城市生活的描述——之下建造地下室，而是提供一种对它的基础结构进行解释的备选方案。然而，如齐美尔和本雅明一样，我一向对城市的情感生活和城市生活的魅像抱有兴趣。在我看来，这恰恰是真实城市所包含的内容。因为对城市生活的情感和氛围的叙述，提供了另一种想象城市并干预城市社会进程的方式。因此，为了在梦想中让城市焕然一新，我坚持追随本雅明的主张：我们必须向梦学习。这既是一项面对城市理论的实际工作，也提供了一种对于贫困、或是恐怖主义、或是社会排斥、或是技术设施、或是……无论什么最新的"城市问题"的准确解释。明确地说，我并没有把对梦的分析放在对其他形式的分析之上，我只是认为，其他的这些分析，如果它们不能解释梦与城市生活的梦魇，或者是不能与之发生联系的话，就会缺少某些方面的内容。

正像列斐伏尔以前曾做的那样，我并没有暗示存在着一个真实的城市，一个被想象的城市，或是确实有一个真实的也是想象的城市。① 相反，我认为真实的城市是由多种因素决定的：在城市生活中存在着多重决定因素，并且，从某种意义上说，这些因素都是情感性的（尽管带着最理性的面具）。在这些决定因素中，只举出一部分名单：物质、社会、智力、幻想、想象、记忆、愿望、焦虑、情感、政治、性欲、死亡、金钱。因此，要对城市进行批判性的描述，必须能够在必要的时候把这些决定因素收入视野。遵循心理地理学家以及梦的分析

---

① 参见 Lefebvre，1974；还可参见 Soja，1996。

的教导，为了揭示这些因素如何有效地引导着真实的城市生活，我是从对城市生活的社会边缘性元素的考察开始的：作为革命理论的梦，作为政治困境的幽灵。本着这一精神，我通过若干个城市，以不同的方法，对这些元素进行了追踪考察。我希望这是有价值的，因为这种分析既说明了参与城市创造的情感运作的不同形式，也凸显了异质性的、幻想般的时空生产的相互依存性。这项研究还进一步产生了一项成果：它已经显示了城市生活的魅像到底是多么的真实。

在我看来，对于魅像的关注表明了真实的城市生活具有幽灵般的、梦幻般的情感特质。从某种意义上说，认为存在着城市生活魅像的观念，是建立在一种真实的"雾里看花"的特殊效果之上的，一种与无数穿行于城市的事物的进程和运动相适应的视觉感受的花招。从某种程度上说，这种魅影般的效果只是由于出现在城市中事物的数量之多造成的：观察者根本无法完全把握所发生的一切，也不能真正确定它所在的位置，或者它本身是否具有稳定性和一致性——任何意义的真实性。从另一方面说，形象和社会人物在城市中的运动创造了一幕魅影般的心理剧。这幕心理剧并非总是具有戏剧性——事实上，它（如齐美尔业已指出的那样）通常以一种特定的冷漠或是厌倦的态度为特征——但它却又不是在通常情况下可以被体验得到的。魅像充当了这些心理剧的一个舞台，为之提供了凝缩和转移个人或社会意义与情感的形象和人物。

有的时候，城市居住者看起来仿佛是克利（Klee）的《新天使》（*Angelus Novus*）中的人物（图 C. 3），总是面向前方，向着未来（而不是过去）：看着进步的残片从眼前一闪而过，无力确定它们在历史中的位置，也不能看清事物来自何处，终结于何处。① 正如本雅明说的那样，真正的灾难在于，事态还在延续②。现代性狂怒的风暴仍旧在

① 戏拟本雅明对历史天使的描述（1940，page 249）。引言出自 139 页。

② "进步的概念必须建基于灾难的观念之上。事态'维持原状'就是灾难。"（Benjamin，1927 - 1940 [N9a，1]，page 473）。

吹打着城市生活。但城市的栖居者向着风走去，脸上挂着扭曲的笑容——充满失望，却又满怀着走出风暴的希望，把头颅高高昂起。即使残骸废墟在它们的背后已堆积如山，或许，希望就在这个面向前方的《新天使》的形象中。这个未来的天使或许能够梦得见新的时空，或许能够创造新的联想形式、新的意义和权力形式。拥有这样一位天使在身边，城市栖居者有可能不必孤独地穿过暴风雨了。①

图 C.3　新奥尔良的天使装扮者。

现代性的魅像不只是由朝向一个必然的未来的进步幻觉所构成，进步的残骸也不只是由新事物的不断淘汰所构成。现代城市生活的残骸是由其灰色的和无色的魅像所构成，这些残骸看起来既不是为了它们自身的目的，也不是为了它们可能奉献的目的。魅影般的形象和人物从指尖滑过，恍如从梦中醒来。带着希望，我抓住了城市生活魅像中的一些形象和人物：抓住了梦、魔法、吸血鬼和幽灵。通过它们，我考察了从事城市生活生产的情感运作和空间运作。在这些形象和人物中，没有任何一个在现代性风暴的终端明确地指向了金色的天空。尽管如此，制造魅像的运作过程为可能以不同方式来构造的城市生活创造了可能性——只要学会如何去做梦。在城市生活的魅像中，始终存在着重新打造真实城市梦想的种种可能。

① YNWA. 这是利物浦足球队队歌 You'll never walk along 的缩写。——译者注

参考书目

Adorno, T. (1974a) 'The Stars Down to Earth: the *Los Angeles Times* astrology column' in T. Adorno, *The Stars Down to Earth and Other Essays on the Irrational in Culture*. 1994, London: Routledge, pp. 34–127.

Adorno, T. (1974b) 'Theses against Occultism' in T. Adorno, *The Stars Down to Earth and Other Essays on the Irrational in Culture*. 1994, London: Routledge, pp. 128–134.

Allen, J. (1999a) 'Worlds in the City' in D. Massey, J. Allen and S. Pile (eds), *City Worlds*. London: Routledge/The Open University, pp. 53–97.

Allen, J. (1999b) 'Cities of Power and Influence: settled formations' in J. Allen, D. Massey and M. Pryke (eds), *Unsettling Cities: Movement/Settlement*. London: Routledge/The Open University, pp. 181–218.

Allen, J. (2003) *Lost Geographies of Power*. Oxford: Basil Blackwell.

Allen, J. and Pryke, M. (1999) 'Money Cultures after Georg Simmel: mobility, movement, and identity', *Environment and Planning D: Society and Space*, **17**, pp. 51–68.

Anon. (1989) 'Lost Soul' in R. Lee (ed.), *True Singapore Ghost Stories, Volume 1*. Singapore: Angsana Books, pp. 21–23.

Anon. (2000a) 'Lone Woman' in *True Ghost Stories. Vampires Nightmares*. Singapore: ASURAS, pp. 30–34.

Anon. (2000b) 'Midnight Pontianak' in *True Ghost Stories. Vampires Nightmares*. Singapore: ASURAS, pp. 119–124.

Anon. (2002) 'Hungry Ghosts' in R. Lee (ed.), *All New True Singapore Ghost Stories, Volume 3*. Singapore: Native Communications, pp. 3–10.

Ashforth, A. (1996) 'Of Secrecy and the Commonplace: witchcraft and power in Soweto', *Social Research*, **63(4)**, pp. 1183–1234.

Ashforth, A. (2001) 'On Living in a World with Witches: everyday epistemology and spiritual insecurity in a modern African city (Soweto)' in H. Moore and T. Sanders (eds), *Magical Interpretations, Material Realities: modernity, witchcraft and the occult on postcolonial Africa*. London: Routledge, pp. 206–205.

Augé, M. (1986) *In The Metro*. 2002, Minneapolis: University of Minnesota Press.

Augé, M. (1997) *The War of Dreams: exercises in ethno-fiction*. 1999, London: Pluto Press.

Barnes, T. (2004) 'Central Places' in S. Harrison, S. Pile and N. Thrift (eds), *Patterned Ground: the entanglements of nature and culture*. London: Reaktion Press, pp. 179–181.

Barrows, K. (1999) 'Ghosts in the Swamp: some aspects of splitting and their relationship to parental losses', *International Journal of Psychoanalysis*, **80**, pp. 549–561.

Bartolini, N. (2003) 'A City in the Savage Garden: New Orleans in the eyes of Ann Rice's vampires'. Paper presented at the annual conference of the Association of American Geographers, New Orleans. Copy available from author.

Baudelaire, C. (1857a) 'The Metamorphoses of the Vampire' in C. Baudelaire, *The Flowers of Evil.* 1993, Oxford: Oxford University Press, pp. 253 and 255.

Baudelaire, C. (1857b) 'To A Woman Passing By' in C. Baudelaire, *The Flowers of Evil.* 1993, Oxford: Oxford University Press, p. 188.

Baudelaire, C. (1857c) 'The Vampire' in C. Baudelaire, *The Flowers of Evil.* 1993, Oxford: Oxford University Press, p. 65.

Bell, M. B. (1995) 'Attack of the Widow Ghosts: gender, death, and modernity in Northeast Thailand' in A. Ong and M. G. Peletz (eds), *Bewitching Women, Pious Men: gender and body politics in Southeast Asia.* Berkeley: University of California Press, pp. 244–273.

Bell, M. E. (2001) *Food for the Dead: on the trail of New England's vampires.* New York: Carroll and Graf Publishers.

Bell, M. M. (1997) 'The Ghosts of Place', *Theory and Society*, **26**, pp. 813–836.

Bellamy, E. (1887) *Looking Backward, 2000–1887.* Harmondsworth: Penguin.

Benjamin, W. (1925–26) 'One-Way Street' in W. Benjamin, *One Way Street and Other Writings.* 1979, London: Verso, pp. 45–104.

Benjamin, W. (1927) 'Dream Kitsch: gloss on surrealism' in W. Benjamin, *Selected Writings, Volume 2: 1927–1934.* 1999, Cambridge, MA: Belknap Press/Harvard University Press, pp. 3–5.

Benjamin, W. (1927–40) *The Arcades Project.* Cambridge, MA: Harvard University Press.

Benjamin, W. (1932a) 'A Berlin Chronicle' in W. Benjamin, *One Way Street and Other Writings.* 1979, London: Verso, pp. 293–346.

Benjamin, W. (1932b) 'Ibizan Sequence: Ibiza, april-may 1932' in W. Benjamin, *Selected Writings, Volume 2: 1927–1934.* 1999, Cambridge, MA: Belknap Press/Harvard University Press, pp. 587–594.

Benjamin, W. (1935) 'Paris – the capital of the nineteenth century. <Exposé of 1935>' in W. Benjamin, *Charles Baudelaire: a lyric poet in the era of high capitalism.* 1973, London: Verso, pp. 155–176. Alternative translation in W. Benjamin, *The Arcades Project.* 1999, Cambridge, MA: Harvard University Press, pp. 4–13.

Benjamin, W. (1938) 'The Paris of the Second Empire in Baudelaire' in W. Benjamin, *Charles Baudelaire: a lyric poet in the era of high capitalism.* 1973, London: Verso, pp. 9–106.

Benjamin, W. (1939a) 'Some Motifs in Baudelaire' in W. Benjamin, *Charles Baudelaire: a lyric poet in the era of high capitalism.* 1973, London: Verso, pp. 107–154.

Benjamin, W. (1939b) 'Paris – the capital of the nineteenth century. Exposé <of 1939>' in W. Benjamin, *The Arcades Project.* 1999, Cambridge, MA: Harvard University Press, pp. 14–26.

Benjamin, W. (1940) 'Theses on the Philosophy of History' in W. Benjamin, *Illuminations.* 1973, London: Fontana, pp. 245–255.

Bennett, J. (2001) *The Enchantment of Modern Life: attachments, crossings, and ethics.* Princeton, NJ: Princeton University Press.

Berman, M. (1982) *All That is Solid Melts into Air: the experience of modernity.* London: Verso.

Bhabha, H. (1985) 'Signs Taken for Wonders: questions of ambivalence and authority under a tree outside Delhi, May 1817' in H. Bhabha, *The Location of Culture.* 1994, London: Routledge, pp. 102–122.

Black, S. J. and Hyatt, C. S. (1995) *Urban Voodoo: a beginner's guide to Afro-Caribbean magic.* Tempe, AZ: New Falcon Publications.

Blass, R. (2002) *The Meaning of the Dream in Psychoanalysis.* New York: State University of New York.

Blazwick, I., in conjunction with Francis, M., Wollen, P. and Imrie, M. (eds) (1989) *An Endless Adventure … An Endless Passion … An Endless Banquet. A Situationist Scrapbook.* London: Verso.

Bloom, C. (1999) 'Angels in the Architecture: the economy of the supernatural' in P. Buse and A. Stott (eds), *Ghosts: deconstruction, psychoanalysis, history.* Basingstoke: Macmillan, pp. 226–243.

Bloom, H. (ed.) (1987) *Sigmund Freud's* The Interpretation of Dreams. New York: Chelsea House Publishers.

Bonnett, A. (1989) 'Situationism, Geography and Poststructuralism', *Environment and Planning D: Society and Space*, **7(2)**, pp. 131–147.
Borden, I., Kerr, J., Rendell, J. and Pivaro, A. (eds) (2001) *The Unknown City: contesting architecture and social space*. Cambridge, MA: The MIT Press.
Boros, G. (2002) *Statue Park*. Budapest: City Hall.
Boyer, C. (1983) *Dreaming the Rational City: the myth of American city planning*. Cambridge, MA: The MIT Press.
Brennan, T. (2003) *Museum of Angels: guide to the winged creatures in the collection*. London: British Museum/Gli Ori.
Brite, P. (1992) *Lost Souls*. Harmondsworth: Penguin.
Britzolakis, C. (1999) 'Phantasmagoria: Walter Benjamin and the poetics of urban modernism' in P. Buse and A. Stott (eds), *Ghosts: deconstruction, psychoanalysis, history*. Basingstoke: Macmillan, pp. 72–91.
Brody, H. (1981) *Maps and Dreams: Indians and the British Columbia frontier*. Vancouver: Douglas and McIntyre.
Brolin, R. (1990) *Voodoo: past and present*. Lafayette, LA: University of Southwestern Louisiana.
Brooks, J. (1982) *Ghosts of London*. Norwich: Jarrold Publishing.
Brown, K. M. (2001) *Mama Lola: a vodou priestess in Brooklyn* (Updated Edition) 1991, Berkeley: University of California Press.
Browning, B. (1998) *Infectious Rhythm: metaphors of contagion and the spread of African culture*. New York: Routledge.
Buck-Morss, S. (1989) *The Dialectics of Seeing: Walter Benjamin and the Arcades Project*. Cambridge, MA: The MIT Press.
Buck-Morss, S. (2000) *Dreamworld and Catastrophe: the passing of mass utopia in East and West*. Cambridge, MA: The MIT Press.
Budd, S. (1999) 'The Shark Behind the Sofa: the psychoanalytic theory of dreams', *History Workshop Journal*, **48**, pp. 133–150.
Caillois, R. (1937) 'Paris, a Modern Myth' in C. Frank (ed.), *The Edge of Surrealism: a Roger Caillois reader*. 2003, Durham, NC, and London: Duke University Press, pp. 176–189.
Calmet, A. (1746) 'Treatise on the Vampires of Hungary and Surrounding Regions', extracts in C. Frayling (ed.), *Vampyres: Lord Byron to Count Dracula*. London: Faber & Faber, pp. 92–103.
Calvino, I. (1972) *Invisible Cities*. London: Faber & Faber.
Carayol, R. and Firth, D. (2001) *Corporate Voodoo: principles for business mavericks and magicians*. Oxford: Capstone Publishing Company.
Carter, M. L. (1988) *Dracula: the vampire and its critics*. Ann Arbor, MI: UMI Research Press.
Castells, M. (1996) *The Rise of the Network Society: The Information Age: economy, society and culture Volume 1*. Oxford: Basil Blackwell.
Castells, M. (1997a) *The Power of Identity: The Information Age: economy, society and culture Volume 2*. Oxford: Basil Blackwell.
Castells, M. (1997b) *End of Millenium: The Information Age: economy, society and culture Volume 3*. Oxford: Basil Blackwell.
Castle, T. (1988) 'Phantasmagoria: spectral technologies and the metaphorics of modern reverie', *Critical Inquiry*, **15(1)**, pp. 26–61.
Castle, T. (1995) *The Female Thermometer: eighteenth-century culture and the invention of the uncanny*. Oxford: Oxford University Press.
Chan, E. F. L. (2001) 'Our Block of Flats is Haunted' in *There are Ghosts Everywhere in Singapore, Volume 3*. Singapore: The Publishing Consultant, pp. 34–37.
Chesterton, G. K. (1908) 'The Angry Street: a bad dream' in G. K. Chesterton, *Daylight and Nightmare: uncollected stories and fables by G. K. Chesterton*. 1986, London: Xanadu Publications, pp. 61–65.

Choon, B. K. (2004) 'Ghosts, Spectres and the other Presence' in R. Bishop, J. Phillips and W.-W. Yeo (eds), *Beyond Description: Singapore, space, historicity*. London: Routledge.

Classen, C., Howes, D. and Synnott, A. (1994) *Aroma: the cultural history of smell*. London: Routledge.

Clulee, N. (1988) *John Dee's Natural Philosophy: between science and religion*. London: Routledge.

Cohen, P. (2000) 'From the Other Side of the Tracks: dual cities, third space, and the urban uncanny in contemporary discourses of "race" and class' in G. Bridge and S. Watson (eds), *A Companion to the City*. Oxford: Basil Blackwell, pp. 316–330.

Comaroff, J. and Comaroff, J. (eds) (1993) *Modernity and its Malcontents: ritual and power in postcolonial Africa*. Chicago: University of Chicago Press.

Connelly, J. (1998) *Bringing out the Dead*. London: Warner Books.

Copjec, J. (1994) *Read My Desire: Lacan against the historicists*. Cambridge, MA: The MIT Press.

Corbin, A. (1986) *The Foul and the Fragrant: odour and the French social imagination*. 1994, London: Picador.

Corbin, A. (1995) 'The Blood of Paris' in *Time, Desire and Horror: towards a history of the sense*. Cambridge: Polity Press.

Corbridge, S., Martin, R. and Thrift, N. (eds) (1994) *Money, Power and Space*. Oxford: Basil Blackwell.

Cosgrove, D. (1990) 'Environmental Thought and Action: pre-modern and post-modern', *Transactions of the Institute of British Geographers*, **15(3)**, pp. 344–358.

Crary, J. (1990) *Techniques of the Observer: on vision and modernity in the nineteenth century*. Cambridge, MA: The MIT Press.

Cronon, W. (1991) *Nature's Metropolis: Chicago and the Great West*. New York: W. W. Norton and Company.

Crowley, A. (1929) *Magick in Theory and Practice*. 1976, New York: Dover.

Curtis, B. (2001) 'That Place Where: some thoughts on memory and the city' in I. Borden, J. Kerr, J. Rendell and A. Pivaro (eds), *The Unknown City: contesting architecture and social space*. Cambridge, MA: The MIT Press, pp. 54–67.

Daniels, S. (1995) 'Paris Envy: Patrick Keiller's *London*', *History Workshop Journal*, **40**, pp. 220–222.

Davis, W. (1985) *The Serpent and the Rainbow*. New York: Simon & Schuster.

de Certeau, M. (1984) *The Practice of Everyday Life*. London: University of California Press.

Debord, G. (1955) 'Introduction to a Critique of Urban Geography' in L. Andreotti and X. Costa (eds) (1996), *Theory of the Dérive and Other Situationist Writings on the City*. Barcelona: Museu d'Art Contemporani de Barcelona and ACTAR, pp. 18–21.

Debord, G. (1956) 'Theory of the Dérive' in L. Andreotti and X. Costa (eds) (1996) *Theory of the Dérive and Other Situationist Writings on the City*. Barcelona: Museu d'Art Contemporani de Barcelona and ACTAR, pp. 22–27.

Degen, M. (2001) 'Sensed Appearances: sensing the "performance of place"', *Space and Culture*, special issue on Spatial Hauntings, **11/12**, pp. 52–69.

Delano, J. (1995) *Batman: Manbat*. 1997, three parts in one volume, New York: DC Comics.

DeLyser, D. (1999) 'Authenticity on the ground: engaging the past in a California ghost town', *Annals of the Association of American Geographers*, **89(4)**, pp. 602–632.

DeLyser, D. (2001) 'When Less is More: absence and landscape in a California ghost town' in P. Adams, S. Hoelscher and K. Till (eds), *Textures of Place: exploring humanist geographies*. Minneapolis: University of Minnesota Press, pp. 24–40.

Deren, M. (1953) *Divine Horsemen: the living Gods of Haiti*. London: Thames and Hudson.

Derrida, J. (1993) *Spectres of Marx: the state of the debt, the work of mourning, and the new international*. 1994, London: Routledge.

Dickens, C. (1848) *Dombey and Son*. Harmondsworth, Penguin.

Doane, M. A. (1991) 'Dark Continents: epistemologies of racial and sexual difference in psychoanalysis and the cinema' in *Femmes Fatales: feminism, film theory, psychoanalysis*. London: Routledge, pp. 209–248.

Dodd, N. (1994) *The Sociology of Money: economics, reason and contemporary society*. Oxford: Polity Press.

Dolar, M. (1991) '"I Shall Be With you on Your Wedding Night": Lacan and the uncanny', *October*, **58**, pp. 5–23.

Donald, J. (1997) 'This, Here, Now: imagining the modern city' in S. Westwood and J. Williams (eds), *Imagining Cities: scripts, signs, memory*. London: Routledge, pp. 181–201.

Donald, J. (1999) *Imagining the Modern City*. London: Athlone Press.

Donald, J. (2000) 'The Immaterial City: representation, imagination, and media technologies' in G. Bridge and S. Watson (eds), *A Companion to the City*. Oxford: Basil Blackwell, pp. 26–34.

Douglas, M. (1966) *Purity and Danger: an analysis of the concepts of pollution and taboo*. London: Routledge.

Durant, M. (2003) 'The Blur of the Otherworldly', *Art Journal*, **62(3)**, pp. 6–17.

Dyer, R. (1988) 'Children of the Night: vampirism as homosexuality, homosexuality as vampirism' in S. Radstone (ed.), *Sweet Dreams: sexuality, gender and popular fiction*. London: Lawrence & Wishart.

Edensor, T. (2001) 'Haunting in the Ruins: matter and immateriality', *Space and Culture*, special issue on Spatial Hauntings, **11/12**, pp. 42–51.

Elias, N. (1939) *The Civilizing Process: sociogenetic and psychogenetic investigations*. 1994, Oxford: Basil Blackwell.

Ellis, B. (1993) 'The Highgate Cemetery Vampire Hunt: the Anglo-American connection in Satanic cult lore', *Folklore*, **104**, pp. 13–39.

Ellis, W. (1999) *Hellblazer: haunted*. 2003, parts 134–139 in one volume, New York: DC Comics.

Engels, F. (1845) *The Condition of the Working Class in England*. 1987, Harmondsworth: Penguin.

Ennis, G. (1997–98) *Preacher. Volume 5: Dixie Fried*. 1998, parts 27–33, New York: Vertigo/DC Comics.

Epigram (2001) 'Fanged Former Secretary', *Epigram*, 5 November, p. 5.

Fandrich, I. J. (1996) 'The Politics of Myth-Making: an analysis of the struggle for the "correct" appropriation of New Orleans voodoo queen Marie Laveau', *Social Compass*, **43(4)**, pp. 613–628.

Fanon, F. (1952) *Black Skin, White Masks*. 1986, London: Pluto Press.

Farrar, J. and Farrar, S. (1981) *The Witches' Bible: the complete witches' handbook*. Custer, WA: Phoenix Publishing Company.

Faucher, C. (2004) 'As the Wind Blows and Dews Came Down: ghost stories and collective memory in Singapore' in R. Bishop, J. Phillips and W.-W. Yeo (eds), *Beyond Description: Singapore, space, historicity*. London: Routledge.

Ferguson, H. (1996) *The Lure of Dreams: Sigmund Freud and the construction of modernity*. London: Routledge.

Flanders, S. (ed.) (1993) *The Dream Discourse Today*. London: Routledge in association with the Institute of Psycho-Analysis.

Fleurant, G. (1996) *Dancing Spirits: rhythms and rituals of Haitian Vodun, the Rada rite*. Westport, CT: Greenwood Press.

Florence, R. (1996) *Cities of the Dead: a journey through St Louis Cemetery #1, New Orleans, Louisiana*. Lafayette, LA: The Center for Louisiana Studies, University of Southwestern Louisiana.

Fong, J. and Fong, S. (2001) 'My Terrifying Journey to Hell: told by a "hungry ghost"!' in *There are Ghosts Everywhere in Singapore, Volume 3*. Singapore: The Publishing Consultant, pp. 43–61.

Foucault, M. (1963) *The Birth of the Clinic: an archaeology of medical perception*. 1973, London: Routledge.

Foucault, M. (1984) *The History of Sexuality. Volume 3: the care of the self*. 1988, Harmondsworth: Penguin.

Frayling, C. (1991) 'Lord Byron to Count Dracula' in C. Frayling (ed.), *Vampyres: Lord Byron to Count Dracula*. London: Faber & Faber, pp. 3–84.

French, P. (1972) *John Dee: the world of an Elizabethan Magus*. London: Routledge.

Freud, S. (1900) *The Interpretation of Dreams*. 1976, Harmondsworth: Volume 4, Penguin Freud Library.

Freud, S. (1901) *On Dreams*. Volume 5, *Standard Edition*. London: Hogarth Press.

Freud, S. (1905) 'Fragment of an Analysis of a Case of Hysteria: "Dora"' in *Case Histories I: 'Dora' and 'Little Hans'*. 1977, Harmondsworth: Volume 8, Penguin Freud Library, pp. 35–164.

Freud, S. (1907) 'Delusions and Dreams in Jensen's "Gradiva"' in *Art and Literature: Jensen's 'Gradiva', Leonardo Da Vinci and other works*. 1985, Harmondsworth: Volume 14, Penguin Freud Library, pp. 33–118.

Freud, S. (1908) 'Creative Writers and Day-Dreaming' in *Art and Literature: Jensen's 'Gradiva', Leonardo Da Vinci and other works*. 1985, Harmondsworth: Volume 14, Penguin Freud Library, pp. 131–141.

Freud, S. (1910) 'Five Lectures on Psycho-Analysis' in *Two Short Accounts of Psycho-Analysis*. 1962, Harmondsworth: Pelican Books, pp. 31–87.

Freud, S. (1911) 'The Handling of Dream-Interpretation in Psycho-Analysis'. Volume 12, *Standard Edition*. London: Hogarth Press, pp. 91–96.

Freud, S. (1913) 'Totem and Taboo' in *The Origins of Religion*. 1985, Harmondsworth: Volume 13, Penguin Freud Library, pp. 49–224.

Freud, S. (1914) 'On Narcissism: an introduction' in *On Metapsychology: the theory of psychoanalysis*. 1984, Harmondsworth: Volume 11, Penguin Freud Library, pp. 65–97.

Freud, S. (1915) 'The Unconscious' in *On Metapsychology: the theory of psychoanalysis*. 1984, Harmondsworth: Volume 11, Penguin Freud Library, pp. 167–222.

Freud, S. (1916–17) *Introductory Lectures on Psycho-Analysis*. Volumes 15–16, *Standard Edition*. London: Hogarth Press.

Freud, S. (1917a) 'A Metapsychological Supplement to the Theory of Dreams' in *On Metapsychology: the theory of psychoanalysis*. 1984, Harmondsworth: Volume 11, Penguin Freud Library, pp. 229–243.

Freud, S. (1917b) 'Mourning and Melancholia' in *On Metapsychology: the theory of psychoanalysis*. 1984, Harmondsworth: Volume 11, Penguin Freud Library, pp. 251–268.

Freud, S. (1919) 'The "Uncanny"' in *Art and Literature: Jensen's 'Gradiva', Leonardo Da Vinci and other works*. 1985, Harmondsworth: Volume 14, Penguin Freud Library, pp. 339–376.

Freud, S. (1920) 'Beyond the Pleasure Principle' in *On Metapsychology: the theory of psychoanalysis*. 1984, Harmondsworth: Volume 11, Penguin Freud Library, pp. 275–338.

Freud, S. (1921) 'Group Psychology and the Analysis of the Ego' in *Civilization, Society and Religion: group psychology, civilization and its discontents and other works*. 1985, Harmondsworth: Volume 12, Penguin Freud Library, pp. 95–178.

Freud, S. (1923) 'Remarks on the Theory and Practice of Dream-Interpretation'. Volume 19, *Standard Edition*, London: Hogarth Press.

Freud, S. (1925a) 'Some Additional Notes on Dream-Interpretation as a Whole'. Volume 19, *Standard Edition*. London: Hogarth Press.

Freud, S. (1925b) 'A Note upon the "Mystic Writing-Pad"' in *On Metapsychology: the theory of psychoanalysis*. 1984, Harmondsworth: Volume 11, Penguin Freud Library, pp. 429–434.

Freud, S. (1926) 'Inhibitions, Symptoms and Anxiety' in *On Psychopathology: inhibitions, symptoms and anxiety and other works*. 1979, Harmondsworth: Volume 10, Penguin Freud Library, pp. 237–333.

Freud, S. (1930) 'Civilization and its Discontents' in *Civilization, Society and Religion: group psychology, civilization and its discontents and other works*. 1985, Harmondsworth: Volume 12, Penguin Freud Library, pp. 251–340.

Freud, S. (1933) *New Introductory Lectures on Psychoanalysis.* 1973, Harmondsworth: Volume 2, Penguin Freud Library.

Freud, S. (1939) 'Moses and Monotheism: three essays' in *The Origins of Religion.* 1985, Harmondsworth: Volume 13, Penguin Freud Library, pp. 243–386.

Frisby, D. (2001) *Cityscapes of Modernity: critical explorations.* Cambridge: Polity Press.

Gaiman, N. (1988–96) *The Sandman.* 75 parts in 10 volumes, New York: DC Comics.

Gaiman, N. (1990–91) *The Books of Magic.* 4 parts in 1 volume, New York: Vertigo/DC Comics.

Gaiman, N. (1992) 'Soft Places' in N. Gaiman *The Sandman.* 1993, Volume VI, New York: DC Comics, pp. 124–148.

Gaiman, N. (1993a) 'Ramadan' in N. Gaiman, *The Sandman.* 1993, Volume VI, New York: DC Comics, pp. 226–258.

Gaiman, N. (1993b) 'A Tale of Two Cities' in N. Gaiman, *The Sandman.* 1994, Volume VIII, New York: DC Comics, pp. 18–41.

Gaiman, N. (1995) 'Hold Me' in N. Gaiman, *Midnight Days.* 1999, New York: DC Comics.

Gaiman, N. (1996) *Neverwhere.* London: Headline Book Publishing.

Garner, P. (2003) *A Walk Around Haunted London.* London: Louis' London Walks.

Gay, P. (1984) *The Bourgeois Experience: Victoria to Freud. Volume 1: The Education of the Senses.* New York: Oxford University Press.

Gehman, M. and Ries, N. (1988) *Women and New Orleans: a history.* New Orleans: Margaret Media, Inc.

Gelder, K. (1994) *Reading the Vampire.* London: Routledge.

Gelder, K. and Jacobs, J. M. (1998) *Uncanny Australia: sacredness and identity in a postcolonial nation.* Melbourne: Melbourne University Press.

Gelder, K. and Jacobs, J. M. (1999) 'The Postcolonial Ghost Story' in P. Buse and A. Stott (eds), *Ghosts: deconstruction, psychoanalysis, history.* Basingstoke: Macmillan, pp. 179–199.

Geschiere, P. (1998) 'Globalization and the Power of Indeterminate Meaning: witchcraft and spirit cults in Africa and East Asia', *Development and Change,* **29**, pp. 811–837.

Getty, S. (2002) 'Teen Vampire "Sliced Out Woman's Heart"', *Metro,* 17 July, p. 7.

Gilbert, E. (1998) '"Ornamenting the Façade of Hell": iconographies of 19th-century Canadian paper money', *Environment and Planning D: Society and Space,* **16(1)**, pp. 57–80.

Gilloch, G. (1996) *Myth and Metropolis: Walter Benjamin and the city.* Cambridge: Polity Press.

Gilman, S. (1993) *Freud, Race and Gender.* Princeton, NJ: Princeton University Press.

Glancey, J. (2002) 'The Dream Life of Buildings', the *Guardian,* 15 April, pp. 12–13.

Goh, P. K. (1997) *Origins of Chinese Festivals.* Singapore: Asiapac.

Goh, Y. K. and Wong, K. W. (2001) *The Sage and the Butterfly: a guide to Chinese dream interpretation.* Singapore: Rank Books.

Gordon, A. (1997) *Ghostly Matters: haunting and the sociological imagination.* Minneapolis, MN: University of Minnesota Press.

Hall, A. (2002) 'Vampires Get 28yrs', the Sun, 1 February, p. 27.

Hall, G. M. (1992) *Africans in Colonial Louisiana: the development of Afro-Creole culture in the eighteenth century.* Baton Rouge, LA: Louisiana State University Press.

Hannigan, J. (1998) *Fantasy City: pleasure and profit in the postmodern metropolis.* London: Routledge.

Haraway, D. (1995) 'Universal Donors in a Vampire Culture: it's all in the family, biological kinship categories in the twentieth-century United States' in W. Cronon (ed.), *Uncommon Ground: toward reinventing nature.* New York: W. W. Norton.

Harkness, D. (1999) *John Dee's Conversations with Angels: cabala, alchemy and the end of nature.* Cambridge: Cambridge University Press.

Harrison, S., Pile, S. and Thrift, N. (2004) 'Grounding Patterns: deciphering (dis)order in the entanglements of nature and culture' in S. Harrison, S. Pile and N. Thrift (eds), *Patterned Ground: the entanglements of nature and culture.* London: Reaktion Books, pp. 12–42.

Harvey, D. (1973) *Social Justice and the City*. London: Edward Arnold.

Harvey, D. (1988) 'Voodoo Cities', *New Statesman and Society*, 30 September, pp. 33–35.

Harvey, D. (1996) *Justice, Nature and the Geography of Difference*. Oxford: Basil Blackwell.

Harvey, D. (2000) *Spaces of Hope*. Edinburgh: Edinburgh University Press.

Hetherington, K. (2001) 'Phantasmagoria/Phantasm Agoria: materialities, spacialities, and ghosts', *Space and Culture*, special issue on Spatial Hauntings, **11/12**, pp. 24–41.

Hiller, S. (curator) (2000) *Dream Machines*. London: Hayward Gallery Publishing.

Hodgkin, K. and Radstone, S. (eds) (2003) *Contested Pasts: the politics of memory*. London: Routledge.

hooks, b. (2003) 'The Abyss of Surrender in Another Water' in U. Stahel (ed.), *If On A Winter's Night... Roni Horn...* . Winterthur/Göttingen: Winterthur Fotomuseum/Steidl Verlag.

Hooper, J. (2002) 'Blood-drinking Devil Worshippers Face Life for Ritual Satanic Killing', the *Guardian*, 1 February, p. 2.

Horn, R. (2000) *Another Water (The River Thames, For Example)*. Zurich: Scalo.

Howard, E. (1902) *Garden Cities of Tomorrow*. 1965, London: Faber & Faber.

Hurbon, L. (1993) *Voodoo: search for the spirit*. 1995, New York: Harry N. Abrams, Inc.

Imray, L. and Middleton, A. (1983) 'Public and Private: marking the boundaries' in E. Garmarnikow, D. Morgan, J. Purvis and D. Taylorson (eds), *The Public and the Private*. 1983, London: Heinemann, pp. 12–27.

Islington Gazette (2002) 'Vampires Shocker', *Islington Gazette*, 31 January, pp. 1–2.

Ivain, G. (1953) 'Formulary for a New Urbanism' in L. Andreotti and X. Costa (eds), *Theory of the Derive and Other Situationist Writings on the City*. 1996, Barcelona: Museu d'Art Contemporani de Barcelona and ACTAR, pp. 14–17.

Jackson, R. (1981) *Fantasy: the literature of subversion*. London: Methuen.

Jacobs, J. (1961) *The Death and Life of Great American Cities*. Harmondsworth: Penguin.

Jacobs, J. M. (1996) *Edge of Empire: postcolonialism and the city*. London: Routledge.

Jaguaribe, B. (2001) 'Mestizo Memories: hybridity, eroticism and haunting', *Space and Culture*, special issue on Spatial Hauntings, **11/12**, pp. 87–105.

James, C. L. R. (1938) *The Black Jacobins: Toussaint L'Ouverture and the San Domingo revolution*. 1980, London: Allison and Busby.

Jameson, F. (1999) 'Marx's Purloined Letter' in M. Sprinker (ed.), *Ghostly Demarcations: a symposium on Jacques Derrida's Spectres of Marx*. London: Verso, pp. 26–67.

Johnson, J. (1991) *Congo Square in New Orleans*. 1995, New Orleans: Louisiana Landmarks Society.

Johnson, N. (1994) 'Sculpting Heroic Histories: celebrating the centenary of the 1798 rebellion in Ireland', *Transactions of the Institute of British Geographers*, **19**, pp. 78–93.

Johnson, N. (1995) 'Cast in Stone: monuments, geography and nationalism', *Environment and Planning D: Society and Space*, **13**, pp. 51–66.

Jones, E. (1931) 'On the Vampire' in C. Frayling (ed.), *Vampyres: Lord Byron to Count Dracula*. London: Faber & Faber, pp. 398–417.

Jones, R. (1999) *Walking Haunted London: 25 original walks exploring London's ghostly past*. London: New Holland Publishers.

Joyce, P. (2002) 'Maps, Blood and the City: the governance of the social in nineteenth-century Britain' in P. Joyce (ed.), *The Social in Question: new bearings in history and the social sciences*. London: Routledge, pp. 97–114.

Kaïka, M. and Swyngedouw, E. (2000) 'Fetishizing the Modern City: the phantasmagoria of urban technological networks', *International Journal of Urban and Regional Research*, **24(1)**, pp. 120–138.

Kaplan, L. (2003) 'Where the Paranoid Meets the Paranormal: speculations on spirit photography', *Art Journal*, **62(3)**, pp. 18–29.

Kennedy, M. (2003) 'Benjamin Franklin's House: the naked truth', the *Guardian*, 11 August, p. 24.

Kern, S. (1983) *The Culture of Space and Time 1880–1918*. Cambridge, MA: Harvard University Press.

Kerr, J. (2001) 'The Uncompleted Monument: London, war, and the architecture of remembrance' in I. Borden, J. Kerr, J. Rendell and A. Pivaro (eds), *The Unknown City: contesting architecture and social space*. Cambridge, MA: The MIT Press, pp. 68–89.

Khan, M. (1974) 'The Use and Abuse of Dream in Psychic Experience' in S. Flanders (ed.), *The Dream Discourse Today*. 1993, London: Routledge in association with the Institute of Psycho-Analysis, pp. 91–99.

Klein, V. C. (1996) *New Orleans Ghosts*. Metairie, LA: Lycanthrope Press.

Kósa, J. N. and Szablyár, P. (2002) *Underground Buda*. Budapest: City Hall.

Kristeva, J. (1980) *Powers of Horror: an essay on abjection*. 1982, New York: Columbia University Press.

Kuftinec, S. (1998) '[Walking through a] Ghost Town: cultural hauntologie in Mostar, Bosnia-Herzegovina or Mostar: a performance review', *Text and Performance Quarterly*, **18(2)**, pp. 81–95.

Laclau, E. (1995) 'The Time is Out of Joint' *Diacritics*, **25(2)**, pp. 86–96.

Ladd, B. (1997) *The Ghosts of Berlin: confronting German history in the Berlin landscape*. Chicago: University of Chicago Press.

Laplanche, J. and Pontalis, J. B. (1973) *The Language of Psychoanalysis*. 1988, London: The Institute of Psycho-Analysis/Karnac Books.

Lash, S. and Urry, J. (1994) *Economies of Signs and Space*. London: Sage.

Le Corbusier (1927) *Towards a New Architecture*. 1982, London: Butterworth.

Le Corbusier (1933) *The Radiant City*. 1967, New York: Orion Press.

Le Goff, J. (1985) *L'Imaginaire Médiéval*. Paris: Gallimard.

Lee, R. (1989) 'Bukit Batok' in R. Lee (ed.), *True Singapore Ghost Stories. Volume 1*. Singapore: Angsana Books, pp. 66–68.

Lee, R. (ed.) (1995a) *True Singapore Ghost Stories, Volume 6*. Singapore: Angsana Books.

Lee, R. (ed.) (1995b) *True Singapore Ghost Stories, Volume 7*. Singapore: Angsana Books.

Lees, L. (2004) 'The Emancipatory City: urban (re)visions' in L. Lees (ed.), *The Emancipatory City: paradoxes and possibilities*. London: Sage, pp. 3–20.

Lefebvre, H. (1974) *The Production of Space*. 1991, Oxford: Basil Blackwell.

Leyshon, A. and Thrift, N. (1997) *Money/Space: geographies of monetary transformation*. London: Routledge.

Lip, E. (1997) *What is Feng Shui?* London: Academy Editions.

Little, J., Peake, L. and Richardson, P. (eds) (1988) *Women in Cities: gender and the urban environment*. London: Macmillan Education.

Lovell, N. (2002) *Cord of Blood: possession and the making of Voodoo*. London: Pluto Press.

Mace, R. (1976) *Trafalgar Square: emblem of Empire*. London: Lawrence & Wishart.

Marcus, L. (ed.) (1999) *Sigmund Freud's The Interpretation of Dreams: new interdisciplinary essays*. Manchester: Manchester University Press.

Marcus, S. (1999) *Apartment Stories: city and home in nineteenth-century Paris and London*. Berkeley: University of California Press.

Marx, K. (1843) 'Letters from the Franco-German Yearbooks' in K. Marx, *Early Writings*. 1975, Harmondsworth: Penguin, pp. 199–209.

Marx, K. (1850) 'The Class Struggle in France, 1848–1850' in K. Marx, *Surveys from Exile*. 1973, Harmondsworth: Penguin, pp. 35–142.

Marx, K. (1852) 'The Eighteenth Brumaire of Louis Bonaparte' in K. Marx, *Surveys from Exile*. 1973, Harmondsworth: Penguin, pp. 143–249.

Marx, K. (1857–58) *Grundrisse: foundations of the critique of political economy (rough draft)*. 1973, Harmondsworth: Penguin.

Marx, K. (1867) *Capital, Volume 1*. 1976, Harmondsworth: Penguin.

Marx, K. and Engels, F. (1872) *The Communist Manifesto*. 1967, Harmondsworth: Penguin.

Maspero, F. (1990) *Roissy Express: a journey through the Paris suburbs*. 1994, London: Verso.

McDowell, L. (1997) *Capital Culture: gender at work in the city*. Oxford: Basil Blackwell.

McLean, H. and Cole, A. (2001) *The DreamCatchers Handbook: learn to understand the personal significance of your dreams*. London: Carlton Books.
Métraux, A. (1959) *Voodoo in Haiti*. 1972, New York: Schocken Books.
Mighall, R. (1999) *A Geography of Victorian Gothic Fiction: mapping history's nightmares*. Oxford: Oxford University Press.
Mitchell, T. (1999) 'Dreamland: the neoliberalism of your desires', *Middle East Report*. Spring, pp. 28–33.
Moench, D. (1991) *Batman and Dracula: red rain*. New York: DC Comics.
Moey, N. (1990) *Pontianak: 13 chilling tales*. Singapore: Times Books International.
Mooney, G., Pile, S. and Brook, C. (1999) 'On Orderings and the City' in S. Pile, C. Brook and G. Mooney (eds), *Unruly Cities? Order/Disorder*. London: Routledge in association with the Open University, pp. 345–363.
Moorcock, M. (2001) *London Bone*. London: Scribner.
Moore, A. (1985) 'Growth Patterns' in A. Moore, *The Swamp Thing: the curse*. 2000, New York: Vertigo/DC Comics, pp. 51–72.
Moore, A. (1999) *Voodoo: dancing in the dark*. 4 parts in 1 volume, New York: Wildstorm/DC Comics.
Moore, A. (1999–2000) *The League of Extraordinary Gentlemen*. 6 parts in 1 volume, La Jolla, CA: America's Best Comics.
Moore, T. (1997) *The Re-Enchantment of Everyday Life*. London: Harper Collins.
Moretti, F. (1978a) 'Dialectics of Fear' in F. Moretti, *Signs Taken for Wonders: essays in the sociology of literary forms*. 1988, London: Verso, pp. 83–108.
Moretti, F. (1978b) 'Clues' in F. Moretti, *Signs Taken for Wonders: essays in the sociology of literary forms*. 1988, London: Verso, pp. 130–156.
Morrison, G. (1998–99) *The Invisibles. Volume 2: Kissing Mister Quimper*. 2000, Parts 14–22, New York: DC Comics.
Morrison, T. (1987) *Beloved*. London: Picador.
Nadkarni, M. (2003) 'The Death of Socialism and the Afterlife of its Monuments: making and marketing the past in Budapest's Statue Park' in K. Hodgkin and S. Radstone (eds), *Contested Pasts: the politics of memory*. London: Routledge, pp. 193–207.
Nast, H. J. (2000) 'Mapping the "unconscious": racism and the Oedipal family', *Annals of the Association of American Geographers*, **90(2)**, pp. 215–255.
National Archives of Singapore (1996) *The Japanese Occupation 1942–1945: a pictorial record of Singapore during the War*. Singapore: Times Editions.
Neate, P. (2001) *Twelve Bar Blues*. Harmondsworth: Penguin.
Niehaus, I. (2001) 'Witchcraft in the New South Africa: from colonial superstition to postcolonial reality?' in H. Moore and T. Sanders (eds), *Magical Interpretations, Material Realities: modernity, witchcraft and the occult on postcolonial Africa*. London: Routledge, pp. 184–205.
Niehaus, I. Mohlala, E. and Shokane, K. (2001) *Witchcraft, Power and Politics: exploring the occult in the South African Lowveld*. London: Pluto Press.
Noble, S. (1996) *Feng Shui in Singapore*. Singapore: HEIAN International Publishers.
Nora, P. (1989) 'Between Memory and History: les lieux de mémoire', *Representations*, **26** (Spring), pp. 7–25.
Ong, J. (2001) 'Festival of the Hungry Ghosts (15th Day of the Seventh Moon)' in *There are Ghosts Everywhere in Singapore, Volume 3*. Singapore: The Publishing Consultant, pp. 62–64.
Osborne, T. (1996) 'Security and Vitality: drains, liberalism and power in the nineteenth century' in A. Barry, N. Rose and T. Osborne (eds), *Foucault and Political Reason: liberalism, neo-liberalism and rationalities of government*. London: University College Press.
Park, R. E. (1925a) 'The City: suggestions for investigation of human behavior in the urban environment' in R. E. Park and E. W. Burgess with R. D. McKenzie and L. Wirth, *The City: suggestions*

for investigation of human behavior in the urban environment. 1984, Chicago: Midway Reprint, University of Chicago Press, pp. 1–46.
Park, R. E. (1925b) 'Magic, Mentality, and City Life' in R. E. Park and E. W. Burgess with R. D. McKenzie and L. Wirth, *The City: suggestions for investigation of human behavior in the urban environment.* 1984, Chicago: Midway Reprint, University of Chicago Press, pp. 123–141.
Penczak, C. (2001) *City Magick: urban rituals, spells, and shamanism.* York Beach, ME: Weiser Books.
Pick, D. and Roper, L. (2000) 'Psychoanalysis, Dreams, History: an interview with Hanna Segal', *History Workshop Journal*, **49**, pp. 161–170.
Pile, S. (1991) 'The Un(known)City ... or, an urban geography of what lies buried below the surface' in I. Borden, J. Kerr, A. Pivaro and J. Rendell (eds), *The Unknown City: contesting architecture and social space.* Cambridge, MA: The MIT Press, pp. 262–279.
Pile, S. (1996) *The Body and the City: psychoanalysis, subjectivity and space.* London: Routledge.
Pile, S. (1998) 'Freud, Dreams and Imaginative Geographies' in A. Elliott (ed.), *Freud 2000.* Cambridge: Polity Press, pp. 204–234.
Pile, S. (1999) 'What is a City?' in D. Massey, J. Allen and S. Pile (eds), *City Worlds*, London: Routledge, pp. 3–52.
Pile, S. (2000) 'Sleepwalking in the Modern City: Walter Benjamin, Sigmund Freud and the world of dreams' in S. Watson and G. Bridge (eds), *Blackwell Companion to Urban Studies.* Oxford: Basil Blackwell, pp. 75–86.
Pile, S. (2002) 'Memory and the City' in J. Campbell and J. Harbord (eds), *Temporalities: autobiography in a postmodern age.* Manchester: Manchester University Press, pp. 111–127.
Pile, S. (2003) 'Struggles over Geography' in K. Anderson, M. Domosh, S. Pile and N. Thrift (eds), *Handbook of Cultural Geography.* London: Sage, pp. 23–30.
Pile, S., Brook, C. and Mooney, G. (eds) (1999) *Unruly Cities? Order/Disorder.* London: Routledge in collaboration with the Open University.
Pile, S. and Thrift, N. (eds) (2000) *City AZ.* London: Routledge.
Pinder, D. (1996) 'Subverting Cartography: the situationists and maps of the city', *Environment and Planning A*, **28(3)**, pp. 405–427.
Plant, S. (1992) *The Most Radical Gesture: the Situationist International in a postmodern age.* London: Routledge.
Poe, E. A. (1839) 'The Man in the Crowd' in *Selected Tales.* 1998, Oxford: Oxford University Press, pp. 84–91.
Poe, E. A. (1844) 'The Purloined Letter' in *Selected Tales.* 1998, Oxford: Oxford University Press, pp. 249–265.
Polidori, J. (1819) 'The Vampyre' in C. Frayling (ed.), *Vampyres: Lord Byron to Count Dracula.* London: Faber & Faber, pp. 107–125.
Powell, K. (1992) *Vauxhall Cross: the story of the design and construction of a new London landmark.* London: Wordsearch Publishing.
Praoveanu, I. (1999) *Bran Castle.* Brasov, Romania: C2 Design House Publishing.
Prendergast, C. (1992) *Paris and the Nineteenth Century.* Oxford: Basil Blackwell.
Quinodoz, J.-M. (2002) *Dreams That Turn Over a Page.* London: Routledge.
Radcliffe, S. (1993) 'Women's Place/*El Lugar de Mujeres*: Latin American and the politics of gender identity' in M. Keith and S. Pile (eds), *Place and the Politics of Identity.* London: Routledge, pp. 102–116.
Rangan, H. (2003) 'The Muti Trade: South Africa's indigenous medicines', www.arts.monash.edu.au/ges/who/muti/muti_trade1.html. Last accessed 25 July 2004.
Rankin, I. (2001) 'Welcome to the Spook Capital of the World', the *Independent*, 22 April, p. 26.
Rendell, J. (2002) *The Pursuit of Pleasure: gender, space and architecture in Regency London.* London: Athlone Press.
Resnik, S. (1987) *The Theatre of the Dream.* London: Routledge.
Rice, A. (1976) *Interview with the Vampire.* London: Warner Books.

Rickels, L. A. (1999) *The Vampire Lectures*. Minneapolis, MN: University of Minnesota Press.
Roach, J. (1996) *Cities of the Dead: circum-atlantic performance*. New York: Columbia University Press.
Robinson, J. (1998) '(Im)mobilizing space-dreaming of change' in H. Judin and I. Vladislavic (eds), *Blank ____ : architecture, apartheid and after*. Rotterdam: Netherlands Architecture Institute, pp. 163–171.
Robinson, J. (2000) 'Feminism and the Spaces of Transformation', *Transactions of the Institute of British Geographers*, **25(3)**, pp. 285–301.
Robinson, J. (2002) 'Global and World Cities: a view from off the map', *International Journal of Urban and Regional Research*, **26(3)**, pp. 531–554.
Robinson, J. (forthcoming) *The Ordinary City: between modernity and development*. London: Routledge.
Royle, N. (2003) *The Uncanny*. Manchester: Manchester University Press.
Ruddick, S. (2004) 'Domesticating Monsters: cartographies of difference and the emancipatory city' in L. Lees (ed.), *The Emancipatory City: paradoxes and possibilities*. London: Sage, pp. 23–39.
Sack, R. D. (1980) *Conceptions of Space in Social Thought: a geographic perspective*. London: Macmillan.
Sadler, S. (1998) *The Situationist City*. Cambridge, MA: The MIT Press.
Saghiyeh, H. (2001) 'Al-Qaeda Loses Itself in Dream World', the *Observer*, 16 December, p. 5.
Sandercock, L. (ed.) (1998) *Making the Invisible Visible: a multicultural planning history*. Berkeley: University of California Press.
Sandercock, L. (2002) 'Difference, Fear and Habitus: a political economy of urban fears' in J. Hillier and E. Rooksby (eds), *Habitus: a sense of place*. Aldershot: Ashgate Press, pp. 203–218.
Sanders, J. (2002) *Celluloid Skyline: New York and the movies*. London: Bloomsbury.
Sassen, S. (2001) *The Global City: New York, London, Tokyo* (Second Edition). Princeton, NJ: Princeton University Press.
Schivelbusch, W. (1983) *Disenchanted Night: the industrialization of light in the nineteenth century*. 1995, Berkeley: California University Press.
Schlör, J. (1998) *Nights in the Big City: Paris, Berlin, London 1840–1930*. London: Reaktion Books.
Schnitzler, A. (1926) *Dream Story*. Harmondsworth: Penguin.
Schoonover, K. (2003) 'Ectoplasms, Evanescence, and Photography', *Art Journal*, **62(3)**, pp. 30–43.
Schopp, A. (1997) 'Cruising the Alternatives: homoeroticism and the contemporary vampire', *Journal of Popular Culture*, **30(4)**, pp. 231–244.
Scott, K. (2001) 'Researchers Enter into the Spirit of Edinburgh's Underground Ghosts', the *Guardian*, 17 April, front page.
Segal, H. (1990) *Dream, Phantasy and Art*. London: Routledge.
Sennett, R. (1970) *The Uses of Disorder: personal identity and city life*. 1996, London: Faber & Faber.
Sennett, R. (1994) *The Flesh and the Stone: the body and the city in western civilisation*. London: Faber & Faber.
Sharpe, J. (2003) *Ghosts of Slavery: a literary archaeology of black women's lives*. Minneapolis, MN: University of Minnesota Press.
Sheringham, M. (ed.) (1996) *Parisian Fields*. London: Reaktion Books.
Sibley, D. (1995) *Geographies of Exclusion*. London: Routledge.
Simmel, G. (1900) *The Philosophy of Money*. 1990, London: Routledge.
Simmel, G. (1903) 'The Metropolis and Mental Life' in P. Kasinitz (ed.), *Metropolis: centre and symbol of our times*. 1995, Basingstoke: Macmillan, pp. 30–45.
Sinclair, I. (1975) *Lud Heat: a book of dead hamlets May 1974 to April 1975*. 1995, London: Granta Books.
Sinclair, I. (1991) *Downriver (Or, The Vessels of Wrath): a narrative in twelve tales*. London: Paladin Books.
Sinclair, I. (1997) *Lights Out for the Territory: 9 excursions in the secret history of London*. London: Granta Books.

Slater, D. (2003) 'Beyond Euro-Americanism – democracy and post-colonialism' in K. Anderson, M. Domosh, S. Pile and N. Thrift (eds), *Handbook of Cultural Geography*. London: Sage, pp. 420–432.

Smith, K. (1998) *Journey into Darkness... Ghosts and Vampires of New Orleans*. New Orleans: De Simonin Publications.

Smith, P. (2002) 'The Witchdoctor who Trades "Slaughtered Children's Fingers" as Voodoo Sex Charms', *Daily Express*, 3 November, pp. 18–19.

Sobel, M. (2000) *Teach Me Dreams: the search for self in the revolutionary era*. Princeton, NJ: Princeton University Press.

Soja, E. (1996) *Thirdspace: journeys to Los Angeles and other real-and-imagined places*. Oxford: Basil Blackwell.

Soja, E. (2001) 'On Spuitstraat: the contested streetscape of Amsterdam' in I. Borden, J. Kerr, J. Rendell and A. Pivaro (eds), *The Unknown City: contesting architecture and social space*. Cambridge, MA: The MIT Press, pp. 280–295.

Sorkin, M. (2003) *Starting from Zero*: reconstructing downtown New York. New York: Routledge.

Spain, D. (2001) *How Women Saved the City*. Minneapolis, MN: University of Minnesota Press.

St Clair, J. (1999) 'Seattle Diary: it's a gas, gas, gas', *New Left Review*, **238**, pp. 81–96.

Stallybrass, P. and White, A. (1986) *The Politics and Poetics of Transgression*. London: Methuen.

States, B. (1997) *Seeing in the Dark: reflections on dreams and dreaming*. New Haven, CT, and London: Yale University Press.

Stephen, M. (1998) 'Consuming the Dead: a Kleinian perspective on death rituals cross-culturally', *International Journal of Psychoanalysis*, **79**, pp. 1173–1194.

Stephen, M. (1999) 'Witchcraft, Grief, and the Ambivalence of Emotions', *American Ethnologist*, **26(3)**, pp. 711–737.

Stoker, B. (1897) *Dracula*. 1994, Harmondsworth: Penguin.

Tallant, R. (1946) *Voodoo in New Orleans*. 1998, Gretna: Pelican.

Taussig, M. (1997) *The Magic of the State*. London: Routledge.

Taylor, P. (2003) *World City Network: a global urban analysis*. London: Routledge.

Tedlock, B. (ed.) (1992) *Dreaming: anthropological and psychological interpretations*. Santa Fe, NM: School of American Research Press.

Tester, K. (ed.) (1994) *The Flâneur*. London: Routledge.

Thomson, J. (1880) *The City of Dreadful Night*. 1998, Edinburgh: Canongate Books.

Till, K. (1999) 'Staging the Past: landscape designs, cultural identity and *Erinnerungspolitik* at Berlin's *Neue Wache*', *Ecumene*, **6(3)**, pp. 251–283.

Till, K. (2005) *The New Berlin: memory, politics, place*. Minneapolis, MN: University of Minnesota Press.

Titmuss, R. M. (1997) *The Gift Relationship: from human blood to social policy* (Updated and Expanded Edition). New York: New Press.

Too, L. (2001) *Irresistible Book of Feng Shui Magic: 48 sure ways to create magic in your living space*. London: Element Publishers.

Trigo, B. (1999) 'Anemia and Vampires: figures to govern the colony, Puerto Rico, 1880–1904', *Comparative Studies in Society and History*, **41(1)**, pp. 104–123.

Trouillot, M.-R. (1995) *Silencing the Past*. Boston: Beacon.

True Ghost Stories (2000a) *Pontianak Nightmares*. Singapore: ASURAS.

True Ghost Stories (2000b) *Vampires Nightmares*. Singapore: ASURAS.

Tuan, Y.-F. (1978) 'The City: its distance from nature', *Geographical Review*, **68**, pp. 1–12.

Vasager, J. (2002) 'Muti: goal of human sacrifice', the *Guardian*, 20 April, p. 8.

Vidler, A. (1992) *The Architectural Uncanny: essays in the modern unhomely*. Cambridge, MA: The MIT Press.

Vidler, A. (2000) *Warped Space: art, architecture, and anxiety in modern culture*. Cambridge, MA: The MIT Press.

Walkowitz, J. R. (1992) *City of Dreadful Delight: narratives of sexual danger in Late-Victorian London.* London: Virago.

Ward, G. (2000) *Cities of God.* London: Routledge.

Ware, V. and Back, L. (2002) *Out of Whiteness: color, politics, and culture.* Chicago: University of Chicago Press.

Watts, M. J. (1999) 'Collective Wish Images: geographical imaginaries and the crisis of national development' in D. Massey, J. Allen and P. Sarre (eds), *Human Geography Today.* London: Polity Press, pp. 85–107.

Weigel, S. (1996) *Body- and Image-Space: re-reading Walter Benjamin.* London: Routledge.

White, L. (1995) '"They Could Make Their Victims Dull": genders and genres, fantasies and cures in colonial Southern Uganda', *American Historical Review,* **100(5)**, pp. 1379–1402.

White, L. (2000) *Speaking with Vampires: rumor and history in colonial history.* Berkeley: University of California Press.

Williams, R. (1973) *The Country and the City.* 1985, London: Hogarth Press.

Williams, R. (1989) *Resources of Hope.* London: Verso.

Williamson, M. (2001) 'Vampires and the Gendered Body' in N. Watson and S. Cunningham-Burley (eds), *Reframing the Body.* Basingstoke: Palgrave, pp. 96–112.

Wilson, E. (1991) *The Sphinx in the City: urban life, the control of disorder, and women.* London: Virago.

Wilson, M. O. (1998) 'Dancing in the Dark: the inscription of blackness in Le Corbusier's Radiant City' in H. Nast and S. Pile (eds), *Places through the Body.* London: Routledge, pp. 133–152.

Wirth, L. (1938) 'Urbanism as a Way of Life', *American Journal of Sociology,* **44**, pp. 1–24.

Woods, C. (1998) *Development Arrested: the blues and plantation power in the Mississippi delta.* London: Verso.

Woolf, V. (1932) 'The London Scene: abbeys and cathedrals' in V. Woolf, *The Crowded Dance of Modern Life. Selected Essays: Volume 2.* 1993, Harmondsworth: Penguin, pp. 122–127.

Woolley, B. (2002) *The Queen's Conjuror: the life and magic of Dr Dee.* London: Flamingo.

Wright, P. (2001) 'Around the World in Three Hundred Yards' in I. Borden, J. Kerr, J. Rendell and A. Pivaro (eds), *The Unknown City: contesting architecture and social space.* Cambridge, MA: The MIT Press, pp. 492–503.

Young, I. M. (1990) *Justice and the Politics of Difference.* Princeton, NJ: Princeton University Press.

Young, R. (1995) *Colonial Desire: hybridity in theory, culture and race.* London: Routledge.

Zizek, S. (1989) *The Sublime Object of Ideology.* London: Verso.

索　引

《世界城市研究精品译丛》总目

☑ 已出版，☐ 待出版

☑ 马克思主义与城市
☑ 保卫空间
☑ 城市生活
☑ 消费空间
☑ 媒体城市
☑ 想象的城市
☑ 城市研究核心概念
☑ 城市地理学核心概念
☑ 政治地理学核心概念
☑ 规划学核心概念
☑ 城市空间的社会生产
☑ 真实城市
☐ 现代性与大都市
☐ 与赛博空间共存：21 世纪的技术与社会
☐ 城市发展规划本体论
☐ 区域、空间战略与可持续发展
☐ 工作空间：全球资本主义与劳动力地理学
☐ 历史地理学核心概念
☐ 空间问题：文化拓扑学和社会空间化
☐ 驱逐：全球化经济中的野蛮性与复杂性
☐ 帝国的边缘：后殖民主义与城市
☐ 城市与自然
☐ 城市与电影
☐ 城市环境史
☐ 当下语境中的游戏：在线游戏的社会文化意义